MATERIALIEN FÜR DIE SEKUNDARSTUFE II

POLITIK – GESCHICHTE

Wirtschaft und Gesellschaft in der Sowjetunion

Oktoberrevolution, Stalinismus und Gegenwart

Martin Grohmann
Heiko Haumann
Gabriele Rappmann

Schroedel Schulbuchverlag

MATERIALIEN FÜR DIE SEKUNDARSTUFE II

POLITIK – GESCHICHTE

Wirtschaft und Gesellschaft in der Sowjetunion

Martin Grohmann
Heiko Haumann
Gabriele Rappmann
unter Mitarbeit
der Verlagsredaktion

ISBN 3-507-10277-3

Umschlagentwurf: Gerhilde Glebocki
Gesamtherstellung: Konkordia GmbH für Druck und Verlag, Bühl/Baden

835

Inhaltsverzeichnis

III. Arbeitsphase
Die Sowjetunion in der Gegenwart

Vorwort

Den Anstoß zu diesem Quellenband gab eine gemeinsam erarbeitete Kritik vorhandener Schulbücher und Materialienhefte. Darin wird nach unserer Meinung größtenteils zu wenig Wert auf die selbständige Urteilsbildung der Schüler gelegt und die Geschichte der Sowjetunion so dargestellt, daß die Ursachen der Entwicklung und mögliche Alternativen zu kurz kommen. Wir haben deshalb versucht, Materialien zu sammeln, aus denen Voraussetzungen und Nachwirkungen von Entscheidungen, andere Möglichkeiten und die Gründe ihrer Nichtverwirklichung sowie Entwicklungstendenzen besonders deutlich hervortreten. Die großen Umbrüche Oktoberrevolution und Entstehung des Stalinismus sowie einige zentrale Bereiche der gegenwärtigen Gesellschaftsstruktur in der Sowjetunion schienen uns dafür am geeignetsten zu sein.

Zusätzlich zu Originalquellen, die zum großen Teil erstmals in deutscher Sprache veröffentlicht werden, haben wir Auszüge aus wissenschaftlichen Untersuchungen sowie Urteile über die Verhältnisse in der UdSSR beigefügt, um die Auseinandersetzung mit geltenden Meinungen zu fördern. Unsere *Fragen und Anregungen* — die selbstverständlich verändert, ergänzt und weggelassen werden können — sollen nicht nur zur genauen Lektüre anhalten, sondern auch eigene Vor-Urteile bewußt machen und zur begründeten Urteilsbildung anregen. Wir hoffen, daß so ein Beitrag zu bewußtem politischen Handeln geleistet wird: gegenüber der Sowjetunion, hiesigen Urteilen über diesen Staat und seine Geschichte und darüber hinaus zu den Möglichkeiten und Schwierigkeiten, den Sozialismus aufzubauen.

Das Heft wendet sich in erster Linie an Schüler der Sekundarstufe II, daneben aber an alle, die an einer Aufklärung über grundlegende Bedingungen der sowjetischen Geschichte interessiert sind. Bewußt haben wir darauf verzichtet, einen konkreten Vorschlag zur Verwendung der Materialien im Unterrichtsablauf zu machen. Dazu klaffen die Lehrpläne und Curricula der einzelnen Bundesländer zu weit auseinander. Vor allem wollten wir jedoch Entscheidungsfreiheit, Flexibilität und Variabilität von Schülern und Lehrern nicht beschneiden.

Das Arbeitsheft wurde von mehreren Lehrern im Unterricht erprobt. Für weitere Kritik und Anregungen sind wir jederzeit dankbar.

Freiburg, im Sommer 1979 Die Autoren

I. Arbeitsphase
Oktoberrevolution

1. Die Februarrevolution und die Ausgangsbedingungen der neuen Ordnung

Zur Information

Am 23. Februar 1917 streikten in Petrograd, der Hauptstadt des Zarenreiches, über 100 000 Arbeiter. Ihren spontanen Demonstrationen gegen die schlechte Lebensmittelversorgung, gegen den Krieg und das herrschende Regime schlossen sich die Frauen aus den Schlangen vor den Lebensmittelgeschäften an. Einen Tag später waren schon über 200 000 Arbeiter auf der Straße, am 25. 2. stand Petrograd im Zeichen des Generalstreiks. Am 26. 2. gingen die Soldaten der Garnison auf die Seite der Arbeiter über. Das Schicksal der alten Ordnung war besiegelt. Am 27. 2. war Petrograd in der Hand der Aufständischen, zwei Tage später Moskau. Zar Nikolaus II. dankte am 2. 3. 1917 ab.

Die zarische »Selbstherrschaft« (Autokratie) war mit den drängenden Problemen des Landes nicht fertig geworden. Ende des 19. Jahrhunderts setzte in Rußland eine außerordentlich rasche Industrialisierung ein. In wenigen Zentren des Reiches entstanden riesige Fabriken mit Tausenden von Arbeitern, die meist unter erbärmlichen Existenzbedingungen leben mußten. Trotz hoher Wachstumsraten erwirtschaftete die Industrie vor dem I. Weltkrieg erst ungefähr ein Viertel des Nationaleinkommens. Mehr als die Hälfte kam immer noch aus der Landwirtschaft. Die Mehrzahl der Bauern arbeitete mit völlig veralteten Produktionsmethoden und hatte kaum genug zum Leben. Viele von ihnen waren immer noch an die Gutsherren gebunden, obwohl die Leibeigenschaft 1861 aufgehoben worden war: Sie mußten bei ihnen ihre Schulden abarbeiten — die dennoch größer wurden —. Sie waren auf deren Produktionsmittel angewiesen oder in anderer Form von ihnen abhängig. Nur eine kleine Schicht von Bauern, die »Kulaken«, konnte man als wirtschaftlich selbständig und einigermaßen wohlhabend bezeichnen.

Die adligen Großgrundbesitzer bildeten nach wie vor die soziale Stütze der Selbstherrschaft. Sie befürchteten, durch die Industrialisierung und die wachsende Bedeutung der Unternehmer ihren politischen Einfluß zu verlieren. Die Unternehmer jedoch dachten gar nicht an eine Veränderung der politischen Ordnung. Die Revolution von 1905 erzwang die Gewährung eines Parlamentes, der Duma. Die Funktionen der Duma waren beschränkt: die Gesetzgebung bedurfte der Zustimmung von Staatsrat (Oberhaus) und Zar, wichtige Posten des Budgets waren von ihrem Einfluß ausgeschlossen. Die Regierung blieb allein dem Zaren verantwortlich und hatte in tagungsfreien Zeiten ein Notverordnungsrecht (mit nachträglicher Vorlage vor der Duma). Die erste und zweite Duma (1906—1907), in denen die Liberalen und Linken ein Übergewicht bildeten, strebte nach radikalen demokratischen Veränderungen. Durch das neue Wahlgesetz aus dem Jahre 1907 erhielten die Rechtsparteien, die vor allem die adligen Grundbesitzer vertraten, eine große Mehrheit. Die Bauern und Arbeiter konnten nur wenige Vertreter entsenden. Die Widersprüche zwischen der Mehrheit des Volkes und dem kleinen Kreis der herrschenden Schichten verschärften sich schon am Vorabend des Weltkrieges mehr und mehr. Diese Tendenz setzte sich im Krieg fort. Militärisch konnte sich das Regime zwar nach mehreren schweren Niederlagen gegen die deutschen Truppen wieder fangen, aber es schaffte es nicht, die organisatorischen Probleme zu bewältigen: Die Kriegswirtschaft blieb in vielen Bereichen wenig effektiv, die Lebensmittelversorgung der Städte brach zusammen. Staatsapparat, Großgrundbesitzer und Unternehmer waren sich nicht einig, welche Maßnahmen im Innern ergriffen werden sollten. Keine dieser Gruppen war jedoch fähig, ihre Vorstellungen konsequent durchzusetzen. Der Gegensatz zwischen den herrschenden Schichten und der Mehrheit der Bevölkerung wurde immer größer. Auch die liberale Opposition gegen den Zaren verlor zusehends an Rückhalt im Volk, da sie immer wieder zu Kompromissen mit dem Zaren bereit war, ohne daß sich dadurch irgend etwas grundlegend gebessert hätte.

Im Winter 1916/1917 spitzte sich die Lage zu. Was zunächst wie einer der üblichen Streiks, verbunden mit Demonstrationen gegen die schlechte Versorgung, aussah, weitete sich schnell zu einem politischen Aufstand aus. Das alte Regime war unfähig, ihn abzuwenden.

Während der Februarrevolution entstanden Organisationen der Arbeiter und Soldaten: die Sowjets (= Räte). Sie hatten bereits in der Revolution von 1905 eine Rolle gespielt. Bald gab es Sowjets in den meisten Städten Rußlands; später bildeten sich auch Bauernsowjets. Höchste Autorität genoß der Petrograder Sowjet. Anfang Juni 1917 fand der erste Allrussische Sowjetkongreß statt, der ein Zentrales Exekutivkomitee als oberstes Ausführungsorgan zwischen den Kongressen wählte. Die lokalen Sowjets hatten allerdings einen besseren Kontakt zur Bevölkerung. Sie wurden nach einem bestimmten Schlüssel aus den Betrieben, Truppeneinheiten oder Dörfern gewählt. In Petrograd gewannen z. B. die Rayon-(= Stadtbezirks-)Sowjets immer größere Bedeutung. Diese bildeten ein eigenes Koordinierungsgremium, die Interrayon-Konferenz, das vom Petrograder Stadt-Sowjet unabhängig war.

Mit diesen Organisationen mußten sich die vorhandenen politischen Parteien um die Gestaltung der neuen Ordnung auseinandersetzen. Die wichtigsten Gruppierungen waren:

— die liberalen Kadetten (so genannt nach den Anfangsbuchstaben KD ihrer offiziellen Parteibezeichnung),
— die Sozialrevolutionäre, die vor allem von der Bauernschaft unterstützt wurden. Sie forderten die Enteignung und Verteilung des Gutsbesitzes unter die Bauern und streben den Sozialismus an,
— die beiden Flügel der sozialdemokratischen Partei, die gemäßigteren Menschewiki und die — radikaleren — Bolschewiki (so genannt nach den russischen Bezeichnungen für »Mehrheitler« und »Minderheitler«, entsprechend einem Abstimmungsverhältnis auf dem Parteitag von 1903).

Noch eine **Vorbemerkung zur Datierung:** In Rußland galt bis zum 1./14. 2. 1918 der Julianische Kalender, der im 20. Jahrhundert 13 Tage hinter dem Gregorianischen Kalender zurückblieb. Die Februarrevolution begann also nach unserer Zeitrechnung am 8. März 1917, die Oktoberrevolution fand am 7. November statt. Wenn nicht anders vermerkt, wird nach dem jeweils in Rußland gültigen Kalender datiert.

1.1 Provisorische Regierung und Sowjet: Das Problem der Doppelherrschaft

[. . .] Die Duma-Mehrheit mußte viel vergessen, bevor sie sich auf die Seite der Revolution stellen, sich auf einen offenen Konflikt mit der zaristischen Macht einlassen und ihre Hand gegen die traditionelle Autorität erheben konnte. Wir, die Vertreter der Opposition, [. . .] schlugen jetzt offiziell das vor, was man als den revolutionären Kurs bezeichnen könnte. Wir forderten, daß die Duma sofort in die offizielle Sitzungsperiode eintrete, ohne irgendeinen Auflösungsbefehl zu beachten. Einige schwankten. Die Mehrheit und Rodsjanko stimmten nicht mit uns überein. Argumente, Überredung und leidenschaftliche Bitten waren vergebens. Die Mehrheit glaubte immer noch zu sehr an die Vergangenheit. Die Verbrechen und Torheiten der Regierung hatten es noch nicht bewirkt, diesen Glauben zu zerstören. Der Rat lehnte unseren Vorschlag ab und beschloß, daß die Duma in »inoffizieller« Sitzung zusammenkommen sollte. Politisch und psychologisch bedeutete dies, daß es ein privates Treffen einer Gruppe von Privatpersonen geben würde, von denen viele Männer von großem Einfluß und Autorität waren, aber eben nur Privatpersonen. Die Versammlung war nicht die eines Staatsorgans und sie hatte keine formelle Autorität, wofür sie allgemeine Anerkennung verlangen konnte.

Diese Weigerung, formell die Sitzungsperiode fortzusetzen, war vielleicht der größte Fehler der Duma. Sie bedeutete gerade in dem Augenblick Selbstmord zu begehen, als sie die höchste Autorität im Lande war und eine entscheidende und fruchtbare Rolle gespielt haben könnte, wenn sie offiziell gehandelt hätte. Diese Weigerung legte die charakteristische Schwäche einer Duma bloß, die sich in ihrer Mehrheit aus Vertretern der oberen Klassen zusammensetzte, und die unvermeidlich die Meinungen und den Gemütszustand des Landes verzerrt wiedergab. Und so schrieb die kaiserliche Duma, die als ein Ergebnis des konterrevolutionären Staatsstreichs Stolypins von 1907 geboren wurde, der das demokratischere Wahlrecht von 1905 zerstörte, ihr eigenes Todesurteil im Augenblick der revolutionären Wiedergeburt des Volkes. Die Mehrheit setzte die Duma bewußt auf eine Ebene mit anderen selbsternannten Organisationen, wie der Rat der Arbeiter- und Soldatendeputierten, der gerade da erschien. Später gab es Bemühungen, die Duma als eine offizielle Institution wiederzubeleben, aber sie kamen zu spät. Die Duma starb am Morgen des 12. März (Neue Zeit), an dem Tag, an dem ihre Stärke und ihr Einfluß am größten waren.

Am nächsten Tag, dem 13. März (Neue Zeit), gab es bereits zwei Zentren der Autorität, die beide ihre Existenz der Revolution verdankten: die Duma in inoffizieller Sitzung mit ihrem Provisorischen Komitee, ernannt als eine provisorische Körperschaft, die die Ereignisse dirigieren sollte, und der Rat der Sowjets der Arbeiter- und Soldatendeputierten mit seinem Exekutivkomitee.
(Robert Paul Browder / Alexander F. Kerensky, The Russian Provisional Government 1917 [Hoover Institution Publications], Stanford 1961, Bd. I, S. 43—44. Übersetzung: Gabriele Rappmann)

1.2 Die Konferenzen zwischen den Delegierten des Exekutivkomitees des Sowjets und dem Provisorischen Komitee der Reichsduma

Der linke Menschewik Suchanow erinnert sich an seine Rede:
Das Provisorische Komitee der Reichsduma, das die Exekutivgewalt ergriffen habe, sei noch keine Regierung, nicht einmal eine »provisorische«. Diese Regierung sei noch zu bilden, und darüber bestünden bei den leitenden Gruppen der Reichsduma zweifellos ganz bestimmte Absichten und Pläne. Der Sowjet überlasse den großbürgerlichen Elementen die Bildung der provisorischen Regierung, weil er der Ansicht sei, daß es der augenblicklichen allgemeinen Konjunktur und den Interessen der Revolution entspräche. Doch als das organisatorische und ideelle Zentrum der Volksbewegung, als das einzige Organ, das zur Zeit fähig sei, diese Bewegung in die eine oder andere Richtung zu führen, als das einzige Organ, das zur Zeit in der Hauptstadt eine reelle Macht besitze, wünsche er seine Einstellung zu der im rechten Flügel

zu bildenden Staatsgewalt darzulegen, klarzustellen, wie er sich deren Aufgaben vorstelle, und — zur Vermeidung von Komplikationen — die Forderungen anzumelden, die er im Namen der gesamten Demokratie an die von der Revolution gebildeten Regierung richte. [. . .]

Ich verwies in wenigen Worten darauf, daß die vorgelegten Forderungen erstens ein Minimum und zweitens als absolut endgültig und kategorisch zu betrachten seien. Ich stellte ferner fest, daß unter den Massen jeden Tag und jede Stunde ein unvergleichlich weitgehenderes Programm verbreitet werde, dem die Massen folgten und auch in Zukunft folgen würden. Die führenden Persönlichkeiten unternähmen alle Anstrengungen, um die Bewegung in ein bestimmtes Bett zu lenken und in einem rationalen Rahmen zu halten. Werde dieser Rahmen jedoch unter den gegebenen Bedingungen unvernünftig abgesteckt, entspreche er nicht dem Umfang der Bewegung, dann würde er samt allen von der Regierung projektierten »Kombinationen« von einer elementaren Gewalt hinweggefegt werden. Nur wir seien imstande, diese elementare Gewalt zu zähmen. Folglich liege die tatsächliche Macht bei uns und bei sonst niemandem. [. . .]

Miljukow (der Kadettenführer, d. Verf.) begann von etwas ganz anderem zu reden, und zwar von unverzüglichen Maßnahmen des Exekutivkomitees bei der Wiederherstellung von Ruhe und Ordnung und insbesondere bei der Anbahnung von Kontakten zwischen Soldaten und Offizieren. Er forderte von uns, daß wir eine Erklärung abgäben, in der wir darauf hinwiesen, daß die zustandegekommene Regierung aufgrund eines Übereinkommens mit dem Sowjet gebildet werde; denn die Regierung mußte in den Augen der breiten Massen als legitim erscheinen und ihr Vertrauen genießen. Vor allen Dingen aber forderte er, daß in dieser Deklaration die Soldaten aufgefordert würden, die Offiziere anzuerkennen und ihnen Vertrauen entgegenzubringen.

(Nikolaj Nikolajewitsch Suchanow, 1917 — Tagebuch der russischen Revolution, München 1967, S. 127—132)

1.3 Einstellung des Exekutivkomitees des Sowjets zur Frage der Beteiligung an der Provisorischen Regierung

[. . .] Das Exekutivkomitee lehnte eine Beteiligung an der Provisorischen Regierung ab und legte die folgenden Forderungen vor:

1. Vollständige und sofortige Amnestie für alle, die mit politischen, religiösen, terroristischen Verbrechen, militärischen Aufständen usw. belastet sind.
2. Politische Freiheit in jeglicher Form: Freiheit der Rede, der Presse, der Vereinigungen (Gewerkschaften), der Versammlungen und der Streiks; gleiche Anwendung dieser Freiheit auf die Armee.
3. Die Organisierung der Armee auf der Grundlage der Selbstverwaltung. Es war die Ansicht des Duma-Komitees, daß es unmöglich sei in Kriegszeiten ein System einzuführen, das noch von keiner anderen Armee der Welt ausprobiert worden sei. Nach bedeutender Auseinandersetzung stimmte das Duma-Komitee zu, daß der Soldat, wenn er im Dienst ist, strenger militärischer Disziplin unterworfen sein sollte, aber außerhalb des Dienstes sollte er dieselben Rechte genießen wie andere russische Bürger.
4. Die Organisierung einer bürgerlichen Miliz, um Ordnung durchzusetzen; diese Miliz sollte den örtlichen Verwaltungen unterworfen sein, die auf der Basis des allgemeinen, gleichen, direkten und geheimen Wahlrechts gewählt wurden.
5. Die Aufhebung aller Klassen-, Nationalitäten- und religiösen Beschränkungen.
6. Die Petrograder Garnison sollte nicht aus der Stadt entfernt und nicht entwaffnet werden.

All dies wurde einstimmig vom Duma-Komitee angenommen.

Der Vorschlag, sofort eine demokratische Republik zu errichten, wurde verworfen, weil die Entscheidung über die Regierungsform des russischen Reiches eine Angelegenheit der Konstituierenden Versammlung sei und die Provisorische Regierung eine solche Körperschaft in sehr naher Zukunft einberufen werde. [. . .] In der folgenden Debatte wurden zwei Gesichtspunkte vorgebracht: einer, der sich gegen Kontakte mit dem Duma-Komitee wendete und eine provisorische Regierung des Sowjets der Arbeiter- und Soldatendeputierten forderte; und der andere zugunsten der Sendung eines Vertreters des Sowjets der Deputierten in die Provisorische Regierung. [. . .]

Nach einer lebhaften Diskussion wurden alle Empfehlungen des Berichtes des Exekutivkomitees mit den folgenden Korrekturen gebilligt:

1. Die Provisorische Regierung sollte fortfahren, die angezeigten Maßnahmen auszuführen, ungeachtet der Tatsache, daß sich das Land im Kriegszustand befindet.
2. Das Manifest der Regierung sollte sowohl von der Regierung als auch von M. Rodsjanko unterzeichnet werden.
3. Das Programm der Regierung sollte einen Artikel beinhalten, der allen Nationalitäten kulturelle und nationale Selbstbestimmung zugesteht.
4. Aus Vertretern des Sowjets der Arbeiter- und Soldatendeputierten sollte ein Komitee gebildet werden, das die Handlungen der Provisorischen Regierung überwacht.

Alle Korrekturen wurden von einer überwältigenden Mehrheit angenommen. [. . .]

(Browder-Kerensky, Bd. I, S. 125—126. Übersetzung: Gabriele Rappmann)

1.4 Erklärung der Provisorischen Regierung

Bürger! Das Vollzugskomitee von Mitgliedern der Reichsduma hat nunmehr mit der wohlwollenden Hilfe der Truppen und der hauptstädtischen Bevölkerung eine derartige Überlegenheit über die finsteren Mächte des alten Regimes errungen, daß es an die festere Organisierung der Exekutivgewalt gehen kann. [. . .]

Bei seiner Tätigkeit wird sich das Kabinett von folgenden Prinzipien leiten lassen:

1. Vollständige und sofortige Amnestie aller politischen und religiösen Vergehen einschließlich terroristischer Angriffe, militärischer Revolten, Verbrechen in der Landwirtschaft usw.
2. Freiheit der Rede, der Presse, Vereins-, Versammlungs- und Streikfreiheit und Ausdehnung der politischen Freiheit auf Personen, die im Militärdienst stehen, soweit es die militärische Technik zuläßt.
3. Abschaffung aller benachteiligenden Unterschiede infolge der Zugehörigkeit zu bestimmten Ständen, Religionsgemeinschaften und Nationalitäten.
4. Sofortige Vorbereitung zur Einberufung einer Konstituierenden Versammlung auf der Grundlage des allgemeinen, gleichen, geheimen und direkten Wahlrechts, welche die Verwaltungs- und Verfassungsform des Landes bestimmen soll.
5. Ersetzung der Polizei durch eine Volksmiliz mit gewählter Leitung, die den Organen der lokalen Selbstverwaltung untersteht.
6. Wahlen zu den Organen der lokalen Selbstverwaltung auf der Grundlage allgemeiner, direkter, gleicher und geheimer Wahlen.
7. Die militärischen Einheiten, die an der revolutionären Bewegung teilgenommen haben, nicht zu entwaffnen und aus Petrograd zu entfernen.

8. Unter Aufrechterhaltung strenger militärischer Disziplin an der Front und im Militärdienst Befreiung der Soldaten von allen Beschränkungen allgemeiner Rechte, deren sich die anderen Bürger erfreuen.

Die Provisorische Regierung erachtet es als ihre Pflicht, zu betonen, daß sie nicht beabsichtigt, militärische Umstände zu einer Hinausschiebung der oben angedeuteten Reformen und anderen Maßnahmen auszunützen.

Der Präsident der Reichsduma: M. Rodsjanko — Der Vorsitzende des Ministerrates: Fürst Lwow — Die Minister: Miljukow, Nekrasow, Manujlow, Konowalow, Tereschtschenko, W. Lwow, Schingarew, Kerenskij

(Manfred Hellmann (Hrsg.), Die russische Revolution 1917, München 1964, S. 152 f.)

1.5 Rede des unabhängigen Sozialdemokraten Ju. M. Steklow vor dem Allrussischen Sowjetkongreß

[. . .] Genossen, alle, die über »Doppelherrschaft« sprechen und über die Gefahren dieser »Doppelherrschaft« für die russische Freiheit, vertreten mittlerweile die folgende Ansicht: Es besteht die allgemein anerkannte Gewalt der Provisorischen Regierung, aber an ihrer Seite gibt es noch eine andere Gewalt, die nur von einem Teil der Bevölkerung anerkannt wird: der Sowjet der Arbeiter- und Soldatendeputierten. Und jetzt will diese zweite Macht dieselbe Rolle spielen wie die erste; sie tastet die Gerichtsbarkeit der Provisorischen Regierung an; sie zieht ihre Befehle in Zweifel und veröffentlicht unabhängig davon ihre eigenen Befehle. Um diese Punkte nachzuweisen, wird der Befehl Nr. 1 angeführt (Er enthält u. a. den Aufruf des Petrograder Sowjets der Arbeiter- und Soldatendeputierten an alle Truppeneinheiten, Delegierte für den Sowjet zu wählen, und unterstellt sie dem Befehl des Sowjets in allen politischen Belangen, d. Verf.). [. . .]

Das erste Anzeichen der erschreckenden »Doppelherrschaft« wird in dieser Handlung entdeckt: der erste Versuch seitens der Arbeiter- und Soldatendeputierten, die Macht der Provisorischen Regierung zu untergraben. Das Ausmaß dieser skrupellosen Verleumdung kann zum Beispiel an der Tatsache gesehen werden, daß zu der Zeit, als dieser Befehl herausgegeben wurde, die Provisorische Regierung noch nicht existierte; es existierte nur das Exekutivkomitee der Duma. An diesem Punkt kann man die Frage stellen: bei wem lag die Macht im Land — beim Sowjet der Arbeiter- und Soldatendeputierten oder bei diesem Provisorischen Komitee der Duma? Dieses Provisorische Komitee war von einem Teil — und von einem sehr schwachen Teil — der Duma gewählt worden, die auf der Basis des Euch bekannten Wahlrechts zusammengerufen worden war. Dieses Provisorische Exekutivkomitee, — ich will nicht seine Verdienste verringern — das hinter den Ereignissen hinterherhinkte, konnte keine Ansprüche auf die Rolle einer Regierung machen, gegen die wir nicht das Recht hätten, unabhängige Anordnungen herauszugeben. Ihre einzige Rechtfertigung als eine Macht war ihr Anstrich der Tradition, denn dieses Komitee der Duma war sozusagen ein Teil der Duma, und deshalb sollte die Macht bei ihm bleiben. Nur auf der Grundlage der Grundgesetze der Romanow-Dynastie bildete diese Duma einen unveräußerlichen Teil der Macht. Diese Macht gehörte nicht einmal ganz der Duma: sie wurde mit dem Staatsrat und dem Zaren geteilt; folglich konnte das Duma-Komitee keine solchen Rechte beanspruchen (Applaus). Es war ebenso ein Produkt der Revolution, aber es war eine blasse und schwache Schöpfung, die aus den privilegierten Schichten entstand, wohingegen unser Sowjet aus den gesunden, breiten Massen hunderttausender von Menschen entstand, die sich erhoben und ihre Macht errichteten. [. . .]

Natürlich erhält das Problem ein anderes Aussehen, wenn wir uns der Provisorischen Regierung zuwenden. Nun, wurde diese »Doppelherrschaft« nicht von dem Augenblick an gefährlich, als sie gebildet wurde? Genossen, was sollen wir unter »Doppelherrschaft« verstehen? Es ist nur das Miteinanderbestehen zweier politischer Kräfte, die jede die gleiche Macht beanspruchen, nicht nur ihres Wesens, sondern ebenso kraft ihrer [legalen] Form, d. h., wenn unser Sowjet auf die gleiche Weise wie die Provisorische Regierung Gesetze erlassen würde, wenn er in der gleichen Weise eine Konstituierende Versammlung einberufen würde, wie es die Provisorische Regierung vorhat — dann könnte es einige Diskussionen über »Doppelherrschaft« geben. Ihr wißt sehr genau, daß nichts dieser Art stattfindet; die revolutionäre Demokratie beeinflußt nur die bürgerliche Regierung, um sie zu zwingen, die Forderungen des revolutionären Volkes zu berücksichtigen.

(Browder-Kerensky, Bd. III, S. 1223—1226. Übersetzung: Gabriele Rappmann)

1.6 Deklaration des ersten Koalitionskabinetts der Provisorischen Regierung über ihr Programm

5. (19.) Mai 1917

1. In der Außenpolitik lehnt die Provisorische Regierung in Übereinstimmung mit allen Völkern jeden Gedanken eines Separatfriedens ab; sie strebt in aller Offenheit nach möglichst schneller Herstellung eines allgemeinen Friedens, der weder die Herrschaft über andere Völker noch die Wegnahme nationalen Erbes, noch die gewaltsame Annexion fremden Territoriums herbeiführen soll, d. h. nach einem Frieden ohne Annexionen und Kontributionen auf der Grundlage des Selbstbestimmungsrechtes der Völker. [. . .]
2. Die Festigung der Anfänge der Demokratisierung der Armee, die Organisierung und Verstärkung ihrer Kampfkraft sowohl im Hinblick auf die Verteidigung, als auch auf den Angriff wird eine der wichtigsten Aufgaben der Provisorischen Regierung sein.
3. Die Provisorische Regierung wird unablässig und entschieden gegen die wirtschaftliche Destruktion des Landes dadurch ankämpfen, daß sie die planmäßige staatliche und gesellschaftliche Kontrolle über die Produktion, den Transport, den Austausch und die Verteilung der Güter verstärkt und im Notfall die Organisierung der Produktion in die Hand nimmt.
4. Die Maßnahmen zum Schutze der Arbeit werden im ganzen Lande energisch weitergetrieben.
5. Indem die Provisorische Regierung der Verfassunggebenden Versammlung die Entscheidung der Frage des Überganges von Land in die Hände der Werktätigen vorbehält und lediglich vorbereitende Arbeiten dafür trifft, wird sie alle erforderlichen Maßnahmen treffen, um die für das Land notwendige Produktion von Brotgetreide zu erhöhen und die Ausnützung des Bodens im Interesse der Volkswirtschaft und der werktätigen Bevölkerung zu regeln.
6. In dem Bemühen, das Finanzsystem auf demokratische Grundlagen zu stellen, wird die Provisorische Regierung der direkten Besteuerung der besitzenden Klassen besondere Aufmerksamkeit widmen (Erbschaftssteuer, Besteuerung von Kriegsgewinnen, Grundbesitzsteuer usw.).
7. Die Arbeiten zur Einrichtung und Festigung der Organe demokratischer Selbstverwaltung werden mit aller nur möglichen Konsequenz und Schnelligkeit durchgeführt werden.
8. In gleicher Weise wird die Provisorische Regierung alle Anstrengungen machen, um die Verfassunggebende Versammlung sobald als möglich nach Petrograd einzuberufen. [. . .]

(Hellmann, Die russische Revolution 1917, S. 210—212)

1.7 Resolution über die Regierung, vorgeschlagen von den Sozialrevolutionären und Menschewiki und am 21. Juni (4. Juli) vom Kongreß der Sowjets angenommen

[. . .] Nach Anhören der Erklärungen der Genossen Minister zur allgemeinen Politik der Provisorischen Regierung spricht ihnen der Allrussische Kongreß sein volles Vertrauen aus und stellt fest, daß die Richtung dieser Politik mit den Interessen der Revolution übereinstimmt. Der Kongreß ersucht die Provisorische Regierung dringend, die von ihm angenommene Plattform noch energischer und konsequenter durchzuführen sowie besonders:

a) Beharrlich für den raschesten Abschluß eines allgemeinen Friedens ohne Annexionen und Kontributionen auf der Grundlage der Selbstbestimmung der Völker zu kämpfen.
b) Die weitere Demokratisierung der Armee durchzuführen und ihre Kampfkraft zu stärken.
c) Unter direkter Teilnahme der arbeitenden Massen die energischsten Maßnahmen zur Bekämpfung des Zusammenbruchs auf den Gebieten des Finanzwesens, der Wirtschaft und der Nahrungsmittelversorgung zu ergreifen.
d) Systematisch und konsequent den Kampf mit der Konterrevolution aufzunehmen.
e) Schnellstens in der Arbeits- und Bodenfrage solche Maßnahmen durchzuführen, die mit den Forderungen der organisierten Arbeitermassen übereinstimmen und die von den Lebensinteressen der vom Krieg unterhöhlten nationalen Wirtschaft diktiert sind.
f) Organisatorisch zur Stärkung der revolutionären Demokratie dadurch beizutragen, daß das System der Lokalverwaltung auf demokratischer Grundlage rasch und radikal reorganisiert wird und unverzüglich ländliche und städtische Selbstverwaltungen dort eingeführt werden, wo sie noch nicht bestehen.
g) Der Kongreß fordert besonders die baldigste Einberufung der Allrussischen Konstituante. [. . .]

(Hellmann, Die russische Revolution 1917, S. 259—260)

Fragen und Anregungen

▶ 1. Versuchen Sie anhand der Texte 1.1 — 1.5 das Verhältnis zwischen der Provisorischen Regierung (PR) und dem Sowjet der Arbeiter- und Soldatendeputierten nach der Februarrevolution von 1917 zu klären. Berücksichtigen Sie dabei den oft für die Kennzeichnung dieses Verhältnisses benutzten Begriff der »Doppelherrschaft« und überprüfen Sie seine Berechtigung.
   a) Vergegenwärtigen Sie sich nochmals (anhand des Informationstextes) die Stellung der Duma im zaristischen Rußland.
   b) Welche Bedeutung kommt der Duma im Augenblick der Absetzung des Zaren zu (Text 1.1 und 1.5)?
   c) Welcher Zusammenhang läßt sich zwischen dem Verhalten der Duma und dem Zustandekommen der sog. »Doppelherrschaft« erkennen (Text 1.1)?
   d) Wie stellt sich auf diesem Hintergrund das Verhältnis von Duma und Rat der Arbeiter- und Soldatendeputierten kurz nach der Februarrevolution dar (Texte 1.1 und 1.2)?
   e) Vergleichen Sie die Texte 1.3 und 1.4 und versuchen Sie, Parallelen und Abweichungen der beiden Texte festzustellen. Welche Abhängigkeiten ergeben sich daraus?
   f) Wie läßt sich auf dieser Grundlage das Verhältnis von PR und Sowjet charakterisieren? (Ziehen Sie zur Beantwortung dieser Frage noch Text 1.2 heran.)

g) Beschäftigen Sie sich jetzt mit dem Begriff der »Doppelherrschaft« (Benutzen Sie dazu als Diskussionsgrundlage Text 1.5). Welchen Stellenwert würden Sie diesem Begriff nach ihrer bisherigen Lektüre beimessen?

▶ 2. In den Beziehungen zwischen PR und Sowjet ist äußerlich ein Einschnitt sichtbar durch den Eintritt der Menschewiki und Sozialrevolutionäre, also der damals im Sowjet die Mehrheit stellenden Parteien, in die Regierung.
   a) Vergleichen Sie Text 1.4 und 1.6. Welche Punkte der Regierungserklärung stimmen überein, wo gibt es Abweichungen?
   b) Welche Rückschlüsse können aus den Abweichungen gezogen werden?

▶ 3. Vergleichen Sie jetzt die Regierungserklärung des Koalitionskabinetts (Text 1.6) mit der Resolution über die Regierung (Text 1.7), die vom Sowjetkongreß angenommen wurde
   a) Welche Ubereinstimmungen/Abweichungen lassen sich feststellen?
   b) Beachten Sie das zeitliche Verhältnis der Texte. Welche Aufschlüsse sind daraus über die politische Entwicklung und die Tätigkeit der PR zu gewinnen?
   c) Wie gestaltet sich nach dem Vergleich der Texte das Verhältnis von PR und Sowjet?

▶ 4. Welche Aussagen über den Charakter der PR werden nach Ihrer bisherigen Beschäftigung möglich?

2. Massenbewegungen und innenpolitische Auseinandersetzungen im Jahre 1917

2.1. Berichte über die Lage auf dem Land

Als Anfang März die Beschlüsse über die Neuverteilung des Landes und Aufhebung der Pachtverträge zu bestätigen waren, beschloß das Bezirks-Komitee, die Regelung dieser Frage selbst in die Hand zu nehmen. Zur Sitzung wurden auch die Grundbesitzer eingeladen. Unter dem furchtbaren Eindruck, daß annähernd 2 000 000 Pud* Getreide auf den Gütern umgekommen waren, unter dem Eindruck der verödeten Felder und des auf den Höfen umherliegenden abgemagerten Viehs, das man am Schwanz nehmen und aufrichten mußte und das auf vielen Gütern umkam, faßte das Komitee nach zweitägiger Sitzung vom 25./26. März den klaren Beschluß, alles Land und alles lebende Inventar den Bauern zu übergeben und das, wo dies nötig erscheine, in der Wirtschaft verbleibende, durch Bevollmächtigte verwalten zu lassen.

(S. Dubrowski, Die Bauernbewegung in der Russischen Revolution 1917, Berlin 1929, S. 64)

Bericht des Gouvernements-Kommissars von Woronesh vom 2. Juni 1917
Die Fälle von Übertretungen verschiedener Art und von ungesetzlichen Handlungen nehmen im Gouvernement von Tag zu Tag zu, vor allem im Zusammenhang mit der Landfrage. Überall setzen die Bauern dem Weiterbestand der Gutswirtschaften Schwierigkeiten entgegen, sie übernehmen die Gutswirtschaften vollständig oder teilweise, schicken ihr Vieh auf die Gutsweide, weiden die Getreidefelder, Heuschonungen und Waldschläge ab, entfernen Angestellte und Arbeiter, holen die Kriegsgefangenen fort, setzen niedrige Pachtzinsen fest, die oft nicht zur Bezahlung der Abgaben und Bankzinsen ausreichen, und erzwingen obendrein, daß diese nicht an die Gutsbesitzer, sondern an das Kreiskomitee entrichtet werden. Sie setzen für die Arbeiter unglaublich hohe Löhne fest, verbieten die Einstellung von Arbei-

* 1 Pud = 16,38 kg

tern aus anderen Kreisen, erheben Gemeindesteuern, verbieten das Abschlagen selbst solcher Wälder, die vom Waldschutzkomitee für den Bedarf von Unternehmungen, die für die Landesverteidigung arbeiten, freigegeben sind, ziehen Kloster- und Kirchenländereien sowie staatliche Waldungen usw. ein. Alle diese Funktionen werden häufig auf Verordnung oder mit Bewilligung der Kreiskomitees und mitunter auch der Ujesd-(Bezirks)-Komitees ausgeübt. Haussuchungen und Verhaftungen auf Befehl solcher Organisationen oder selbst auf Initiative einzelner Bürger sind eine ziemlich häufige Erscheinung. Es sind auch einige Fälle zwangsweiser Entfernung von Beamten der alten Verwaltung, Geistlicher und Privatpersonen aus dem Gebiet der betreffenden Örtlichkeit vorgekommen.

(Dubrowski, S. 66)

Aus der Zeitung »Russkoje Slowo« vom 18. 10. 1917
Ein großer Teil der Herrensitze im Ranenburger Bezirk ist zerstört. Einige sind völlig vom Erdboden verschwunden, sogar das Fundament der Häuser ist abgetragen; andernorts stehen die Häuser ohne Fenster und Türen mit zerstörten Öfen. Der Charakter der Zerstörungen ist ein anderer als im Jahre 1905/06. Damals haben die Bauern die Gutsherren im allgemeinen nicht daran gehindert, ihre Sachen — Möbel, Geschirr, Silbersachen, Inventar und dergleichen, — fortzuschaffen. Jetzt hat sich das Bild geändert. Das Eigentum der Gutsherren wird bis zum letzten Stück abgenommen und ›nach der Seelenzahl‹ verteilt. Man kann nicht behaupten, daß die Bauern in ihrer Gesamtheit an diesen Zerstörungen teilnahmen. Häufig wird in einer der Zerstörung vorausgehenden Gemeindeversammlung beschlossen, das Herrenhaus für den Bedarf der Bauern zu behalten — etwa als Schule —, aber Worte und Handlungen sind verschieden, und so endet der Zug der Bauern nach dem Gutshof gewöhnlich mit Brandstiftung und Zerstörung. Gewalttaten irgendwelcher Art gegen die Bewohner der Gutshöfe kommen kaum vor. Nur einige Fälle von Verprügelungen durch die Volksmenge sind zu verzeichnen.

(Dubrowski, S. 72)

2.2 Resolution des 4. Ujesd-(Bezirks-)Bauernkongresses von Cherson (20. 9. 1917)

Der 4. Ujesd-Bauernkongreß geht von der Überzeugung aus, daß jegliches Eigentum an Land abgeschafft und daß das Land ohne Entschädigung in den Besitz des ganzen Volkes zur ausgleichenden Arbeitsnutzung übergehen muß. Er schlägt deshalb vor, daß das Grundgesetz über den Grund und Boden, daß diese Prinzipien als unerschütterlich festsetzt, von der gesamtnationalen Konstituierenden Versammlung erlassen werden muß.

Da er jegliche privaten Aneignungen des Landes ablehnt, hält es der Kongreß gleichzeitig im Interesse des werktätigen Volkes und der Sache der Revolution für notwendig, unverzüglich und planmäßig eine Agrarpolitik durchzuführen, die auf die Verwirklichung der Sozialisierung des Landes gerichtet ist. Der Kongreß ist der Ansicht, daß die Vorbereitung des Agrarprogramms und seine Verwirklichung, aber auch die Lösung aller Agrarfragen in die Hände des organisierten werktätigen Volkes sowohl im Zentrum, als auch an den einzelnen Orten übergehen muß. Daher hält er bis zur Konstituierenden Versammlung für notwendig:

1. Übergang aller Ländereien in die Verwaltung der Landkomitees, die sich um eine möglichst gleichmäßige und korrekte Verteilung des Landes unter die einzelnen werktätigen Wirtschaften [. . .] kümmert.
2. Planmäßige und zweckmäßige Verteilung der Arbeitskräfte unter die Wirtschaften durch die Landkomitees.

3. Berechnung des ganzen lebenden und toten Inventars und Verfügung darüber zum Zweck seiner besten Nutzung. [. . .]
4. Reorganisation der Landkomitees nach demokratischen Prinzipien.
(Ekonomitscheskoe poloschenie Rossii nakanune Welikoj Oktjabrskoj sozialistitscheskoj rewoljuzii, Dokumenty i materialy. III: Selskoe chozjajstvo i krestjanstwo, [Die Wirtschaftslage Rußlands am Vorabend der Großen Sozialistischen Oktoberrevolution. Dokumente und Materialien. Teil III: Landwirtschaft und Bauernschaft]. Leningrad 1967, S. 425. Übersetzung: Heiko Haumann)

2.3 Anweisung des Allrussischen Büros der Militärorganisationen beim ZK der RSDRP (B)* an Arbeiter und Soldaten, die aufs Land gehen (1. 10. 1917)

Jeden Tag werden aus Petrograd und aus jeder beliebigen Stadt Genossen aufs Land geschickt. Sie sehen jenen tollwütigen Kampf, den die Kapitalisten gegen die Arbeiter führen, sie müssen ihren Dorfgenossen die ganze Wahrheit erzählen. Sie müssen erklären, daß nicht die Arbeiter am Warenmangel und an der Teurung schuld sind: Die Kapitalisten behindern die Produktion dieser Güter, schließen Betriebe und Fabriken, werfen die Arbeiter auf die Straße, treiben die Preise in die Höhe. [. . .] Die Arbeiter, die ins Dorf gehen, müssen den Dorfgenossen und überhaupt allen Bauern erklären, daß das Dorf dann billiges Salz, Petroleum, Kattun, Nägel haben wird, alles Notwendige haben wird, wenn die Arbeiter und Bauern selbst die Aufsicht über die Produktion wie den Austausch zwischen Stadt und Land in ihre Hände nehmen. [. . .] Keine Brandstiftung der Landgüter, sondern die Inbesitznahme des Landes in die Hände der revolutionären Bauernschaft! Keine Plünderung der Gutswirtschaft, sondern ihre Übergabe in die Hände der ganzen Gesellschaft, der ärmsten Bauern für die Führung einer gesellschaftlichen Wirtschaft zu allgemeinem Nutzen! [. . .]
(Ekonomitscheskoe poloschenie, Bd. III, S. 427—428. Übersetzung: Heiko Haumann)

2.4 Zustand der Truppen an der Front (Bericht des Armee-Nachrichtendienstes für den 2.—13. 10. 1917)

Nordfront. — Die Situation in der Armee hat sich nicht verändert und läßt sich beschreiben als ein völliger Mangel an Vertrauen in die Offiziere und das höhere kommandierende Personal. Der Glaube unter den Soldaten wächst, daß sie für das, was sie tuen, nicht bestraft werden können. [. . .] Der Einfluß bolschewistischer Ideen vergrößert sich rapide. Dazu kommt eine allgemeine Müdigkeit, eine Reizbarkeit und ein Verlangen nach Frieden um jeden Preis.

Jeder Versuch von Seiten der Offiziere, das Leben in der Armee zu regulieren [. . .] wird von den Soldaten als Konterrevolution aufgefaßt [. . .] und als ›Kornilow‹-Bewegung gebrandmarkt. Die Soldaten scheinen zu glauben, daß die Verhaftung Kornilows alle Befehle aufhebt, die er zur Widerherstellung der Disziplin ausstellte. Die Armeekomitees sind in den meisten Fällen hilflos, den Mob zu führen und sind oft gezwungen, ihm zu folgen, um nicht völlig das Vertrauen der Massen zu verlieren. [. . .]

Die verschiedenen Friedensresolutionen, die verabschiedet worden sind, werden von den Soldaten so interpretiert, als hätten sie Gesetzeskraft. [. . .] Die Deutschen benutzen sehr erfolgreich Zeitungen und Flugblätter, in denen sie für Verbrüderung eintreten. [. . .] Erhebliche Mengen von Soldaten [. . .] täuschen Krankheit vor und verlassen die Front, um ins Hospital zu gehen. [. . .]

---
* B = Bolschewiki

12. Armee. — [. . .] Die Presse der politischen Parteien hat keinen Einfluß mehr auf die Masse der Soldaten. Immer wieder hört man, wie die Befehle der Provisorischen Regierung heftig kritisiert werden. Das Komitee des 95. Regiments [. . .] erklärte Kerenskij zum Verräter. [. . .]

Außer den Bolschewisten besitzt keine einzige Bewegung irgendwelche Popularität. Diejenigen, die gemäßigte Zeitungen lesen, werden als Gefolgsleute der ›Bourgeoisie‹ und als ›Konterrevolutionäre‹ betrachtet. Eine intensive Agitation zugunsten einer sofortigen Unterbrechung der militärischen Operationen an allen Fronten wird betrieben. Wann immer ein ganzes Regiment oder Bataillion sich weigert, einen militärischen Befehl auszuführen, wird die Tatsache durch spezielle Agitatoren sofort anderen Teilen der Armee bekannt gemacht. [. . .]

Westfront. — [. . .] Aufgrund allgemeiner Kriegsmüdigkeit, schlechter Ernährung, Mißtrauen gegenüber den Offizieren etc. hat sich eine intensive defätistische Agitation entwickelt, die begleitet wird von Befehlsverweigerungen, Drohungen gegen das kommandierende Personal und Versuchen, mit Deutschen zu fraternisieren. Überall hört man Stimmen, die nach sofortigem Frieden rufen, weil, so sagen sie, während des Winters niemand in den Schützengräben bleiben will. [. . .] Es gibt eine tief verwurzelte Überzeugung unter den Mannschaften, daß die Verbrüderung mit dem Feind ein sicherer Weg zum Frieden ist. [. . .] Die Haltung der Soldaten drückt sich sehr genau in der Armeepresse aus. [. . .] Die am häufigsten debattierte Frage ist die Frage von Krieg und Frieden. [. . .]

Typisch für die Tendenzen im Leben der Nachhut der Westfront sind die jüngsten Zerstörungen im Ersatzlager in Gomel. Am 1. Oktober verlangten über 8 000 Soldaten, die an die Front verlegt werden sollten, sofort nach Hause entlassen zu werden. [. . .] Von Agitatoren angestiftet stürmten sie das Magazin, nahmen etwa 1 500 Winterausrüstungen und mißhandelten den stellvertretenden Kommissar und ein Mitglied des Frontkomitees. Verschiedene Zwischenfälle [. . .] ereigneten sich in Smolensk. [. . .]

Südwestfront. — [. . .] Die defätistische Agitation nimmt zu und die Auflösung der Armee ist in vollem Gang. Die bolschewistische Welle schwillt stetig an, was einer allgemeinen Auflösung in der Etappe zuzuschreiben ist, dem Fehlen einer starken Gewalt und dem Mangel an Nachschub und Ausrüstung. Das dominierende Gesprächsthema ist Frieden um jeden Preis und unter jeder Bedingung. Jeder Befehl, egal um was es sich handelt, wird mit Feindseligkeit beantwortet. Die dumpfen Soldatenmassen sind völlig konfus und verloren inmitten der unzähligen Parteiparolen und Programme, so daß sie jetzt allem und jedem mißtrauen. Sogar ihre ehemaligen Führer [. . .] — die Komitees — haben ihr Vertrauen verloren. [. . .]

(James Bunyan, H. H. Fischer, The Bolshevik Revolution, 1917—1918, Documents and Materials, Stanford, Cal. ³1965, S. 24—26. Übersetzung: Martin Grohmann).

2.5 Über die Lage in der Armee

(Aus der vertraulichen Rede des Kriegsministers General A. I. Werchowskij in der vereinigten Sitzung der Kommissionen für Kriegs- und Außenpolitik des Vorparlaments am 20. 10. [2. 11.] 1917)

Ich habe direkt und unumwunden der ganzen Provisorischen Regierung gesagt, daß bei dieser Behandlung der Friedensfrage eine Katastrophe unvermeidbar ist. [. . .] In Petersburg selbst wird sich keine Hand rühren, um die Provisorische Regierung zu verteidigen, und die von der Front angeforderten Truppentransporte werden auf die Seite der Bolschewiken übertreten. [. . .] Die Handlungsweise der Regierung führt zu einer Katastrophe. [. . .] Ich habe erklärt, daß ich die Verantwortung für den mir erteilten Auftrag nicht übernehmen kann, und ich habe gebeten, mich von meinen Vollmachten zu entbinden. [. . .] Meine Kollegen im Kabinett meinen, daß ich die Gefahr überschätze, daß man mit der anwachsenden Bewegung fertig werden kann, ohne die heroischen Maßnahmen zu ergreifen, die ich vorgeschlagen habe. [. . .] Ich habe alle Folgen und Deutungsweisen meiner Handlungsweise in Kauf genommen, denn in den Augenblicken, wo alles unterzugehen bereit ist, ist kein Platz für die Demokratie da.

(David Anin [Hrsg.], Die russische Revolution von 1917 in Berichten ihrer Akteure, München 1976, S. 288)

2.6 Denkschrift der Verwaltung der Metallfabrik »Sermowo« an den Vorsitzenden der Sonderberatung für Verteidigung, des höchsten kriegswirtschaftlichen Lenkungsorgans (8. 9. 1917)

[. . .] Die Revolution traf die Betriebe in vollem Gang an, außerdem entsprach die ausreichende Versorgung mit Brennstoff, Rohmaterialien, Lebensmitteln, Geldmitteln und sogar mit technischem Personal und Arbeitern völlig der bedeutenden Produktivität der Firma. Nach der Revolution versuchte die Verwaltung der Betriebe, indem sie neue Ordnungen und Organisationen der Arbeiter anerkannte und berücksichtigte, mit allen Mitteln, die Produktivität der Betriebe auf der früheren Höhe zu halten. Aber diese Bemühungen des Betriebspersonals mit dem Direktor an der Spitze, der gewöhnlich in völliger Einigkeit mit den betrieblichen Organisationen der Arbeiter handelte, ergaben schließlich aus folgenden Gründen keine befriedigenden Ergebnisse.

1. Die Masse der Arbeiter setzte sich nicht nur über die Meinung der Verwaltung der Betriebe hinweg, sondern oft auch über die Meinung ihrer eigenen Organisationen. Es begannen die üblichen, in der Mehrzahl der Fälle ungerechtfertigten Beschuldigungen und Entfernungen des oft in ihrer Bedeutung unersetzlichen Betriebspersonals. Das unkorrekte Verhalten ging mitunter bis zur Verspottung des zurückgebliebenen, nicht entfernten Personals durch die Arbeiter. [. . .]
2. Die Produktivität der Arbeiter ging stark zurück.
3. Die Bezahlung der Arbeiter gestaltete sich unter ständigem Druck von ihrer Seite nicht entsprechend der Arbeitsproduktivität.
4. Die Versorgung der Fabrik mit Materialien und Brennstoff wurde unregelmäßig und in ungenügenden Ausmaß durchgeführt. [. . .]

(Im folgenden macht die Verwaltung einen Verzicht auf eine Schließung der rüstungswichtigen Firma davon abhängig, daß die Ordnung im Betrieb wieder hergestellt wird und sie weitere Geldmittel — vor allem vom Staat — erhält. D. Verf.)

(Ekonomitscheskoe poloschenie Rossii nakanune Welikoj Oktjabrskoj sozialistitscheskoj rewoljuzii. Dokumenty i materialy. Mart-oktjabr 1917 g. [Die Wirtschaftslage Rußlands am Vorabend der Großen Sozialistischen Oktoberrevolution. Dokumente und Materialien. März—Oktober 1917] Bd. I, Moskau, Leningrad 1957, S. 482—485, hier S. 482—483. Übersetzung: Heiko Haumann)

2.7 Resolution der Sitzungen der revolutionären Organisationen der Firma »Sormowo« (nicht später als 23. 9. 1917)

Die Plenarsitzung aller revolutionären Organisationen der Firma Sormowo mit den Vertretern der sozialistischen Parteien anläßlich der Schließung der Firma hat mehrheitlich gegen die Stimmen der Menschewiki und der Führer der Sozialrevolutionäre folgende Resolution angenommen: Die Schließung der Firma hat allgemeinpolitische Bedeutung und ist eine Folge der Verschwörung der Bourgeoisie, die die Produktion sabotiert, damit — um die Worte Rjabuschinskijs zu gebrauchen — die knöcherne Hand des Hungers die Arbeiter zwingt, alle revolutionären Errungenschaften aufzugeben (vgl. Text 2.11, d. Verf.). Deshalb betrachten wir folgendes als einzigen Ausweg aus der geschaffenen Lage: a) Übergang der ganzen Macht in die Hände der Arbeiter und der ärmsten Bauern sowie Beschlagnahmung der von den Unternehmern vorsätzlich sabotierten Unternehmen; b) Einrichtung einer vollständigen Kontrolle der Arbeiter über die Banken und über die Produktion; c) Einführung einer allgemeinen Arbeitspflicht; d) Wir schlagen den Arbeitern von »Sormowo« vor, die Arbeit im Betrieb trotz alledem fortzusetzen und die Personen des administrativen Personals zu verpflichten, auf ihren Posten zu bleiben; e) Wir schlagen dem Sowjet der Arbeiterdeputierten vor, die entschiedensten Maßnahmen zur Einstellung der Aussperrung in der Firma »Sormowo« zu ergreifen.

(Ekonomitscheskoe poloschenie, Bd. I, S. 485. Übersetzung: Heiko Haumann)

2.8 Brief des Rates der Kongresse der Vertreter der metallverarbeitenden Industrie an den Ministerpräsidenten A. F. Kerenskij (29. 9. 1917)

Die Verwaltung der Russischen Lokomotivbau- und mechanischen Gesellschaft teilte dem Rat der Kongresse mit, daß am 20. September der Direktor und die ganze Verwaltung der Lokomotivbau-Fabrik in Charkow durch die Arbeiter in Arrest gesteckt wurden und am 21. September das Betriebskomitee die Abfertigung einer bereiten Lokomotive auf der süd-östlichen Eisenbahn zurückhielt. Trotz der äußerst schwierigen Lage, die im Charkower Betrieb infolge der übermäßigen Ansprüche der Arbeiter und ihrer eigenmächtigen Einmischung in die Verwaltung des Betriebes geschaffen wurde und über die der Rat der Kongresse dem Ministerium für Handel und Industrie schon am 11. September berichtete [. . .], wurde die Verwaltung der Gesellschaft gezwungen, den Arbeitern weitere Zugeständnisse zu machen, und nahm Bedingungen an, die von einer Schlichtungskommission beim Ministerium für Arbeit ausgearbeitet worden waren. [. . .] Indessen verbesserte das getroffene Abkommen, das von den Vertretern der Arbeiter des Betriebes und der Gewerkschaft unterschrieben worden war, nicht die Lage im Betrieb, und die Arbeiter wandten — wie aus der Mitteilung der Verwaltung ersichtlich wird — Gewalt gegen die betriebliche Administration an und hielten eigenmächtig die Auslieferung fertiger Erzeugnisse aus dem Betrieb zurück. All dies macht eine geregelte und produktive Arbeit des Betriebes völlig unmöglich und zwingt auf Ersuchen der Verwaltung von neuem die Frage nach der Schließung des Betriebes bis zum Eintritt von Bedingungen, unter denen eine solche (Arbeit, d. Verf.) möglich gemacht wird, zu stellen. [. . .] Der Rat der Kongresse schließt sich dem Ersuchen der Verwaltung völlig an und unterstützt es. Seinerseits hält er es für dringend notwendig, entschiedene Maßnahmen zur Gesundung der Arbeitsatmosphäre und zur Schaffung von Bedingungen zu ergreifen, die eine geregelte und produktive Arbeit der metallverarbeitenden Unternehmen gewährleisten, weil im entgegengesetzten Fall der gesamten metallverarbeitenden Industrie der Verfall und die unvermeidliche Schließung der Unternehmen droht.

(Ekonomitscheskoe poloschenie, Bd. I, S. 490—491. Übersetzung: Heiko Haumann)

2.9 Resolution der bolschewistischen Fraktion, angenommen von der Gesamtrussischen Konferenz der Fabrik- und Werkstättenkomitees zum Referat des Genossen Larin

I

1. Nachdem die Selbstherrschaft auf politischem Gebiet gestürzt worden ist, strebt die Arbeiterklasse danach, auch auf dem Gebiet ihrer Produktionstätigkeit der demokratischen Ordnung zum Siege zu verhelfen. Ausdruck dieses Bestrebens ist die Idee der Arbeiterkontrolle, die in der bestehenden Situation der wirtschaftlichen Zerrüttung, die durch die verbrecherische Politik der herrschenden Klassen heraufbeschworen wurde, natürlicherweise entstanden ist.
2. Die Organisierung der Arbeiterkontrolle ist eine ebensolche gesunde Erscheinungsform der Initative der Arbeiter auf dem Gebiete der Produktion, wie die Organisation der Parteitätigkeit auf dem Gebiet der Politik, wie die Organisation der Gewerkschaftsverbände auf dem Gebiete der Arbeits- und Lohnverhältnisse, wie die Organisierung von Genossenschaften auf dem Gebit des Konsums und die Organisierung von Klubs auf dem Gebiet der Kultur.
3. Die Arbeiter sind mehr als die Besitzer an einer richtigen und kontinuierlichen Arbeit der Industriebetriebe interessiert. Die Arbeiterkontrolle gewährleistet in dieser Beziehung die Interessen der gesamten heutigen Gesellschaft, des ganzen Volkes besser als allein nur das selbstherrliche Gutdünken der Besitzer, die sich von Erwägungen ihres eigennützigen materiellen oder politischen Vorteils leiten lassen. Darum ist die Arbeiterkontrolle nicht nur eine Forderung des Proletariats, sondern sie liegt auch im Interesse des ganzen Landes und muß von der revolutionären Bauernschaft und der revolutionären Armee unterstützt werden.

II

4. Angesichts der negativen Einstellung der Mehrheit der Kapitalisten zur Revolution ist eine richtige Verteilung der Materialien und des Brennstoffs und eine normale Leitung der Arbeiten, wie die Erfahrung hinreichend erwiesen hat, ohne Arbeiterkontrolle ganz unmöglich.
5. Allein die Arbeiterkontrolle über die kapitalistischen Betriebe, die ein bewußtes Verhältnis zur Sache herausbildet und ihre gesellschaftliche Bedeutung klarmacht, wird günstige Bedingungen schaffen für eine bewußte feste Arbeitsdisziplin und für eine möglichst hohe Arbeitsproduktivität.
6. Der bevorstehende Übergang der Wirtschaft zur Friedensproduktion und im Zusammenhang damit die Neuverteilung der Arbeitskräfte im Lande unter den Betrieben ist nur bei demokratischer Selbstverwaltung der Arbeiter selbst hinsichtlich der Verfügung über ihre Person im Zuge der Neuverteilung der Arbeitskräfte ohne schwerste Erschütterungen denkbar. Darum ist die Einführung der Arbeiterkontrolle eine der unumgänglichen Voraussetzungen für die Demobilisierung der Industrie.
7. Entsprechend der von der politischen Partei des russischen Proletariats, der Sozialdemokratischen Arbeiterpartei Rußlands (Bolschewiki), aufgestellten Losung: ›Arbeiterkontrolle im gesamtstaatlichen Maßstab‹, muß die Arbeiterkontrolle, um fruchtbringende Resultate zu erzielen, alle kapitalistischen Betriebe umfassen, darf sie nicht zufällig, nicht systemlos sein, sondern muß organisiert und planmäßig errichtet werden, nicht losgelöst vom wirtschaftlichen Leben des Landes insgesamt.

8. Das Wirtschaftsleben des Landes, Landwirtschaft wie Industrie, Handel und Verkehrswesen, muß einem Plan untergeordnet sein, der der Befriedigung der persönlichen und wirtschaftlichen Bedürfnisse der breiten Volksmassen dient, der von deren gewählten Vertretern bestätigt ist und der unter der Leitung dieser Vertreter durch die entsprechenden staatlichen und lokalen Institutionen zur Durchführung des Wirtschaftsplans realisiert wird.
9. Der Teil des Plans, der sich auf die Landwirtschaft bezieht, wird unter der Kontrolle der Bauern- und Landarbeiterorganisationen durchgeführt; der Teil des Plans, der die Industriebetriebe betrifft, die mit Lohnarbeitern betrieben werden, sowie den Handel und das Transportwesen, ist unter der Kontrolle der Arbeiter durchzuführen. Dabei sind die Fabrikkomitees und die ihnen entsprechenden Komitees natürliche Organe der Arbeiterkontrolle; auf dem Arbeitsmarkt sind solche Organe die Gewerkschaftsverbände. [. . .]
13. In allen Angelegenheiten, die die Arbeiterkontrolle über die Produktion, die Verteilung der Arbeitskräfte und den Arbeitsmarkt betreffen, müssen die Gewerkschaftsverbände mit den Arbeitern des betreffenden Betriebes über deren Fabrikkomitee Verbindung aufnehmen.
14. Die innerbetriebliche Ordnung, Einstellung, Entlassung, Urlaub [. . .], Feststellung des Grades der Arbeitsfähigkeit und des fachlichen Könnens, Feststellung der Gründe für Lösung des Arbeitsvertrags, Konflikte mit der Werkleitung und sonstige Fragen des innerbetrieblichen Lebens dürfen nach Einführung der Arbeiterkontrolle ausschließlich nur mit Zustimmung und Bestätigung des Fabrikkomitees entschieden werden, dem auch das Recht zugestanden werden muß, Verwaltungsmitglieder des Betriebes abzulehnen.
15. Das Fabrikkomitee bildet eine Kontrollkommission zur Kontrolle über Richtigkeit und Sicherung sowohl der Versorgung des Betriebes mit Materialien, Brennstoffen, Aufträgen, Arbeitern und technischen Kräften (inbegriffen auch Maschinenausrüstung) und allen anderen Bedarfsgegenständen sowie der Maßnahmen, als auch zur Kontrolle der Abstimmung der Tätigkeit des Betriebes mit dem allgemeinen Wirtschaftsplan. Die Werkleitung ist verpflichtet, den Arbeiterkontrolleuren zur Kenntnisnahme und Durchführung der Kontrolle alle Angaben zu machen, ihnen die Möglichkeit zu geben, diese Angaben zu überprüfen, und ihnen alle Geschäftsbücher des Betriebes vorzulegen. [. . .]

(John Reed, Zehn Tage, die die Welt erschütterten, Reinbek 1967, S. 289—291)

2.10 Der Rat der allrussischen Handels- und Gewerbevereinigung

Gestern (18. 7.) wurde auf der Sitzung der allrussischen Handels- und Gewerbevereinigung nach einer Diskussion über die Frage der politischen Situation der folgende Bericht an die Provisorische Regierung gebilligt:

Der Bericht lautet: »Während einer der beschwerlichsten und verantwortungsvollsten Augenblicke in der russischen Geschichte wendet sich die Provisorische Regierung, wo sozialistische Vertreter dominieren, an die Vertreter der liberalen, bürgerlichen Gruppen der russischen Gesellschaft mit dem Angebot, in ihre Reihen einzutreten, um ein Koalitionsministerium zu bilden, daß sie die Regierung zur Rettung der Revolution nennen, aber die sie die Regierung zur Erhaltung des sterbenden Vaterlandes hätten nennen sollen. Vertreter der handels-gewerblichen Klasse halten es für ihre Pflicht, in das Ministerium unter den bereits dargelegten Bedingungen einzutreten. Wir weichen nicht vor unserer Pflicht gegenüber dem Vaterland aus. Aber wir sind gezwungen, ein wahres Wort über die gegenwärtige Situation in

Rußland zu sagen, damit unser Eintritt in die Regierung nicht zu hoch eingeschätzt wird. Wir haben keine Illusionen. Und wir glauben nicht, daß eine echte Regierung zur nationalen Rettung gebildet werden kann, wenn nicht ein radikaler Bruch mit dem System gemacht wird, unter dem sich die Revolution während dieser vergangenen Monate entwickelt hat. Die Politik der Regierung, die dazu bestimmt ist, Rußland zu retten, kann keinen Klassen- oder Parteicharakter haben. Es darf nur eine nationale und Volkspolitik sein. Gereizt durch einen Sinn des nationalen Überlebens, stürzte das russische Volk das alte Regime und führte eine nationale Revolution herbei. Aber die Ernüchterung kam viel zu schnell. Jetzt werden sie gebeten, die nationale Revolution in eine soziale Revolution umzuwandeln. [. . .] Bei der Verursachung einer sozialen Revolution wurde die Unwissenheit des Volkes ausgenutzt. Sie warfen demagogische Slogans in die Massen, an deren Verwirklichung niemand glauben kann. Und sie vergifteten die Seele des Volkes mit Haß und Ärger. Sie beendeten den Krieg an der Front und begannen ihn innerhalb des Landes. Tatsächlich wurde die Macht bald von der Provisorischen Regierung auf die Sowjets der Arbeiter- und Soldatendeputierten übertragen — eine zufällige Versammlung von Leuten, größtenteils noch unwissend, ohne Namen, unaufgeklärt und unverantwortlich als das Ergebnis vergangener Unterdrückung und unvorbereitet, am staatlichen und sozialen Aufbau teilzunehmen. Die Führer der sozialistischen Parteien, die später Mitglieder der Provisorischen Regierung wurden, fühlten selbst das ganze Gewicht und die Gefahr der Diktatur der Massen, als sie den Straßendemonstrationen der Bolschewiki von Angesicht zu Angesicht gegenüberstanden, die sie ebenfalls ins Schlepptau nahmen. Die spontane Entwicklung einer Revolution, die nicht von einer festen Autorität geführt wurde, führte Rußland in vollkommene Anarchie und Verfall. Die nationale Einheit des großen Rußland löste sich auf [. . .] Es gibt sogar weniger Gesetz und Ordnung im Land als unter dem alten Regime. Und die Regierung unternimmt nichts in der ursprünglichen Kraft der Revolution, um die Freiheit und die Rechte der Bürger zu schützen. Während der vergangenen Monate hat die Regierung die Vergiftung des russischen Volkes und der russischen Armee erlaubt und die Zerstörung jeglicher Disziplin, hierin den Sowjets der Arbeiter- und Soldatendeputierten folgend, die die Verantwortung für die Schande und die Demütigung Rußlands und der russischen Armee tragen müssen. Nur durch einen radikalen Bruch der Regierung mit der Diktatur der Sowjets, die zur Auflösung führt, nur durch die Wiederherstellung der Gesundheit der Massen und die Erweckung eines nationalen Staatsbewußtseins in ihnen, nur durch die Offenbarung der wahren Seele des russischen Volkes, das jahrhundertelang gelebt, gebaut, geschaffen und gesprochen hat, kann Rußland gerettet werden. Wenn dieses nicht stattfindet, wird Rußland zugrunde gehen, und kein Hervorholen neuer Minister wird helfen. Alle gesunden, verantwortungsbewußten und schöpferischen Kräfte des russischen Volkes und der Gesellschaft müssen Rußland um jeden Preis retten — Rußland, und nicht die Revolution. Die Zukunft Rußlands darf nicht der Macht der Diktatur der Parteien und der Diktatur der Klassen überlassen werden — das ist sein heutiges Schicksal. Wenn eine diktatorische Macht nötig ist, um das Vaterland zu retten, kann dies nur eine echte, nationale Macht sein, die sich über allen Parteien und über allen Klassen befindet, entstanden aus nationaler Begeisterung. Rußland und Rußlands Freiheit sind in Gefahr und nicht die Revolution. Diese Gefahr rührt von der falschen Leitung der Revolution und ihrer inneren Auflösung her. Das freie Rußland muß vor der Auflösung durch die Revolution bewahrt werden.

(Browder-Kerensky, Bd. III, S. 1403—1404. Übersetzung: Gabriele Rappmann)

2.11 Rede P. P. Rjabuschinskijs, des Vorsitzenden des Allrussischen Bundes von Handel und Industrie, zur Eröffnung des II. Kongresses dieser Organisation (3. 8. 1917)

[. . .] Wir müssen sagen, und dies wird von allen linken Gruppen anerkannt, daß die jetzige Revolution eine bürgerliche Revolution war (Stimmen: »Richtig«), daß die bürgerliche Ordnung, die zur Zeit existiert, noch unvermeidlich ist, aber wenn sie unvermeidlich ist, muß man daraus den einzig logischen Schluß ziehen. Die Personen, die den Staat regieren, müssen bürgerlich denken und bürgerlich handeln. [. . .] Das bedeutet nicht, daß wir gegenwärtig kein Koalitionsministerium haben dürfen. [. . .] Nötig ist die einträchtige Arbeit aller echten Kräfte, aber durchdrungen nicht von doktrinärer Haltung, sondern von der Notwendigkeit, unter den gegebenen Bedingungen dem Land aus seiner schweren Lage herauszuhelfen. [. . .] Deshalb ist unsere Aufgabe äußerst schwierig. [. . .] diese Katastrophe, dieses finanzielle und ökonomische Fiasko wird für Rußland unvermeidlich sein [. . .]. Aber leider ist die knöcherne Hand des Hungers und des Volkselends nötig, die den falschen Freunden des Volkes, den Mitgliedern verschiedener Komitees und Sowjets an die Gurgel fährt, damit sie zur Vernunft kommen. [. . .]
(Ekonomitscheskoe poloschenie Rossii nakanune Welikoj Oktjabrskoj sozialistitscheskoj rewoljuzii. Dokumenty i materialy. Mart-oktjabr 1917 g. [Die Wirtschaftslage Rußlands am Vorabend der Großen Sozialistischen Oktoberrevolution. Dokumente und Materialien. März-Oktober 1917]. Bd. I, Moskau, Leningrad 1957, S. 200—201. Übersetzung: Heiko Haumann)

Aus den Erinnerungen des bedeutenden russischen Bankiers und Industriellen A. I. Putilow

[. . .] Ich selbst erinnere mich nicht genau daran, wann sie (die »Gesellschaft zur wirtschaftlichen Wiedergeburt Rußlands«) gebildet wurde. Ich glaube, es war im April 1917. Auf jeden Fall war A. I. Gutschkow zu der Zeit noch Kriegsminister und hatte keine Verbindung mit unserer Initiative. Aber auf der anderen Seite zeigte die Provisorische Regierung schon solche Schwäche, daß die Gefahr von links in unseren Köpfen zur Gewißheit wurde. [. . .] Ein Kampf gegen die Bolschewiki hätte sowohl an der Front als auch im Hinterland organisiert werden sollen. Da die Provisorische Regierung jedoch beabsichtigte, die Konstituierende Versammlung einzuberufen, waren wir ebenfalls mit der Aufgabe konfrontiert, unsere gemäßigten, bürgerlichen Kandidaten in die Konstituierende Versammlung zu setzen. Wie wohl bekannt ist, kann man keine Propaganda ohne Geld betreiben. So begannen diejenigen von uns, die mit Banken, Industrien und Versicherungsgesellschaften verbunden waren, ihre Ansichten über dieses Thema auszutauschen. Ich erinnere mich nicht, wer die Initiative ergriff. Ich werde mich wahrscheinlich nicht irren, wenn ich sage, daß die ersten Schritte in dieser Richtung von mir und A. I. Vyschnegradskij unternommen wurden. [. . .] Die Aufgabe, die vor uns lag, war so offensichtlich, daß alle Bank-, Industrie- und Versicherungskreise sofort auf unsere Initiative antworteten. Es hat keinen Zweck, sie aufzuzählen. Sie begannen, Fonds zu errichten. [. . .]

A. I. Gutschkow war damals Kriegsminister und nicht auf dem Laufenden über die Spekulationen der Industriellen. Sobald er die Regierung verließ, baten ihn die Initiatoren, der Gesellschaft vorzustehen und die Aufsicht über ihre praktischen Aktivitäten zu übernehmen. A. I. Gutschkow stimmte zu.

Während des ganzen Sommers versuchte A. I. Gutschkow, die Propaganda in Gang zu setzen; er veröffentlichte Erklärungen, verteilte Prospekte, Broschüren und alle Arten von Literatur. [. . .] Wir beschäftigten uns natürlich nicht mit Vorbereitungen für die Konstituierende Versammlung, denn bis zur Konstituierenden Versammlung war es noch lange hin. Wir dachten, es tut mir leid, das zu sagen, daß aus der Propaganda nichts herauskommen würde. Was hätte daraus herauskommen können, wenn wir von »Krieg bis zum siegreichen Ende« sprechen mußten, während die Bolschewiki einen »Frieden ohne Annexionen oder Kontributionen« verkündeten und den ungebildeten Massen einen so verlockenden Slogan vorbrachten wie »beutet die Ausbeuter aus«?

(... Im August lud General L. G. Kornilow, damals Höchstkommandierender der russischen Armee, führende Mitglieder der »Gesellschaft zur wirtschaftlichen Wiedergeburt Rußlands« zu einem Gespräch, um sie über seine Pläne zu informieren, durch einen Putsch die Bolschewiki zu zerschlagen und die »Ordnung« wiederherzustellen. Am Schluß fragte er seine Gäste: [d. Verf.] ...)

Geld ist nötig, um die Leute vor der Aktion zu versorgen und zu ernähren. Können Sie das Geld geben?

Darauf antworteten A. I. Vyschnegradskij und ich:

»Es gibt Geld. Wir sind nicht die einzigen, die das Geld in Obhut haben, aber wir sind sicher, daß unsere Kollegen zustimmen werden, die gesamten gesammelten Geldmittel Ihnen zur Verfügung zu stellen.«

In diesem Augenblick bestand für uns kein Zweifel, daß General Kornilow in Übereinstimmung mit A. F. Kerenskij handelte. Wir stellten keine weiteren Fragen, weder über den Plan der Handlung noch über weitere Absichten. Uns genügte es, daß die Regierung und der Oberste Befehlshaber sich endlich entschlossen hatten, der Doppelherrschaft im Land ein Ende zu bereiten. Wir waren bereit, jedes Opfer zu bringen, um ihnen zu helfen, die Ordnung wiederherzustellen. [...]

(Poslednija Nowosti Nr. 5780, 20. 1. 1937, S. 2; Nr. 5784, 24. 1. 1937, S. 5; zit. nach Browder-Kerensky, Bd. III, S. 1527—1530. Übersetzung: Gabriele Rappmann)

Zur Information

Ende August 1917 versuchte Kornilow seinen Putsch, ohne sich dabei allerdings in Übereinstimmung mit Ministerpräsident Kerenskij zu befinden. Der Provisorischen Regierung gelang es, den Putsch niederzuschlagen, mußte dazu jedoch die Hilfe der Sowjets und der Bolschewiki — die seit den Juli-Unruhen Verfolgungen ausgesetzt waren — in Anspruch nehmen. Die Ereignisse schwächten die Autorität der Koalitionsregierung und stärkten die Position der Bolschewiki. Die Sowjets forderten energische Maßnahmen, um die Gefahr eines erneuten Militärputsches ein für allemal abzuwenden.

2.12 Lenins April-Thesen (unmittelbar nach seiner Ankunft in Rußland am 3. 4. 1917 vorgelegt)

1. In unserer Stellung zum Krieg, der von seiten Rußlands auch unter der neuen Regierung Lwow und Co. — infolge des kapitalistischen Charakters dieser Regierung — unbedingt ein räuberischer imperialistischer Krieg bleibt, sind auch die geringsten Zugeständnisse an die »revolutionäre Vaterlandsverteidigung« unzulässig.
   Einem revolutionären Krieg, der die revolutionäre Vaterlandsverteidigung wirklich rechtfertigen würde, kann das klassenbewußte Proletariat seine Zustimmung nur unter folgenden Bedingungen geben: a) Übergang der Macht in die Hände des Proletariats und der

sich ihm anschließenden ärmsten Teile der Bauernschaft; b) Verzicht auf alle Annexionen in der Tat und nicht nur in Worten; c) tatsächlicher und völliger Bruch mit allen Interessen des Kapitals. [. . .]

Organisierung der allerbreitesten Propaganda dieser Auffassung unter den Fronttruppen.

Verbrüderung.

2. Die Eigenart der gegenwärtigen Lage in Rußland besteht im *Übergang* von der ersten Etappe der Revolution, die infolge des ungenügend entwickelten Klassenbewußtseins und der ungenügenden Organisiertheit des Proletariats der Bourgeoisie die Macht gab, *zur zweiten* Etappe der Revolution, die die Macht in die Hände des Proletariats und der ärmsten Schichten der Bauernschaft legen muß. [. . .]
   Diese Eigenart fordert von uns die Fähigkeit, uns den *besonderen* Bedingungen der Parteiarbeit unter den unerhört breiten, eben erst zum politischen Leben erwachten Massen des Proletariats anzupassen.
3. Keinerlei Unterstützung der Provisorischen Regierung, Aufdeckung der ganzen Verlogenheit aller ihrer Versprechungen, insbesondere hinsichtlich des Verzichts auf Annexionen. Entlarvung der Provisorischen Regierung statt der unzulässigen, Illusionen erweckenden »Forderung«, *diese* Regierung, die Regierung der Kapitalisten, solle *aufhören,* imperialistisch zu sein.
4. Anerkennung der Tatsache, daß unsere Partei in den meisten Sowjets der Arbeiterdeputierten in der Minderheit, vorläufig sogar in einer schwachen Minderheit ist. [. . .]
   Aufklärung der Massen darüber, daß die Sowjets der Arbeiterdeputierten die *einzig mögliche* Form der revolutionären Regierung sind und daß daher unsere Aufgabe, solange sich *diese* Regierung von der Bourgeoisie beeinflussen läßt, nur in geduldiger, systematischer, beharrlicher, besonders den praktischen Bedürfnissen der Massen angepaßter *Aufklärung* über die Fehler ihrer Taktik bestehen kann.
5. Keine parlamentarische Republik — von den Sowjets der Arbeiterdeputierten zu dieser zurückzukehren wäre ein Schritt rückwärts —, sondern eine Republik der Sowjets der Arbeiter-, Landarbeiter- und Bauerndeputierten im ganzen Lande, von unten bis oben.
   Abschaffung der Polizei, der Armee, der Beamtenschaft*
   Entlohnung aller Beamten, die durchweg wählbar und jederzeit absetzbar sein müssen, nicht über den Durchschnittslohn eines guten Arbeiters hinaus.
6. Im Agrarprogramm Verlegung des Schwergewichts auf die Sowjets der Landarbeiterdeputierten.
   Konfiskation aller Gutsbesitzerländereien.
   Nationalisierung des *gesamten* Bodens im Lande; die Verfügungsgewalt über den Boden liegt in den Händen der örtlichen Sowjets der Landarbeiter- und Bauerndeputierten. Bildung besonderer Sowjets von Deputierten der armen Bauern. Schaffung von Musterwirtschaften aus allen großen Gütern [. . .]
7. Sofortige Verschmelzung aller Banken des Landes zu einer Nationalbank und Errichtung der Kontrolle über die Nationalbank durch den Sowjet der Arbeiterdeputierten.
8. Nicht »Einführung« des Sozialismus als unsere *unmittelbare* Aufgabe, sondern augenblicklich nur Übergang zur *Kontrolle* über die gesellschaftliche Produktion und die Verteilung der Erzeugnisse durch den Sowjet der Arbeiterdeputierten. [. . .]

* D. h. Ersetzung des stehenden Heeres durch die allgemeine Volksbewaffnung.

(W. I. Lenin, Werke, Bd. 24, hier S. 3 — 6)

2.13 Anweisung des Jekaterinodarsker Sowjets der Arbeiter, Soldaten und Bauerndeputierten an den Delegierten auf dem II. Allrussischen Sowjetkongreß (7. 10. 1917)

Die siebenmonatige faktische Herrschaft der Bourgeoisie im Land in Form der Koalition mit der Politik der Verlängerung des imperialistischen Krieges, der Sabotage und Aussperrungen, der Weigerung, die dringendsten Forderungen der Arbeiter, der Armee und der Bauernschaft zu verwirklichen, führte das Land fast zum völligen Verfall und stellte es vor die Drohung einer endgültigen ausländischen Unterjochung seitens des verbündeten Kapitals sowie des Sieges der Konterrevolution innerhalb des Landes. Die Herrschaft der Bourgeoisie half allen Kräften der Konterrevolution sich zu organisieren und zusammenzufügen, und öffnete gleichzeitig den zurückgebliebenen Elementen des Proletariates und der Kleinbourgeoisie in Stadt und Land endgültig die Augen, daß es unmöglich sei, den Krieg mit einem demokratischen Frieden zu beenden und die Errungenschaften der Revolution, den Übergang des Landes in die Hände der Bauernschaft, die Durchführung einer Arbeitergesetzgebung usw., tatsächlich zu verwirklichen. [. . .] (es folgt der Auftrag an den Delegierten, sich für folgende Maßnahmen einzusetzen, d. Verf.):

1. Unverzügliche Bildung einer Regierung aus den Mitgliedern des Sowjetkongresses bis zur Konstituierenden Versammlung, die nur dem Sowjet verantwortlich ist;
2. Unverzüglicher Vorschlag eines demokratischen Friedens an die Völker aller kriegführenden Länder [. . .];
3. Unverzügliche Beschlagnahme aller Gutsbesitzerländereien und ihre Übergabe mit Inventar an die bäuerlichen Landkomitees bis zur endgültigen Entscheidung der Konstituierenden Versammlung;
4. Einführung der Arbeiterkontrolle über die Produktion und Verteilung der Produkte sowie der Verstaatlichung der Banken und syndizierten Unternehmen;
5. Schonungslose Besteuerung der vermögenden Klassen und Beschlagnahme der Kriegsgewinne;
6. Sofortige Einberufung der Konstituierenden Versammlung;
7. Unverzügliche und entschiedene Reinigung der Armee vom konterrevolutionären Kommandobestand, Durchführung von Wahlen in der Armee und Reorganisation des Generalstabes;
8. Unverzügliche Abschaffung der Todesstrafe;
9. Entschiedener Kampf mit der Konterrevolution im Hinterland: Verhaftung der Anführer der Konterrevolution, [. . .];
10. Bewaffnung der Arbeiter unter Mithilfe des Staates zum Schutz der Revolution;
11. Durchführung der Arbeitergesetzgebung;
12. Festsetzung einer strengen Untersuchung der Teilnehmer des Kornilov-Verrats und deren unverzügliche Übergabe an ein revolutionäres Volksgericht und andere entschieden revolutionäre Maßnahmen.

(Ekonomitscheskoe poloschenie, Bd. III., S. 429—430. Übersetzung: Heiko Haumann)

2.14 Bericht über die Sitzung der Interrayon-Konferenz der Rayon-Sowjets von Petrograd (17. 7. 1917)

[. . .] Auf der Tagesordnung stand die Frage über Maßnahmen zum Kampf gegen die Konterrevolution in Petrograd und seine Umgebung. Indessen nahm die Frage der Entwaffnung der Arbeiter [. . .] einen bedeutenden Teil der Zeit der Versammlung in Anspruch. [. . .] Die

Vertreter der Rayonsowjets wiesen darauf hin, daß die Arbeiter, die vom ersten Tag an an dieser Revolution teilnahmen, es auch für ihre erste Pflicht halten, sie zu schützen. [. . .] sie wissen nicht, was morgen sein wird, und sie haben keine Garantie, daß nicht irgend jemand anderes kommt und es ausnützt, daß die waffenlosen Arbeiter keinen Widerstand leisten können. Außerdem befinden sich nicht alle Waffen, die während der Revolution verschwunden sind, in den Arbeiterquartieren. Ganze Waffenlager besitzen die Schwarzhunderter-Banden (reaktionäre Gruppen, d. Verf.), die bis jetzt nicht entwaffnet wurden. [. . .] Weiter ging die Interrayon-Konferenz zur Erörterung der Frage über Maßnahmen zum Kampf gegen die Konterrevolution über. Lokale Berichterstatter schilderten die Lage in den Rayons von Petrograd während der Ereignisse des 3.—4. Juli. [. . .] Berichtet wird u. a. über antisemitische Agitation, Beschimpfungen und Gewaltanwendungen gegen Mitglieder der Sowjets und sozialistischer Parteien sowie Zerstörungen an Einrichtungen von Betriebskomitees und sozialistischen Parteien durch reaktionäre Gruppen (d. Verf.). Als Ergebnis der Diskussion wurde folgende Resolution angenommen:

Die Interrayon-Konferenz hält fest, daß es in den Ereignissen des 3.—5. Juli und der folgenden Tage zweifellos Anzeichen einer auflebenden und sich organisierenden Konterrevolution in Petrograd gegeben hat. Die Konferenz ist der Meinung, daß [. . .] das Exekutivkomitee des Petrograder Sowjets der Arbeiter- und Soldatendeputierten energische Aktivität und Entschiedenheit bei der Aufklärung der Zellen der konter-revolutionären Organisation entwickeln und bei der Provisorischen Regierung auf entschiedenen Maßnahmen für den Kampf gegen die Konterrevolution von rechts bestehen muß. [. . .]

Die Konferenz stellt weiter fest, daß die Ereignisse des 3.—5. Juli und der folgenden Tage offensichtlich zeigten, daß eine feste moralische und organisierte Verbindung des Exekutivkomitees mit dem Petrograder Sowjet der Arbeiter-Soldatendeputierten und über ihn mit dem Petrograder Proletariat und der Garnison fehlt. Sie hält es für notwendig, daß das Exekutivkomitee des Petrograder Sowjets der Arbeiter- und Soldatendeputierten dadurch reorganisiert wird, daß von den Rayon-Sowjets, und zwar zwei von jedem Rayon, Vertreter in es gesandt werden. Die Rayon-Sowjets müssen durch eine Vertretung auch kleinerer Einheiten, wie der Fabriken und Betriebe so wie Teilen der Garnison, erweitert werden.

(Rajonnye sowjety Petrograda w 1917 godu. [Die Rayon-Sowjets von Petrograd 1917]. Bd. III, Moskau, Leningrad 1966, S. 268—272. Übersetzung: Heiko Haumann)

2.15 Beschluß der Interrayon-Konferenz (2. 9. 1917)

[. . .] Angesichts der völligen Untätigkeit des Petrograder Exekutivkomitees ist es notwendig, es durch ein aktives und lebensfähiges Leitungsorgan zu ersetzen, das alle lebendigen Kräfte der revolutionären Demokratie Petrograds vereinigen könnte. Dieses Organ sollte sich zusammensetzen aus

1. dem Präsidium der Soldatensektion,
2. dem Präsidium der Arbeitersektion,
3. der Interrayon-Konferenz,
4. Vertretern der Parteien, des Zentralrates der Fabrik- und Betriebskomitees, des Zentralkomitees der Gewerkschaften und der Zentralorgane der Arbeiter-Kooperativen. [. . .]

(Rajonnye sowjety, III, S. 298—301, hier S. 298. Übersetzung: Heiko Haumann)

2.16 Resolution des Tscheljabinsker Sowjets der Arbeiter- und Soldatendeputierten (12. 9. 1917)

[. . .] Die Versammlung protestiert entrüstet gegen die Experimente, die vom Zentralen Exekutivkomitee mit der großen russischen Revolution durchgeführt werden, und fordert die sofortige Einberufung eines Allrussischen Sowjetkongresses. Zugleich ist die Versammlung der Ansicht, daß der einzige Ausweg aus der gegenwärtigen politischen Lage die Bildung einer Macht aus Vertretern des revolutionären Proletariats und Bauerntums besteht — einer Macht, deren Tätigkeit folgendes zugrunde liegen muß:

1. Ausrufung der demokratischen Republik.
2. Unverzügliche Aufhebung des Privateigentums an Gutsbesitzerland ohne Entschädigung und seine Übergabe in die Verwaltung von Bauernkomitees, von nun an bis zur Entscheidung der Konstituierenden Versammlung, wobei die ersten Bauern mit Inventar versorgt werden sollen.
3. Einführung der Arbeiterkontrolle in gesamtstaatlichem Maßstab über Produktion und Verteilung sowie Verstaatlichung der wichtigsten Industriezweige, [. . .]. Schonungslose Besteuerung der Großkapitalisten und der Vermögen sowie Beschlagnahme der Kriegsgewinne mit dem Ziel, das Land vor wirtschaftlicher Zerrüttung zu bewahren.
4. Ungültigkeitserklärung der Geheimverträge und unverzüglicher Vorschlag eines allgemeinen demokratischen Friedens an alle Völker der kriegführenden Staaten. [. . .]«

(Welikaja Oktjabrskaja sozialistitscheskaja rewoljuzija. Dokumenty i materialy Rewoljuzionnoe dwischenie w Rossii w sentjabre 1917 g. Obschtschenazionalnyj krisis [Die Große Sozialistische Oktoberrevolution. Dokumente und Materialien. Die revolutionäre Bewegung in Rußland im September 1917. Die gesamtnationale Krise], Moskau 1961, S. 172—173. Übersetzung: Heiko Haumann)

Fragen und Anregungen

▶ 1. Vergegenwärtigen Sie sich nochmals anhand des einleitenden Informationstextes den Zustand und die Besonderheiten der damaligen russischen Landwirtschaft.

Unmittelbar nach der Februar-Revolution und dem Verschwinden der zaristischen Behörden kamen auf dem Land Bauern- und Landkomitees auf. Die Initiative zur Bildung dieser Komitees ging in vielen Fällen von den Kommissaren der Provisorischen Regierung aus. Die Wahlen zu diesen Komitees fanden durch allgemeine Volksabstimmungen oder nach den Regeln des allgemeinen, gleichen und geheimen Wahlrechts statt. Anfangs wurden in diese Komitees gewöhnlich wohlhabende Bauern, Lehrer, Agronomen, Genossenschaftsfunktionäre usw. gewählt. Die Komitees übten die gesamte Lokalgewalt aus.

Am 21. April erließ die Provisorische Regierung Bestimmungen über die Schaffung eines zentralen sowie eines lokalen Landkomitees. Ihre Hauptaufgabe sollte die Vorbereitung einer später durchzuführenden Landreform sein. Die lokalen Organisationen wurden jedoch im Verlauf des Jahres immer radikaler. Während die zentralen Komitees zur Ruhe und Ordnung ermahnten und den Großgrundbesitz unangetastet lassen wollten, begannen die lokalen Komitees die Güter zu enteignen, deren Inventar zu verteilen, die Arbeitslöhne festzusetzen usw.

Andere Organe der Bauernschaft waren die Bauern-Sowjets, Landarbeiter-Räte, Armenorganisationen usw. sowie der Bauernbund.

- ▶ Lesen Sie nun die Quellen unter Punkt 1 und charakterisieren Sie die politische Situation auf dem Land und die Stimmung unter den Bauern.
- ▶ Wie reagiert der Bauernkongreß von Cherson (Text 2.2) auf die Ereignisse, was erwartet er von der konstituierenden Versammlung?
- ▶ Welche Politik gegenüber den Bauern betreiben die Bolschewiki, welche Absichten verfolgen sie mit der Entsendung von Arbeitern und Soldaten aufs Land (Text 2.3)?

2. Zur Lage in der Armee:

- ▶ Wie erklären Sie sich das starke Anwachsen der Popularität der Bolschewiki einerseits und den wachsenden Vertrauensschwund der an der Regierung beteiligten Parteien andererseits (Text 2.4)? Woraus resultiert das starke Bedürfnis nach sofortigem Frieden? Berücksichtigen Sie dabei folgendes:
  Die Masse der Soldaten rekrutierte sich aus der Landbevölkerung. Wie mußten Nachrichten über die revolutionären Ereignisse auf dem Land auf diese Menschen wirken?
- ▶ Was bedeutete diese Entwicklung in der Armee für die Provisorische Regierung (Text 2.5)?

3. Bald nach dem Sturz des Zaren-Regimes im Februar begann in den Betrieben der russischen Industriezentren ein verstärkter politischer Kampf. Die Arbeiter, die in der Rätebewegung, den Gewerkschaften und vor allem den Betriebskomitees — eine neue Art von Arbeiterorganisation — organisiert waren, konnten eine Außerkraftsetzung der alten Betriebsverfassung, Arbeitszeitverkürzung auf bis zu 8 Stunden täglich und Lohnerhöhungen durchsetzen. Materielle Verbesserungen wurden jedoch durch die rasch fortschreitende Inflation schnell wieder aufgehoben. Durch die totale Unterordnung der Wirtschaft unter die Rüstung entstand ein zunehmender Mangel an Konsumgütern. Dazu kam eine schlechte Ernte 1917, die die Lebensverhältnisse in den Industriegebieten noch weiter verschlechterte. Demgegenüber konnten die Unternehmer durch die Kriegswirtschaft bedeutende Spekulationsgewinne und Extraprofite erzielen.

   Die Auseinandersetzungen in den Betrieben wurden immer heftiger. Streiks und Aussperrungen lösten sich ab.

- ▶ Versuchen Sie anhand der Texte 2.6, 2.7 und 2.8 die Situation in den Betrieben und die Standpunkte beider Parteien in eigenen Worten wiederzugeben.
- ▶ Welches Hauptinteresse verfolgen die Betriebsverwaltung und die Unternehmer, was ist das Hauptanliegen der Arbeiter?
- ▶ Arbeiten Sie aus Text 2.9 die langfristigen Vorstellungen der Arbeiter heraus. Was ist der Grundgedanke der Arbeiterkontrolle? Welche Aufgaben und Funktionen geben sich die Betriebskomitees und wie soll ihrer Meinung nach das Wirtschaftsleben organisiert werden?
- ▶ Untersuchen Sie Text 2.10 auf die langfristigen Vorstellungen der Unternehmer hin. Prüfen Sie die beiden Texte 2.10, 2.11 auf das tatsächliche Verhalten der Unternehmer hin. Welche Politik sollte die Provisorische Regierung verfolgen, nachdem Vertreter sozialistischer Parteien in sie eingetreten waren? Welche Einstellung spricht aus den Texten gegenüber den Sowjets, den Arbeiterorganisationen und den Bolschewiki? Warum unterstützten führende Unternehmer den Kornilow-Putsch?

▶ 4. In den »April-Thesen« (Text 2.12) betont Lenin noch, »daß die Partei (Bolschewiki, d. Verf.) in den meisten Sowjets der Arbeiterdeputierten [. . .] in einer schwachen Minderheit ist«.

Die Politik sollte nicht den Soldaten- und Arbeiterdeputierten übertragen werden, sondern sollte mit Hilfe der Unternehmer gemacht werden.

▶ Vergleichen Sie Text 2.13 mit den „April-Thesen". Stimmt Lenins Aussage vom April noch? Ziehen Sie zur Klärung dieser Frage auch die folgenden Texte heran.

Anfang Juli brach die von der Koalitionsregierung intensiv vorbereitete Frontoffensive zusammen. Die russische Armee mußte vor dem deutschen Gegenangriff zurückweichen. In Petrograd kam es zu spontanen Demonstrationen gegen die Regierung und für die Machtübernahme durch die Sowjets. Die Folge waren blutige Zusammenstöße mit Regierungstruppen, die einige Hundert Tote und Verletzte forderten. Über die Hauptstadt wurde der Belagerungszustand verhängt, der dem Militär besondere Machtbefugnisse gab.

Texte 2.14 bis 2.16: Geben Sie kurz in eigenen Worten wieder, wie die Petrograder Sowjets die Lage nach den Juliereignissen einschätzen. Ziehen Sie zum Vergleich Text 1.7 des vorangegangenen Kapitels heran. Welche Widersprüche stellen Sie fest? Was ist der Grundtenor der von den unteren Sowjets gefaßten Beschlüsse und Resolutionen? Charakterisieren Sie abschließend den inneren Zustand der Sowjets nach den Juli-Ereignissen.

▶ 5. Fassen Sie die Ergebnisse der letzten zwei Kapitel noch einmal kurz zusammen: Welchen Verlauf nahmen die politischen und gesellschaftlichen Auseinandersetzungen bis zum Oktober 1917?

▶ Diskutieren Sie anhand der gewonnenen Erkenntnisse, welche alternativen Entwicklungsmöglichkeiten in diesem Zeitraum bestanden.

3. Die Entscheidung für den bewaffneten Aufstand

3.1 Beschluß des Petrograder Sowjets der Arbeiter- und Soldatendeputierten vom 9. 10. 1917

[. . .] Die Regierung Kerenskij richtet das Land zugrunde. [. . .] Zusammen mit der Bourgeoisie bereitet Kerenskij die Übergabe Petrograds — der wichtigsten Festung der Revolution — an die Deutschen vor. [. . .] Die Rettung Petrograds und des Landes ist der Übergang der Macht in die Hände der Sowjets. Die Sowjetmacht muß allen Völkern einen sofortigen Waffenstillstand vorschlagen und bis zum Abschluß des Friedens die Sicherstellung der Kampffähigkeit der Armee, der Verteidigung Petrograds und des Landes in ihre eigenen Hände nehmen. Zugleich fordert der Petrograder Sowjet der Arbeiter- und Soldatendeputierten die Petrograder Garnison auf, unverzüglich alle Maßnahmen zur Entwicklung und Festigung ihrer militärischen Bereitschaft zu ergreifen. Der Petrograder Sowjet beauftragt das Exekutivkomitee, zusammen mit der Soldatensektion und den Vertretern der mit Petrograd verbundenen Garnisonen ein revolutionäres Verteidigungskomitee zu organisieren, das alle Nachrichten, die den Schutz Petrograds und seiner Zugangswege betreffen, sammeln, alle Maßnahmen zur Bewaffnung der Arbeiter ergreifen und auf diese Weise die revolutionäre Verteidigung Petrograds wie die Sicherheit des Volkes vor der sich offen vorbereitenden Attacke der militärischen und zivilen Kornilows gewährleisten soll.

(K. Rjabinskij Rewoljuzija 1917 goda. Chronika sobytij. T. V. Oktjabr. [Die Revolution von 1917. Chronik der Ereignisse. Bd. 5. Oktober] Moskau, Leningrad 1926, S. 238. Übersetzung: Heiko Haumann)

3.2 Beschluß des Zentralkomitees der RSDRP (B) vom 10. 10. 1917

Das ZK stellt fest, daß die internationale Lage der russischen Revolution (der Aufstand in der deutschen Flotte als extreme Äußerung der in ganz Europa heranwachsenden sozialistischen Weltrevolution, dann die Gefahr eines Friedens der Imperialisten mit dem Ziel, die Revolution in Rußland abzuwürgen), die militärische Lage (die unbezweifelbare Entscheidung der russischen Bourgeoisie sowie Kerenskijs und seiner Anhänger, Petrograd den Deutschen zu übergeben) wie auch die Erlangung der Mehrheit der proletarischen Partei in den Sowjets, — daß all dies in Verbindung mit dem Bauernaufstand und mit der Hinwendung des Vertrauens des Volkes zu unserer Partei (die Wahlen in Moskau), endlich die offene Vorbereitung eines zweiten Kornilow-Putsches (Abzug von Truppen aus Petrograd, die Heranführung von Kosaken nach Petrograd, die Umzingelung von Minsk durch Kosaken usw.), — daß all dies den bewaffneten Aufstand auf die Tagesordnung setzt.

Das ZK stellt demnach fest, daß der bewaffnete Aufstand unvermeidlich und nun vollständig herangereift ist, und schlägt allen Pareiorganisationen vor, sich davon leiten zu lassen und von diesem Standpunkt aus alle praktischen Fragen (den Sowjetkongreß des Nordgebietes, den Abzug von Truppen aus Petrograd, das Auftreten der Moskauer und Minsker usw.) zu erörtern und zu entscheiden.

(Protokoly Zentralnogo Komiteta RSDRP (B). Awgust 1917 — fewral 1918 [Protokolle des Zentralkomitees der RSDRP (B). August 1917 — Februar 1918] Moskau 1958, S. 85—86. Übersetzung: Heiko Haumann)

3.3 Erklärung G. Sinowjews und Ju. Kamenews »Zur gegenwärtigen Lage« (11. 10. 1917)

[. . .] Man sagt: 1. für uns ist schon die Mehrheit des Volkes in Rußland, und 2. für uns ist die Mehrheit des internationalen Proletariats. Leider ist weder das eine noch das andere wahr, und darin liegt der springende Punkt. In Rußland ist die Mehrheit der Arbeiter und ein bedeutender Teil der Soldaten für uns. Aber alles andere ist fraglich. [. . .] Selbstverständlich hängt unser Weg nicht nur von uns allein ab. Der Gegner kann uns zwingen, den Entscheidungskampf vor den Wahlen zur konstituierenden Versammlung anzunehmen. Versuche einer neuen Kornilowerei ließen uns natürlich keine Wahl. [. . .] Aber soweit die Wahl von uns abhängt, können und müssen wir uns jetzt auf eine *Verteidigungsposition* beschränken. [. . .] Die Kräfte der proletarischen Partei sind selbstverständlich sehr bedeutend, aber die entscheidende Frage besteht darin, ob tatsächlich unter den Arbeitern und Soldaten die Stimmung so ist, daß sie selbst schon die Rettung nur im Straßenkampf sehen und auf die Straße drängen. [. . .] Unter diesen Umständen wird es eine tiefe historische Unwahrheit, die Frage des Übergangs der Macht in die Hände der proletarischen Partei so zu stellen: jetzt oder nie!

Nein! Die Partei des Proletariats wird wachsen, ihr Programm wird immer breiteren Massen klar werden. Sie wird die Möglichkeit haben, in noch breiterer Form die schonungslose Entlarvung der Politik von Menschewiki und Sozialrevolutionären fortzusetzen, die dem tatsächlichen Übergang der Macht in die Hände der Mehrheit des Volkes im Wege standen. Und nur durch eine Methode kann sie ihre Erfolge unterbrechen, nämlich dadurch, daß sie unter den jetzigen Umständen die Initiative der Aktion auf sich nimmt und damit das Proletariat den Schlägen der gesamten vereinigten Konterrevolution, unterstützt von der kleinbürgerlichen Demokratie, aussetzt.

Gegen diese verderbliche Politik erheben wir die Stimme der Warnung.

(Protokoly Zentralnogo Komiteta, S. 87—92. Übersetzung: Heiko Haumann)

3.4 Aus der Sitzung des Zentralkomitees der RSDRP (B) mit anderen wichtigen Parteimitgliedern am 16. 10. 1917

Genosse Schmidt von den Gewerkschaften:
Die Gesamtzahl der Organisierten beträgt mehr als 500 000. Der Einfluß unserer Partei überwiegt, aber in den Gewerkschaften, die überwiegend Interessen von Handwerkern vertreten, ist unser Einfluß schwach (besonders bei den Büroangestellten und Druckern), [. . .]. Die Stimmung ist so, daß aktives öffentliches Auftreten nicht erwartet werden kann, vor allem aus Furcht vor Entlassungen. Bis zu einem gewissen Grad ist dies ein hemmendes Element. Angesichts der klaren ökonomischen Verhältnisse muß man in der nächsten Zeit eine riesige Arbeitslosigkeit erwarten; auch im Zusammenhang damit ist die Stimmung abwartend. Alle erkennen an, daß es ohne den Kampf um die Macht keinen Ausweg aus der Lage gibt. Sie fordern: alle Macht den Sowjets.

Genosse Schljapnikow teilt zusätzlich mit:
Daß in der Gewerkschaft der Metallarbeiter der Einfluß der Bolschewiki überwiegt, aber eine bolschewistische Aktion ist nicht populär; Gerüchte darüber haben sogar eine Panik hervorgerufen. [. . .]; bolschewistische Resolutionen werden angenommen, aber ein Bewußtsein, daß es möglich sei, die Produktion selbst zu organisieren, gibt es nicht. Vor der Gewerkschaft steht die Aufgabe, den Kampf um die Erhöhung des Arbeitslohnes zu führen. Im Zusammenhang mit diesem Kampf wird die Frage der Kontrolle gestellt werden.

Genosse Skrypnik von den Fabrik- und Betriebskomitees:
Er stellt fest, daß überall ein Drang nach praktischen Resultaten bemerkt wird; Resolutionen befriedigen nicht mehr. Man hat das Gefühl, daß die Führer nicht völlig die Stimmung der Massen ausdrücken; jene sind konservativer; ein Wachstum des Einflusses der Anarcho-Syndikalisten* ist festzustellen, besonders im Narwa- und Moskauer Bezirk.

[. . .] Wenn wir jetzt keine Kraft haben, dann wird es später nicht mehr werden; wenn wir jetzt nicht die Macht festhalten, wird es dann noch schlechter sein. Man sagt, es sei günstig, sich zu verteidigen — kann sein! Aber wir werden dann auch keine Kraft mehr für die Verteidigung haben. [. . .] Jetzt, wo wir handeln müssen, reden wir zu viel. Die Massen fordern von uns Rechenschaft und meinen, wenn wir ihnen nichts gäben, begingen wir ein Verbrechen. Nötig ist die Vorbereitung des Aufstandes und ein Aufruf an die Massen.

(Protokoly Zentralnogo komiteta, S. 96, 101. Übersetzung: Heiko Haumann)

Zur Information

Am 21./22. 10. 1917 kam es zum offenen Bruch zwischen dem Militärischen Revolutionskomitee des Petrograder Sowjets und der Regierung. Das Revolutionskomitee unterstellte die Petrograder Soldaten seinem Befehl. Die meisten Regimenter folgten dieser Änderung der militärischen Gewalt, ja verlangten ihrerseits, daß die politische Macht in die Hände der Sowjets übergehen müsse. Dennoch schritt der Petrograder Sowjet noch

* Revolutionäre Gruppierung, die statt über eine politische Revolution die Gesellschaft durch den Aufbau von Betriebszellen verändern wollte; eine zentralere staatliche oder gesellschaftliche Organisation lehnten sie ab!

nicht zum Sturz der Provisorischen Regierung. In mehreren Versammlungen erörterte man die weitere Strategie. Ganz offen wurde hier, wie in den Zeitungen, darüber diskutiert, ob ein bewaffneter Aufstand nötig sei und ob der für den 25. 10. einberufene II. Allrussische Sowjetkongreß die politische Macht übernehmen werde. Das Militärische Revolutionskomitee erklärte, es werde den Sowjetkongreß und die Petrograder Garnison vor konterrevolutionären Angriffen schützen.

In diese Phase der Erörterungen stieß der Gegenschlag der Regierung. In der Nacht vom 23. zum 24. Oktober wurde der Verlag zweier bolschewistischer Zeitungen besetzt und am 24. 10. die Absetzung aller Kommissare des Revolutionskomitees befohlen. Die Soldaten der Garnison sollten in ihren Kasernen bleiben. Damit war die Verteidigungssituation eingetreten, die das Revolutionskomitee als entscheidend für sein aktives Eingreifen genannt hatte. Am Morgen des 24. 10. erließ es einen Aufruf zur Revolution. Unter seiner Leitung besetzten die revolutionären Regimenter an diesem Tag und in der folgenden Nacht alle strategisch und politisch wichtigen Punkte Petrograds. Mit dem Petrograder Parteikomitee und dem Zentralkomitee der Bolschewiki bestand eine enge Zusammenarbeit. Aber auch mit den Mitgliedern des Petrograder Sowjets wie mit den bereits angereisten Delegierten des II. Allrussischen Sowjetkongresses kam es zu Beratungen im Operationszentrum. Am Morgen des 25. Oktober hatte die Provisorische Regierung aufgehört zu existieren. Die Minister wurden im Laufe des Tages nach der Erstürmung des Winterpalais verhaftet; Kerenskij selbst konnte fliehen und emigrierte nach vergeblichen Versuchen, die Regierungsgewalt wieder zurückzuerobern.

Noch in den Frühstunden erließ das Militärische Revolutionskomitee einen Aufruf »An die Bürger Rußlands!«, in dem es den Übergang der Macht in seine Hände feststellte und mitteilte, der Vorschlag eines demokratischen Friedens, die Aufhebung des Gutsherreneigentums am Boden, die Arbeiterkontrolle über die Produktion und die Bildung einer Sowjetregierung seien gesichert. Außerdem schaffte es als neues oberstes Staatsorgan die Todesstrafe ab.

Fragen und Anregungen

▶ 1. Seit Mitte September 1917 hatte Lenin aus seinem Versteck in Finnland die Vorbereitung des bewaffneten Aufstandes gefordert, ohne daß er dafür in den Führungsgremien der Partei eine Mehrheit gefunden hätte. Anfang Oktober spitzte sich die Lage zu: Gerüchte kursierten, gegen die Sowjets und die Bolschewiki solle mit Waffengewalt vorgegangen werden, notfalls sogar durch eine Auslieferung Petrograds an die vorrückenden deutschen Truppen; gleichzeitig verschärften sich die Auseinandersetzungen zwischen Arbeitern und Industriellen. Auf Vorschlag der bolschewistischen Fraktion — aber ohne Rückendeckung durch ihr ZK — kam dann der Beschluß des Petrograder Sowjets vom 9. 10. zustande. Darauf setzte das ZK die Frage des Aufstandes ebenfalls »auf die Tagesordnung«. Lenin, der zum erstenmal wieder an einer ZK-Sitzung teilnahm, legte einen Resolutionsvorschlag vor, der erst nach langer und kontroverser Diskussion mit 10 gegen 2 Stimmen angenommen wurde.

Zur Erläuterung
Die angesprochenen Wahlen in Moskau beziehen sich auf die Wahlen zu den Bezirksparlamenten am 24. 9. 1917, bei denen die Bolschewiki in 11 Bezirken die absolute Mehrheit erreichen konnten und auch in den übrigen Bezirken gut abschnitten.

▶ Vergleichen Sie nun die beiden Beschlüsse vom 9. und 10. 10.: Wie wird die Notwendigkeit des bewaffneten Aufstandes begründet? Welche konkreten Maßnahmen zur Durchführung des Aufstandes werden genannt? Werden Aussagen über die zukünftige Staatsordnung getroffen? In welchem der beiden Dokumente kommt nach Ihrer Meinung eher die treibende Kraft zum Sturz der Provisorischen Regierung zum Ausdruck?

▶ 2. Als Folge des Beschlusses vom 9. 10. bildete der Petrograder Sowjet das „Militärische Revolutionskomitee", das von allen im Sowjet vertretenen Gruppen, außer den Menschewiki, unterstützt wurde. Auch in seiner Zusammensetzung wurde es keine rein bolschewistische Institution. Die Bolschewiki selbst hatten zunächst mehr mit innerparteilichen Differenzen zu tun als mit konkreter Aufstandsvorbereitung.

▶ Welche Argumente führen die beiden Gegner eines bewaffneten Aufstandes im ZK, Sinowjew und Kamenew, ins Feld (Text 3.3)? Welche Politik empfehlen sie als Alternative? Vergleichen und Beurteilen Sie die Standpunkte beider Seiten.

▶ 3. Am 16. 10. 1917 beschloß das erweiterte ZK nun ausdrücklich die Vorbereitung des bewaffneten Aufstandes, mit 19 gegen 2 Stimmen bei 4 Enthaltungen (Text 3.4). Bei der Entscheidungsfindung spielten u. a. die Berichte aus den Gewerkschaften und Betriebskomitees eine Rolle.

▶ Vergleichen Sie zunächst die hier abgedruckten Stellungnahmen. Wie erklären Sie es sich, daß die Gewerkschaftsvertreter zu einer anderen Einschätzung gelangen als der Sprecher der Betriebskomitees? Denken Sie dabei auch an die vorangegangenen Abschnitte. Begründen Sie zusammenfassend noch einmal den Beschluß des ZK.

▶ 4. Welchen Eindruck haben Sie von der innerparteilichen Demokratie unter den Bolschewiki zu dieser Zeit? Berücksichtigen Sie dabei, daß selbst nach dem 16. 10. die Gegner des Aufstandes für ihre Meinung warben. Kamenew veröffentlichte sogar am 18. 10. in einer nicht mit den Bolschewiki sympathisierenden Zeitung seine und Sinowjews Argumente und damit auch die Aufstandspläne der Bolschewiki. Trotz Lenins Forderung wurde keiner der Opponenten aus der Partei ausgeschlossen. Kamenew trat zwar von seinen Funktionen zurück, nahm aber bereits am 24. 10. wieder an einer ZK-Sitzung teil.

▶ 5. Vielfach werden zwei Behauptungen aufgestellt:

a) Der Umsturz vom 25. Oktober war ein Putsch, ein Staatsstreich, eine Verschwörung.

b) Er war eine rein bolschewistische Angelegenheit. Eine kleine, revolutionäre Minderheit plante ihn und führte ihn dann generalstabsmäßig durch.

▶ Prüfen Sie diese beiden Behauptungen. Stellen Sie zunächst fest (z. B. anhand eines Lexikons), was die in a) genannten Begriffe bedeuten. Treffen sie die tatsächlichen Ereignisse?

▶ Bestimmen Sie zur Beantwortung von b) das Verhältnis zwischen Petrograder Sowjet, seinem Militärischen Revolutionskomitee und dem ZK der Bolschewiki. Überlegen Sie, inwieweit die Massenbewegungen einen Einfluß auf den Umsturz ausübten. Schließlich sollten Sie noch einmal herausstellen, welcher Anlaß den letzten Anstoß zum Aufstand gab.

Nachschlagen

4. Anfänge der Sowjetmacht — Grundprobleme beim Aufbau des Sozialismus

Die Entstehung des Einparteiensystems

Zur Information

Der II. Allrussische Sowjetkongreß, auf dem die Bolschewiki die absolute Mehrheit hatten, bestätigte am Abend des 25. Oktober den Umsturz. Die Minderheit aus Menschewiki und Sozialrevolutionären hingegen verurteilte den Aufstand und verließ unter Protest den Kongreß; lediglich der linke Flügel der Sozialrevolutionäre blieb zurück. Am 26. Oktober verabschiedete der Kongreß dann zwei grundlegende Dekrete, mit denen entscheidende Forderungen der Massenbewegungen und zugleich die Versprechungen der Aufstandsorgane aufgegriffen wurden: Mit dem Dekret über Grund und Boden wurde der Grundbesitz der Gutsherren, Klöster und Kirchen enteignet, der Grund und Boden verstaatlicht und den Bauern zur Nutznießung überlassen. Das Dekret über den Frieden forderte einen sofortigen Frieden ohne Annexionen und Kontributionen, Abschaffung der Geheimdiplomatie und das Selbstbestimmungsrecht der Völker. Ungewöhnlich war, daß sich das Dekret nicht nur an die Regierungen der kriegführenden Länder wandte, sondern auch an die Völker und dabei insbesondere an die klassenbewußten Arbeiter Englands, Frankreichs und Deutschlands, die an ihre eigene Verantwortung für den Frieden erinnert wurden. Außerdem bildete der Kongreß in dieser Sitzung eine »provisorische Arbeiter- und Bauernregierung«, den Rat der Volkskommissare, mit Lenin als Vorsitzenden. Die Kontrolle über diese Regierung blieb dem Sowjetkongreß und seinem Zentralen Exekutivkomitee. Eine endgültige Entscheidung über die Regierungsform — wie auch über alle anderen wichtigen Fragen — sollte die Konstituierende Versammlung treffen, deren Wahl (am 12. 11. 1917) nicht erneut, wie es die Provisorische Regierung immer wieder getan hatte, verschoben wurde.

Am 29. 10. tagte das bolschewistische Zentralkomitee zum erstenmal wieder seit dem Sturz der alten Regierung. Es beschloß, die Basis der Regierung zu erweitern, dabei u. U. auch ihre personelle Zusammensetzung zu ändern, und befürwortete eine proportionale Ergänzung des Zentralen Exekutivkomitees des Sowjetkongresses durch Vertreter der Parteien, die den Kongreß verlassen hatten, wie auch durch Vertreter verschiedener Gewerkschaften.

Diese Initiative war dadurch notwendig geworden, daß es die linken Sozialrevolutionäre zunächst abgelehnt hatten, Posten im Rat der Volkskommissare zu übernehmen — er war daher eine rein bolschewistische Regierung. Dies traf auf den Protest vieler Sowjetdeputierter und vor allem des Führungsgremiums der starken Eisenbahnergewerkschaft, wurde aber auch von zahlreichen Bolschewiki abgelehnt: man wollte eine Sowjet- und keine Einparteienregierung. Aufgrund des ZK-Beschlusses kam es nun zu Koalitionsverhandlungen mit allen sozialistischen Parteien, also auch mit den Menschewiki und Sozialrevolutionären. Verschiedene Modelle der Regierungsbildung und der Zusammensetzung des Sowjets wurden durchgespielt. Alle hätten die Stärke der Bolschewiki jedoch erheblich geschwächt. Die Menschewiki und Sozialrevolutionäre forderten, Lenin und Trotzki nicht in eine neue Regierung aufzunehmen. Über Erfolg oder Scheitern der Verhandlungen kam es zu teilweise dramatischen Auseinandersetzungen.

Lenin und Trotzki sollten in der Regierung bleiben, die Bolschewiki wollten Mehrheit behalten

4.1 W. I. Lenin: Die Aufgaben der Revolution (27. 9. 1917)

[. . .] Der Demokratie Rußlands, den Sowjets, den Parteien der Sozialrevolutionäre und Menschewiki bietet sich jetzt die in der Geschichte der Revolution außerordentlich seltene Möglichkeit, [. . .] eine friedliche Entwicklung der Revolution zu sichern. [. . .] Durch die Übernahme der ganzen Macht könnten die Sowjets jetzt noch — und wahrscheinlich ist das ihre letzte Chance — eine friedliche Entwicklung der Revolution sichern, friedliche Wahlen der Deputierten durch das Volk, einen friedlichen Kampf der Parteien innerhalb der Sowjets, die Prüfung der Programme der verschiedenen Parteien in der Praxis, den friedlichen Übergang der Macht aus der Hand einer Partei in die einer anderen. Läßt man diese Möglichkeit ungenutzt vorübergehen, so weist der ganze Entwicklungsgang der Revolution [. . .] auf die Unvermeidlichkeit des schärfsten Bürgerkrieges zwischen Bourgeoisie und Proletariat hin.

(W. I. Lenin, Werke, Bd. 26, S. 50—51, vgl. S. 19—20; Bd. 25, S. 313—319, 386)

4.2 Erklärungen F. Dans vom Zentralkomitee der Menschewiki während der Koalitionsverhandlungen

[. . .] **Dan** schlägt vor: das Militärische Revolutionskomitee aufzulösen, zu akzeptieren, daß der II. Sowjetkongreß nicht zustande gekommen sei, eine Beteiligung bolschewistischer Vertreter an der Regierung abzulehnen, denn eine Beteiligung der Bolschewiki ›würde die Macht zu sehr schwächen‹ und der Regierung Autorität sowie Anerkennung des Landes entziehen. (29. 10. 1917) **Dan** erhebt im Namen der Menschewiki von neuem Einwände gegen einen Eintritt der Bolschewiki in die Regierung. Die Motive seiner Einwände haben sich indessen verändert. Auf der Konferenz am 11. 11. (29. 10.) äußerte er sich aus prinzipiellen Gründen dagegen, jetzt deshalb, weil die Volkssozialisten und der Rat der Bauerndeputierten einer Koalition mit den Bolschewiki nicht zustimmen. Ohne diese Gruppierungen wollen die Menschewiki nicht in eine Regierung eintreten, obwohl sie ein Übereinkommen wünschen. (30. 10. 1917)

Erklärung der Menschewiki und (rechten) Sozialrevolutionäre in der Sitzung des Petrograder Sowjets am 30. 10. 1917 anläßlich der Koalitionsverhandlungen

Danach stellten die Menschewiki und Sozialrevolutionäre folgende Forderungen: 1. Das Militärische Revolutionskomitee muß alle Regimenter der Führung der Stadt-Duma unterstellen, 2. die Arbeiter müssen die Waffen niederlegen und dürfen den Truppen Kerenskijs keinen Widerstand leisten, 3. Auflösung des Militärischen Revolutionskomitees, 4. Freilassung der Verhafteten. In diesem Fall werden die Sozialrevolutionäre und Menschewiki mit Kerenskij Gespräche darüber führen, daß von seiner Seite keine Gewalt gegen Arbeiter angewendet wird und daß seine Truppen nicht in die Arbeiterbezirke Petrograds eindringen.

(Zeitungsberichte in: I. N. Ljubimow: Rewoljuzija 1917 goda. Chronika sobytij. T. VI. Oktjabr — dekabr [Die Revolution von 1917. Chronik der Ereignisse, Bd. 6. Oktober—Dezember]. Moskau, Leningrad 1930, S. 22, 31. Übersetzung: Heiko Haumann)

4.3 Aus der Sitzung des Zentralkomitees der RSDRP (B) mit weiteren wichtigen Parteimitgliedern am 1. 11. 1917

Genosse *Trotzki* meint, daß aus dem Bericht (über die Koalitionsverhandlungen, d. Verf.) nur klar wird, wie die Parteien, die am Aufstand nicht teilgenommen haben, denen die Macht entreißen wollen, die sie gestürzt haben. Es war nutzlos, den Aufstand zu veranstalten, wenn wir nicht die Mehrheit erhalten; [. . .]. Wir müssen 75% haben.[. . .]

Genosse *Rjasanow* erklärt, daß er in diese Verhandlungen gegangen sei, um aus der Lage herauszukommen, in die wir gegen unseren Willen hineingeraten seien. Sogar in Petrograd ist die Macht nicht in unseren Händen, sondern in den Händen des Sowjets, [. . .]. Wenn wir von diesem Kurs abweichen, dann werden wir völlig und hoffnungslos allein bleiben. Wir haben schon einen Fehler gemacht, als wir die Regierung führten und auf Namen bestanden; wenn wir dies nicht getan hätten, wären die mittleren Ebenen der Bürokratie für uns gewesen. [. . .] Wenn wir heute ein Übereinkommen ablehnen, werden wir ohne die linken Sozialrevolutionäre, ohne alles bleiben, werden wir vor der Tatsache stehen, daß wir die Massen getäuscht haben, als wir ihnen eine Sowjetregierung versprachen. [. . .] Er schlägt die Bildung einer Provisorischen Regierung auf der Grundlage der Dekrete vor, die auf dem Allrussischen Kongreß angenommen wurden, eine Ablehnung der „Vorzimmerpolitik", die Erhaltung der wichtigsten Posten in der Regierung für uns. In dem Übereinkommen (muß man) so viel wie möglich (für uns) sicherstellen. Aber das Übereinkommen ist unvermeidlich. [. . .]

Genosse *Kamenew* meint, daß auch in der Zeit des Sieges ein Übereinkommen notwendig sei. Es gibt den Vorschlag, die Verhandlungen abzubrechen, aber ein Bruch des Übereinkommens wird uns gewaltig treffen. Er weist darauf hin, daß das Wikschel (das Allrussische Exekutivkomitee der Eisenbahner, d. Verf.) große Macht besitzt; wenn dieser Apparat, der bislang neutral war, sich gegen uns stellt, dann erweist sich vielleicht die militärische Kraft als gering. [. . .] Man kann nur mit dem Wikschel, aber nicht gegen es kämpfen. Ich bin für ein Übereinkommen, aber das bedeutet nicht, daß alle Vorschläge angenommen werden müssen.

Genosse *Lenin*. Die Frage ist grundlegend und es ist Zeit, mit den Schwankungen Schluß zu machen. Klar ist, daß das Wikschel auf der Seite der Kaledins und Kornilows (gegenrevolutionärer Generäle, d. Verf.) steht. Da darf es kein Schwanken geben. Für uns ist die Mehrheit der Arbeiter, der Bauern und der Armee. Hier hat niemand bewiesen, daß die unteren Schichten gegen uns sind; entweder mit den Agenten Kaledins oder mit den Unterschichten. Wir müssen uns auf die Massen stützen, müssen Agitatoren ins Dorf schicken. Vom Wikschel wurde verlangt, Truppen nach Moskau zu transportieren (wo zu diesem Zeitpunkt noch heftige Kämpfe tobten, d. Verf.), es hat sich geweigert, wir müssen an die Massen appellieren, und sie werden es absetzen. [. . .]

(Protokoly Zentralnogo Komiteta, S. 125, 128—129. Übersetzung: Heiko Haumann)

4.4 Resolution des ZK der RSDRP (B) über die Opposition innerhalb des ZK vom 2. 11. 1917

[. . .] 3. Das Zentralkomitee bekräftigt, daß man ohne Verrat an der Losung der Sowjetmacht nicht auf eine rein bolschewistische Regierung verzichten kann, nachdem die Mehrheit des II. Allrussischen Sowjetkongresses, ohne jemanden vom Kongreß auszuschließen, die Macht dieser Regierung übertragen hat. [. . .]

6. Das Zentralkomitee bekräftigt, daß es, ohne jemanden vom II. Allrussischen Sowjetkongreß auszuschließen, auch jetzt durchaus bereit ist, diejenigen, die ausgezogen sind, zur

Rückkehr zu veranlassen und mit ihnen eine Koalition im Rahmen der Sowjets einzugehen, daß folglich das Gerede, die Bolschewiki wollten mit niemandem die Macht teilen, absolut falsch ist. [. . .]

9. Das Zentralkomitee bekräftigt schließlich, daß trotz aller Schwierigkeiten der Sieg des Sozialismus in Rußland wie in Europa nur durch die unbeirrbare Fortsetzung der Politik der jetzigen Regierung gewährleistet wird. Das Zentralkomitee ist des Sieges dieser sozialistischen Revolution völlig gewiß und fordert alle Skeptiker und Schwankenden auf, all ihre Schwankungen aufzugeben und aus ganzer Seele, mit selbstloser Energie die Tätigkeit dieser Regierung zu unterstützen.

(Protokoly Zentralnogo Komiteta, S. 131—132. Übersetzung: Heiko Haumann)

Fragen und Anregungen

▶ 1. Wie bewerten Sie die Aussagen Lenins aus der Zeit vor der Oktoberrevolution?

Er machte damals, bevor er seine Partei zum bewaffneten Aufstand drängte, den Menschewiki und Sozialrevolutionären mehrere Angebote, daß sie eine dem Sowjet verantwortliche Regierung bilden und damit ihr Bündnis mit den bürgerlichen Parteien aufgeben sollten. Die Bolschewiki wären dann bereit gewesen, sich als Oppositionspartei im Sowjet zu verstehen und auf revolutionäre Kampfmethoden zu verzichten. Die Äußerung vom 27. 9. 1917 (Text 4.1) ist das letzte Angebot — ohne große Hoffnung ausgesprochen; zu dieser Zeit forderte Lenin parteiintern schon zur Vorbereitung des Aufstandes auf.

▶ Welche Voraussetzungen sieht Lenin für Gemeinsamkeiten zwischen Sozialrevolutionären, Menschewiki und Bolschewiki? Übertragen Sie seine Vorstellungen auf die Phase der Koalitionsverhandlungen und machen Sie sich damit Lenins Verhalten verständlich.

▶ 2. Von welchen Zielen lassen sich Menschewiki und (rechte) Sozialrevolutionäre in den Koalitionsverhandlungen leiten? Wie begründen sie ihr Verhalten? Berücksichtigen Sie dabei, daß zu dieser Zeit noch heftige Kämpfe unmittelbar vor Petrograd in Gang waren. Erst in der Nacht vom 30. zum 31. 10. 1917 gelang den revolutionären Arbeitern und Soldaten unter dem Befehl Trotzkis ein entscheidender Sieg über die Truppen Kerenskijs.

▶ 3. Worin sind sich die Redner in der ZK-Sitzung am 1. 11. 1917 einig, wo liegen die Differenzen? Warum sprechen sich einige Bolschewiki für ein Entgegenkommen gegenüber Menschewiki und Sozialrevolutionären aus? Wie begründen die Gegner eines Übereinkommens ihre Haltung? Versuchen Sie, aufgrund der bisherigen Informationen zu einem eigenen Urteil über die unterschiedlichen Standpunkte zu kommen.

▶ 4. Der Beschluß vom 2. 11. 1917 (Text 4.4) richtete sich gegen eine Opposition im ZK, die versuchte, einen Beschluß vom Vortag zu umgehen. Darin war den Menschewiki und Sozialrevolutionären ein kurzfristiges Ultimatum gestellt worden. Sie wurden zur Anerkennung der vom II. Sowjetkongreß beschlossenen Dekrete sowie des Sowjetkongresses und seines Zentralen Exekutivkomitees als einziger Quelle der Macht aufgefordert. Dieses Ultimatum akzeptierten sie jedoch nicht.

▶ Welcher Hauptvorwurf wird in diesem Teil der Resolution der Opposition gemacht? Inwiefern geht der Beschluß über die bisherigen bolschewistischen Verhandlungsgrundlagen hinaus? Worüber konnten die Unterhändler jetzt nicht mehr verhandeln?

▶ 5. In diesem Dokument vom 2. 11. taucht zum erstenmal der Begriff »sozialistische« Revolution auf. Zwischen dem 24./25. 10. und dem 2. 11. war immer nur von »Volksrevolution«, »Arbeiter- und Bauernrevolution« oder einfach nur von der »Revolution« gesprochen worden. Das ist wahrscheinlich nicht zufällig. Können Sie sich erklären, warum die Bolschewiki bisher das Beiwort »sozialistisch« vermieden, obwohl sie doch ganz gewiß den Sozialismus anstrebten? Wie schätzten sie demnach den Charakter der Revolution zunächst ein — was war damit erreicht, worüber aber war noch nicht entschieden? Was bedeutet es, wenn nun die Revolution zur sozialistischen ausgerufen wird? Und warum erfolgt dies gerade zu dem Zeitpunkt, an dem nach der Meinung der ZK-Mehrheit die bisherigen Koalitionsverhandlungen gescheitert sind?

Zur Information

Die Koalitionsverhandlungen waren jetzt praktisch gescheitert, auch wenn es noch einige Gespräche gab. Aus Protest gegen die Haltung der ZK-Mehrheit legten führende Bolschewiki ihre Ämter als Volkskommissare nieder und traten aus dem ZK aus. Am 18. 11. 1917 kam es dann doch zu einer Koalitionsregierung, nämlich mit den linken Sozialrevolutionären. Einen Tag zuvor hatte auch der linke Flügel der Menschewiki seine Boykott-Politik aufgegeben und arbeitete wieder im Zentralen Exekutivkomitee des Allrussischen Sowjetkongresses mit. Zu dieser Zeit bestimmte bereits ein neues Thema die Diskussionen: die Konstituierende Versammlung, von der die endgültige Festlegung der neuen Ordnung erwartet worden war, wie es z. B. die ersten Dekrete vom 26. 10. 1917 zum Ausdruck gebracht hatten. Am 12. 11. 1917 war gewählt worden, am 5. 1. 1918 fand die Eröffnungssitzung statt. Die (rechten) Sozialrevolutionäre stellten mit 370 Sitzen die Mehrheit und bildeten mit den Menschewiki und Konstitutionellen Demokraten (Kadetten) einen Block von rund 480 Abgeordneten, denen die Bolschewiki (175) und linken Sozialrevolutionäre (40) lediglich 215 Vertreter entgegensetzen konnten. Die Mehrheit lehnte es ab, die von den Bolschewiki eingebrachte »Deklaration der Rechte des arbeitenden und ausgebeuteten Volkes« — und damit auch die seitherigen grundlegenden Dekrete der Sowjetmacht — überhaupt zu beraten. Daraufhin ließ das Zentrale Exekutivkomitee am anderen Tag die Konstituierende Versammlung auflösen. Der wenige Tage später zusammentretende III. Allrussische Sowjetkongreß nahm dann die »Deklaration« an, legte die Sowjetordnung als Staatsform fest — womit der Rat der Volkskommissare nun nicht mehr provisorisch war — und gab dem neuen Staat den Namen »Russische Sozialistische Sowjet-Republik«. Die Funktion, die eigentlich der Konstituierenden Versammlung hatte zukommen sollen, war vom Sowjetkongreß übernommen worden.

Die Auflösung der Konstituierenden Versammlung brachte den Bolschewiki international wie im Innern Nachteile. Der innere Konflikt wurde verschärft, und im Ausland waren die Liberalen, aber auch die gemäßigten Arbeiterparteien, entsetzt über diese Maßnahme.

Bevor Sie selbst zu einem Urteil gelangen, lesen Sie die beiden folgenden Textauszüge. Im ersten setzt sich der Autor mit der bolschewistischen Begründung für die Auflösung auseinander, die Wahlergebnisse hätten nicht die wahre Stimmung der Massen widergespiegelt, weil die Listen schon vor der Oktoberrevolution erstellt worden seien.

Zur Frage der Konstituierenden Versammlung

a) Dietrich Geyer

Der Versuch, zu einer Bewertung der Ergebnisse zu kommen, muß in Betracht ziehen, daß Rußland sich zu diesem Zeitpunkt in vollem Umbruch, in heller Auflösung und Umorientierung befunden hat. Die neuen Fronten, die sich nach dem bolschewistischen Staatsstreich bilden sollten, hatten sich im Lande draußen noch kaum formiert. Die Masse der bäuerlichen Wähler, die den Sozialrevolutionären ihre Stimme gab, entschied sich für eine Partei, deren aktivistischer Teil, die Linken Sozialrevolutionäre, inzwischen zur Sowjetregierung übergegangen war, ohne daß dies im Abstimmungsergebnis oder in der Mandatsverteilung entsprechend zum Ausdruck hätte kommen können. Keinesfalls wird man sagen dürfen, daß sich die ländliche Bevölkerung mit ihrer Stimme *gegen* die im Oktober geschaffenen Fakten entschied. Noch weniger war das Ergebnis ein Plädoyer für Kerenskij zu nennen. Auch für oder gegen eine Räterepublik war nichts gesagt. Für solche Entscheidungen fehlten in vielen bäuerlichen Gebieten die elementarsten Voraussetzungen. [. . .] Aussagekraft hatten die Resultate allenfalls in den Städten und in der Armee. Hier waren die politischen Fronten am deutlichsten zu sehen: In der bemerkenswerten Anhängerschaft der liberalen Kadettenpartei, die nun auch konservative Schichten an sich zog, offenbarte sich die Konsolidierung des bürgerlichen Lagers, das seit der Kornilov-Revolte an Kerenskij keinen Gefallen mehr gefunden hatte. Zugleich aber wurde sichtbar, daß die Bolschewiki die Masse der Arbeiterschaft und des Soldatenvolks für sich gewonnen hatten und daß andererseits die Wählerschaft der sozialdemokratischen Menschewiki auf ihren traditionellen Anhang zusammengeschmolzen war, ohne daß begründete Aussicht bestand, gegenüber den Bolschewiki jemals wieder konkurrenzfähig zu werden. Die detaillierte Wahlanalyse des amerikanischen Historikers O. H. Radkey hat eindrücklich belegt, daß sich der bolschewistische Einfluß mit den von der Front zurückkehrenden Soldaten auch auf die ländlichen Bezirke rasch übertrug. Gegen die Wirkung, die von den verkündeten Sofortmaßnahmen ausging, von dem bolschewistischen Friedensdekret und der allgemeinen Landverteilung, wollte offenbar kein Kraut mehr wachsen. Die Sozialrevolutionäre zogen nach wie vor die größten Massen auf ihren Listen zusammen, doch das war ein fluktuierender Anhang, der sich gegen ein ebenso massenhaftes Auseinanderfließen nicht versichern ließ. Der Kernbestand dieser Richtung, der nicht nur auf Wahlzetteln, sondern auch im politischen Kampf mobilisierbar war, mochte ungleich geringer sein als bei den Bolschewiki.

(Dietrich Geyer, Die Russische Revolution. Historische Probleme und Perspektiven, Göttingen ²1977, S. 111–112)

b) Walter Pietsch

Der Autor geht von der zitierten Resolution des bolschewistischen Zentralkomitees am 2. 11. 1917 aus, in der zum erstenmal der Begriff »sozialistische Revolution« auftaucht.

Die führenden Bolschewiki hatten unmittelbar nach dem 24./25. Oktober den Sturz der Provisorischen Regierung vor allem als politische Revolution gewertet und sich über deren gesellschaftlichen Inhalt zunächst keine dezidierte Meinung gebildet. In diesem Sinne waren sie für eine Koalition mit den übrigen Sowjetparteien eingetreten und hatten auch die Konstituante gefordert. Als sich aber in den Koalitionsverhandlungen zeigte, daß die Menschewiki und der rechte Flügel der Sozialrevolutionäre die Revolution ablehnten und die Linken Sozialrevolutionäre eine Mittelstellung einnahmen, mußten die Bolschewiki eine Einparteienregierung bilden und zur Rechtfertigung dieser Maßnahme die Flucht nach vorn antreten, indem sie ihre Sache mit der des Proletariats identifizierten und nun die Revolution zu einer sozialistischen erklärten. Lag aber eine sozialistische Revolution vor, so hatte auch eine Konstituierende Versammlung mit bolschewistischer Mehrheit keinen Sinn mehr. [. . .] Mit dem Bekenntnis zur sozialistischen Revolution war das Schicksal der Konstituante entschieden.

(Walter Pietsch, Revolution und Staat. Institutionen als Träger der Macht in Sowjetrußland 1917–1922, Köln 1969, S. 68–69)

Fragen und Anregungen

▶ 1. Betrachten Sie zunächst den ersten Text und fassen Sie seine Ergebnisse zusammen. Welche neuen Informationen liefert Ihnen dieser Abschnitt? Gliedern Sie dabei z. B. nach Verhältnissen auf dem Land und in der Stadt, den einzelnen Parteien usw. Welche gesicherten Tatsachen führt Geyer an, wo kann er lediglich Vermutungen aussprechen, welche Wertungen gibt er?

▶ 2. Rufen Sie sich im Zusammenhang mit dem zweiten Text noch einmal die Teile über die Koalitionsverhandlungen in Erinnerung. Der Auszug aus dem Buch von Pietsch ist eine Interpretation dieser Vorgänge. Nehmen Sie Stellung dazu.

▶ 3. Wenn die Meinung Pietschs zutrifft, wäre die Ausrufung des neuen Staates zur »Sozialistischen Sowjet-Republik« durch den Sowjetkongreß nur folgerichtig. Warum ließen die Machthaber denn dann die Konstituierende Versammlung überhaupt zusammentreten? Welche Funktion hätte sie — immer vorausgesetzt, daß die Schlußfolgerungen Pietschs stimmen — haben können?

▶ 4. Versuchen Sie jetzt, zu einem eigenen begründeten Urteil über die Vorgänge zu kommen.

Zur Information

Am 10. Juli 1918 fand die Sowjetordnung ihren Platz in der ersten Verfassung der »Russischen Sozialistischen Föderativen Sowjet-Republik«, die vom V. Sowjetkongreß beschlossen wurde. Die Entwicklung der Sowjets war jedoch zu diesem Zeitpunkt aus mehreren Gründen erheblich behindert. Die Bolschewiki bildeten inzwischen eine Alleinregierung, nachdem die linken Sozialrevolutionäre aus Protest gegen den Abschluß des Friedensvertrages von Brest-Litowsk im März 1918 wieder ausgeschieden waren. Im Friedensvertrag hatte Sowjetrußland große Gebietsteile an das Deutsche Reich und seine Verbündeten abtreten müssen. Während der Tagung des V. Sowjetkongresses brach ein Aufstandsversuch der linken Sozialrevolutionäre aus, in dessen Verlauf auch Lenin durch ein Attentat schwer verletzt wurde. Die Partei durfte daraufhin nicht mehr in den Sowjets mitarbeiten, führenden Mitgliedern wurde der Prozeß gemacht. Die Menschewiki und rechten Sozialrevolutionäre hatte kurz zuvor das gleiche Schicksal getroffen. Ihnen warf man vor, die Konterrevolution zu unterstützen: Ende Mai 1918 war überall in Rußland der Bürgerkrieg entbrannt, der sich bis 1920 — in einigen Landesteilen sogar bis 1922 — hinzog und ungeheure Opfer kostete. Die Gegenrevolutionäre wurden von einer bewaffneten Intervention und materieller Hilfe ausländischer Staaten (USA, Großbritannien, Frankreich, Japan u. a.) unterstützt. Sowjetrußland war mehrmals einer Niederlage sehr nahe, sein Territorium manchmal nur auf ein verhältnismäßig kleines Gebiet Zentralrußlands um Moskau und Petrograd beschränkt. Wichtige Wirtschaftsgebiete wechselten ständig den Besitzer, vieles wurde zerstört.

Die Menschewiki wurden bereits Ende 1918 wieder »legalisiert«, nachdem sie sich offiziell gegen die Konterrevolution und für die Sowjetmacht ausgesprochen hatten. Nur wenigen Mitgliedern hatte auch tatsächlich eine Teilnahme am bewaffneten Kampf gegen die Bolschewiki nachgewiesen werden können. Die Partei blieb daher bis 1921 in den Sowjets vertreten. Anders verhielt es sich bei den Sozialrevolutionären. Hier gingen große Teile der Partei offen zu den Gegenrevolutionären über. Eine Minderheit distanzierte sich allerdings von diesem Kurs und konnte deshalb seit Ende Februar 1919 auch wieder in den Sowjets vertreten sein. Das Ende der beiden großen »Konkurrenz«-Parteien der Bolschewiki kam 1921/22, als ihre Beteiligung an Arbeiterunruhen und Bauernaufständen Anfang 1921 erneut zum Vorwurf der Konterrevolution führte. Viele Mitglieder wurden verhaftet und verurteilt, die Parteiorganisationen praktisch zerbrochen. Eine Reihe kleinerer Gruppierungen war während der ganzen Zeit weitgehend unbehelligt geblieben (mit Ausnahme der Anarchisten); sie schlossen sich meist den Bolschewiki an. Die bürgerlichen Parteien waren hingegen wegen ihres Widerstandes gegen die Oktoberrevolution bald nach dem Umsturz verboten worden.

Der Bürgerkrieg beeinflußte die Arbeit der Sowjets aber noch auf andere Weise. Für die Kriegshandlungen erwies sich ihr Apparat als zu unbeweglich. Außerordentliche Organe regierten das Land. Mit dem Ende des Bürgerkrieges kam es jedoch zu einer Renaissance der Sowjets. Vor allem 1920 wurden ihre Kompetenzen wieder erheblich gestärkt. Örtliche wie zentrale Sowjets lebten auf. Sie waren durch Kriegsrecht, Willkürmaßnahmen und Ungesetzlichkeiten des Bürgerkrieges weitgehend unbelastet geblieben und erfreuten sich auch bei den Bauern einer verhältnismäßig hohen Autorität. Allerdings standen sie nun unter dem bestimmenden Einfluß nur noch einer Partei — der der Bolschewiki.

Konzeptionen für den Aufbau des Sozialismus

4.5 W. I. Lenin über die Möglichkeiten, nach einer siegreichen Revolution zum Aufbau des Sozialismus überzugehen (August — September 1917)

Organisieren wir Arbeiter *selber* die Großproduktion, davon ausgehend, was der Kapitalismus bereits geschaffen hat, auf unsere Arbeitererfahrung gestützt, mit Hilfe strengster, eiserner Disziplin, die von der Staatsgewalt der bewaffneten Arbeiter aufrechterhalten wird [. . .]. Ein solcher Anfang führt auf der Basis der Großproduktion von selbst [. . .] zur allmählichen Schaffung [. . .] einer Ordnung, bei der die sich immer mehr vereinfachenden Funktionen der Aufsicht und Rechenschaftslegung der Reihe nach von allen ausgeübt, später zur Gewohnheit werden und schließlich als *Sonder*funktionen einer besonderen Schicht von Menschen in Fortfall kommen.

Ein geistreicher deutscher Sozialdemokrat der siebziger Jahre des vorigen Jahrhunderts bezeichnete die *Post* als Muster sozialistischer Wirtschaft. Das ist durchaus richtig. Gegenwärtig ist die Post ein Betrieb, der nach dem Typ des staats*kapitalistischen* Monopols organisiert ist. [. . .] Man stürze die Kapitalisten, [. . .] man zerschlage die bürokratische Maschinerie des modernen Staates — und wir haben einen von dem ›Schmarotzer‹ befreiten technisch hochentwickelten Mechanismus vor uns, den die vereinigten Arbeiter sehr wohl selbst in Gang bringen können, indem sie Techniker, Aufseher, Buchhalter anstellen und ihrer *aller* Arbeit, wie die Arbeit *aller* ›Staatsbeamten‹ überhaupt, mit dem Arbeiterlohn bezahlen. [. . .] Unser nächstes Ziel ist, die *gesamte* Volkswirtschaft nach dem Vorbild der Post zu organisieren, und zwar so, daß die unter der Kontrolle und Leitung des bewaffneten Proletariats stehenden Techniker, Aufseher, Buchhalter sowie *alle* beamteten Personen ein den ›Arbeiterlohn‹ nicht übersteigendes Gehalt beziehen. Das ist der Staat, das ist die ökonomische Grundlage des Staates, wie wir sie brauchen. [. . .]

Aber diese ›Fabrik‹disziplin [. . .] ist nur eine *Stufe,* die notwendig ist zur radikalen Reinigung der Gesellschaft von den Niederträchtigkeiten und Gemeinheiten der kapitalistischen Ausbeutung, eine Stufe, *um weiter* vorwärtsschreiten zu können.

Von dem Zeitpunkt an, da alle Mitglieder der Gesellschaft oder wenigstens ihre übergroße Mehrheit *selbst* gelernt haben, den Staat zu regieren, [. . .] die Kontrolle ›in Gang gebracht‹ haben über die verschwindend kleine Minderheit der Kapitalisten, über die Herrchen, die die kapitalistischen Allüren gern bewahren möchten, über die Arbeiter, die durch den Kapitalismus tief demoralisiert worden sind — von diesem Zeitpunkt an beginnt die Notwendigkeit jeglichen Regierens überhaupt zu schwinden. Je vollständiger die Demokratie, um so näher der Zeitpunkt, zu dem sie überflüssig wird. Je demokratischer der ›Staat‹, der aus bewaffneten Arbeitern besteht und ›schon kein Staat im eigentlichen Sinne mehr‹ ist, um so rascher beginnt *jeder* Staat abzusterben. [. . .]

(W. I. Lenin, Staat und Revolution. Die Lehre des Marxismus vom Staat und die Aufgaben des Proletariats in der Revolution, in: Werke, Bd. 25, hier S. 439—440, 488—489)

Zur Information

Sie haben vielleicht schon in dem vorangegangenen Kapitel etwas von der Offenheit der Entwicklung gespürt, deren Richtung durchaus noch nicht am 25. Oktober 1917 festgelegt war und von vielen Faktoren bestimmt wurde. Ähnlich offen war die Frage, wie der Sozialismus in Rußland aufgebaut werden sollte. Vor allem über die Maßnahmen, die auf wirtschaftlichem Gebiet ergriffen werden sollten, herrschte wenig Klarheit. Entsprechend heftig stritt man sich, auch innerhalb der Bolschewiki, darüber.

Zunächst erließ der Rat der Volkskommissare einige Gesetze, die Forderungen aus der Zeit vor der Oktoberrevolution erfüllten: Mit dem Dekret über die Arbeiterkontrolle vom 14. 11. 1917 erhielten die Betriebskomitees das Recht, ihre Unternehmen zu beaufsichtigen und dabei sogar den Inhabern Weisungen zu erteilen. Sie sollten sich nach dem Räteprinzip organisieren und bis hinauf zum Allrussischen Rat an der planmäßigen Regulierung der Volkswirtschaft teilnehmen. Das eigentliche Planungsorgan bildete der am 2. 12. 1917 gegründete Oberste Volkswirtschaftsrat mit seinen Untergliederungen. Allerdings konnte er bei weitem noch nicht über die gesamte Wirtschaft verfügen, da die meisten Betriebe in Privathand blieben. Lediglich das gesamte Bankwesen und einige Großunternehmen wurden vor Jahresende verstaatlicht. Auf dem Land gab es überhaupt noch keine Planungsmöglichkeiten.

Für die Arbeiter in den Betrieben waren die heftigen Auseinandersetzungen mit den Unternehmern jedoch nicht mit dem Oktoberumsturz und den neuen Gesetzen beendet. Da die meisten Fabrikbesitzer und Betriebsleiter nicht bereit waren, auf der Grundlage der neuen Ordnung mit den Organen der Arbeiterkontrolle oder den Sowjets zusammenzuarbeiten, kam es vielfach zu Konflikten, die im allgemeinen damit endeten, daß die Arbeiter — manchmal mit Unterstützung der örtlichen Behörden — die Unternehmen enteigneten und in eigene Verwaltung übernahmen. Obwohl diese planlosen Enteignungen organisatorisch noch gar nicht aufgefangen werden konnten, begrüßten auch führende Bolschewiki diese »Attacke gegen das Kapital«.

4.6 Lenin über die Wirtschaftspolitik Ende 1917/Anfang 1918

[. . .] Die Bourgeoisie richtet, wo sie nur kann, Schaden an, sabotiert alles, um die Arbeiterrevolution zum Scheitern zu bringen. Und die mit der Organisierung der Produktion verbundenen Aufgaben fallen voll und ganz der Arbeiterklasse zu. Brechen wir ein für allemal mit dem Vorurteil, daß die Staatsgeschäfte, die Leitung der Banken und Betriebe Aufgaben seien, die die Arbeiter nicht bewältigen können. Aber all das kann man nur dadurch lösen, daß man Tag für Tag eine gewaltige organisatorische Arbeit leistet. Es gilt, den Austausch der Produkte zu organisieren, die Rechnungsführung, die Kontrolle zum System zu machen — das sind die Aufgaben der Arbeiterklasse, und die zu ihrer Verwirklichung notwendigen Kenntnisse hat ihr das Leben in der Fabrik, im Betrieb gegeben. [. . .] Mögen auch Fehler vorkommen, das sind Fehler einer neuen Klasse beim Aufbau eines neuen Lebens. Einen konkreten Plan zur Organisierung des wirtschaftlichen Lebens gibt es nicht und kann es nicht geben. Niemand kann ihn geben. Nur die Masse kann das tun, von unten, auf Grund der Erfahrung. Es werden natürlich Direktiven erteilt und die Wege umrissen werden, aber man muß zugleich sowohl von oben wie von unten anfangen. [. . .]

(Werke, Bd. 26, S. 362—363)

Sehr oft schicken die Arbeiter und Bauern Delegationen zur Regierung, die fragen, was sie beispielsweise mit bestimmten Ländereien tun sollen. Und ich persönlich sah mich oft in eine schwierige Lage versetzt, wenn ich feststellen mußte, daß sie selber noch unentschlossen waren. Ich sagte ihnen: ihr seid die Macht, tut alles, was euch wünschenswert erscheint, nehmt alles, was ihr braucht, wir werden euch unterstützen, sorgt aber für die Produktion, sorgt dafür, daß Nützliches produziert wird. Stellt euch auf nützliche Arbeit um, ihr werdet Fehler machen, aber ihr werdet lernen. [. . .]

(Werke, Bd. 26, S. 468)

Zur Information

Anfang 1918 verschlechterte sich die wirtschaftliche Lage jedoch derart, daß die anfängliche Begeisterung in Ernüchterung umschlug. Zwischen März und Mai 1918 fand deshalb eine intensive, öffentlich ausgetragene Debatte innerhalb der bolschewistischen Partei über den künftigen Kurs der Wirtschaftspolitik statt. Zwei Positionen standen sich im wesentlichen gegenüber: Eine Gruppe um Lenin und Trotzki forderte ein vorsichtigeres Vorgehen, weniger spontane Enteignungen, statt dessen Kontrolle der Kapitalisten durch den proletarischen Staat und die Betriebskomitees, im Betrieb Unterordnung unter den Leiter und eine strengere Arbeitsdisziplin. Die sog. »Linken Kommunisten« verlangten dagegen eine konsequente Fortsetzung des einmal beschrittenen Weges, wenn auch bei besserer Organisation: den unmittelbaren Aufbau des Sozialismus. Auf dem I. Allrussischen Kongreß der Volkswirtschaftsräte Ende Mai/Anfang Juni 1918 konnten sie sich in den Grundsatzfragen durchsetzen. Auch Lenin und seine Anhänger schlossen sich dann dieser Entscheidung an. Die Großindustrie wurde nun vollständig verstaatlicht. Einer der wichtigsten Beschlüsse regelte die zukünftige Betriebsleitung.

4.7 Beschluß über die Verwaltung der nationalisierten Unternehmen, angenommen am 3. 6. 1918 vom I. Allrussischen Kongreß der Volkswirtschaftsräte

[. . .]

§ 2 Betriebsverwaltung

In jedem Betrieb, in jeder Fabrik, in jedem Bergwerk usw., die in das Eigentum der Republik übergegangen sind, wird eine Betriebsverwaltung gebildet.

Zwei Drittel der Betriebsverwaltung werden vom Gebiets-Volkswirtschaftsrat oder vom Obersten Volkswirtschaftsrat (wenn das Unternehmen unmittelbar der zentralen Leitung unterstellt ist) ernannt; dabei hat der Volkswirtschaftsrat das Recht, der Gebiets- (bzw. Allrussischen) Gewerkschaftsvereinigung die Aufstellung der Hälfte der Kandidaten zu überlassen.

Ein Drittel der Mitglieder der Verwaltung wird von den gewerkschaftlich organisierten Arbeitern des Unternehmens gewählt.

Die Betriebsverwaltung muß ein Drittel Spezialisten aus der Zahl der technischen und kaufmännischen Angestellten einschließen. [. . .]

§ 5 Rechte und Pflichten der Betriebsverwaltung des einfachen Unternehmens und der Hauptverwaltung der kombinierten Unternehmen

Die Verwaltung arbeitet zur Begutachtung im nächsten Organ der obersten Verwaltung einen Kostenanschlag des Unternehmens, einen Produktionsplan, einen Plan zur Erweiterung und Neuausstattung des Unternehmens und einen Versorgungsplan aus; erarbeitet Vorschriften für die innere Ordnung; sammelt Materialien über die Selbstkosten der Produktion und über die Normen zur Bezahlung der Arbeitskräfte; ernennt die obersten verantwortlichen Leiter des technischen und kaufmännischen Teils des gesamten Unternehmens und bestätigt sie für die einzelnen Produktionseinheiten, die zum Bestand eines kombinierten Unternehmens gehören; beaufsichtigt die Durchführung der von den entsprechenden Instanzen bestätigten Kostenanschläge und Pläne durch die Leiter; sorgt für die materielle Sicherstellung der Arbeiter und Angestellten des Unternehmens. Die Verwaltung legt dem nächsten Organ der obersten Verwaltung der verstaatlichten Unternehmen innerhalb einer von jenem gesetzten Frist Rechenschaftsberichte über ihre Tätigkeit und über den Zustand des Unternehmens vor. [. . .]

(Trudy I Wserossijskago Sjesda Sowetow Narodnago Chosjajstwa. 26-go maja — 4 ijunja 1918 g. Stenografitscheskij otschet [Arbeiten des I. Allrussischen Kongresses der Volkswirtschaftsräte. 26. Mai—4. Juni 1918. Stenografischer Bericht]. Moskau 1918, S. 477—479. Übersetzung: Heiko Haumann)

Zur Information

Die Bedingungen des Bürgerkrieges erschwerten allerdings die praktische Durchführung der Kongreßbeschlüsse: Sie erzwangen eine stärkere Zentralisierung als beabsichtigt war, häufig kamen keine ordnungsgemäßen Wahlen zur Betriebsleitung zustande, die außerordentlichen Organe der Kriegszeit schrieben von außen vor, was zu produzieren sei usw. Der Anspruch des unmittelbaren sozialistischen Aufbaus wurde allerdings nicht aufgegeben.

1920 knüpfte man, als der Bürgerkrieg dem Ende entgegenging, an die Vorstellungen von 1918 an. Dies geschah unabhängig davon, daß wegen der inzwischen veränderten Strukturen in der Industrie keine einfache Ausführung der Kongreßbeschlüsse von damals möglich war. Gegen Ende des Jahres legte eine Kommission dem VIII. Sowjetkongreß den ersten langfristigen Gesamtwirtschaftsplan vor. Da in seinem Zentrum die Elektrifizierung Rußlands steht, nennt man ihn auch den Elektrifizierungs- oder GOELRO-Plan (nach den Anfangsbuchstaben der offiziellen Kommissionsbezeichnung). Vielleicht können an ihm Zielsetzung und Konzeption beim Übergang zum friedlichen Aufbau besonders deutlich werden.

4.8 Aus dem GOELRO-Plan von 1920

(Die Autoren sind der Ansicht, daß die Elektrifizierung zur Mechanisierung und schließlich zur Automatisierung der Arbeitsprozesse führen wird. Dadurch werde es den Arbeitern möglich, nur noch leitend, überwachend und schöpferisch tätig zu sein. Über- und Unterordnung würden überflüssig. D. Verf.)

Der allgemeine Fortschritt der Technik baut und erleichtert den Weg der Vergesellschaftung der Industrie, indem er die frühere komplizierte administrativ-organisatorische Praxis der großen industriellen Zellen zu einer Reihe verhältnismäßig einfacher Regeln führt, die die Beziehungen des Menschen zu dem Werkzeug seiner Arbeit und des Menschen zum Menschen regulieren.

Zweifellos müssen Produktionen solcher Art von uns in unserer sozialistischen Praxis besonders berücksichtigt werden .

Für uns erweist sich jetzt als Ausgangswahrheit, daß zunächst eine sehr schwere Arbeit geleistet werden muß, damit der Mensch seine Individualität reichlich entwickeln kann und tatsächlich aus dem Reich der Notwendigkeit in das Reich der Freiheit übergeht: Die Sorgen für das elementare menschliche Wohl, Wohnung, Lebensmittel, Kleidung sowie die Art des Umgangs und der Beziehung mit anderen Leuten dürfen nicht eine solche Last darstellen, wie sie zur Zeit die ganze werktätige Welt drückt.

(Im folgenden wird dann ausgeführt, daß die Elektrifizierung von Industrie und Landwirtschaft das entscheidende technische Mittel ist, um rasch aus diesen Sorgen herauszukommen. D. Verf.)

Dem Wesen der Sache nach muß die Schaffung des Wirtschaftsplanes für einen Bezirk Sache des Bezirks selbst sein, weil sie tiefe Kenntnisse lokaler Bedingungen und aktive Teilnahme der Bevölkerung erfordert [. . .]

(Plan elektrifikazii RSFSR. Doklad VIII Sjesdu Sowjetow gosudarstwennoj komissii po elektrifikazii Rossii [Plan zur Elektrifizierung der Russ. Sozialist. Föderativen Sowjetrepublik. Bericht der Staatlichen Kommission zur Elektrifizierung Rußlands an den VIII. Sowjetkongreß]. Moskau ²1955, S. 164—165, 184. Übersetzung: Heiko Haumann)

4.9 Lenin auf dem VIII. Sowjetkongreß (22. 12. 1920)

[. . .] Ich will auf den letzten Punkt eingehen, auf die Frage der Elektrifizierung. [. . .]. Ich glaube, daß wir uns hier an einem sehr wichtigen Wendepunkt befinden, der jedenfalls vom Beginn großer Erfolge der Sowjetmacht zeugt. Von der Tribüne der Gesamtrussischen Kongresse werden fortan nicht nur Politiker und Administratoren, sondern auch Ingenieure und Agronomen sprechen. Damit bricht die glücklichste Epoche an, in der es immer weniger Politik geben wird, in der man seltener und nicht so lange über Politik sprechen wird, sondern mehr die Ingenieure und Agronomen zu Wort kommen werden. [. . .]

Unser Parteiprogramm kann nicht nur das Programm der Partei bleiben. Es muß zum Programm unseres wirtschaftlichen Aufbaus werden, sonst ist es auch als Programm der Partei untauglich. Es muß ergänzt werden durch ein zweites Programm der Partei, durch einen Arbeitsplan, der dazu führt, daß die gesamte Volkswirtschaft wieder aufgebaut und auf das Niveau der modernen Technik gehoben wird. [. . .] Dieses Programm der Partei wird nicht so unveränderlich sein wie unser eigentliches Programm, das nur auf Parteitagen geändert werden kann. Nein, dieses Programm wird jeden Tag, in jeder Werkstatt, in jedem Amtsbezirk verbessert, weiter ausgearbeitet, vervollkommnet und abgeändert werden. [. . .]

Solange wir in einem kleinbäuerlichen Lande leben, besteht für den Kapitalismus in Rußland eine festere ökonomische Basis als für den Kommunismus. [. . .]

Kommunismus — das ist Sowjetmacht plus Elektrifizierung des ganzen Landes. Sonst wird das Land ein kleinbäuerliches Land bleiben, und das müssen wir klar erkennen. [. . .] Erst dann, wenn das Land elektrifiziert ist, wenn die Industrie, die Landwirtschaft und das Verkehrswesen eine moderne großindustrielle technische Grundlage erhalten, erst dann werden wir endgültig gesiegt haben. [. . .] Man muß jedoch wissen und darf nicht vergessen, daß die Elektrifizierung nicht mit Analphabeten durchzuführen ist. [. . .] Wir brauchen Menschen, die nicht nur des Lesens und Schreibens kundig sind, sondern kulturell hochstehende, politisch bewußte, gebildete Werktätige; es ist notwendig, daß die Mehrheit der Bauern eine bestimmte Vorstellung von den Aufgaben hat, vor denen wir stehen. [. . .]

Und jeder Genosse, der ins Land hinausfährt, wird einen bestimmten Plan haben für die Durchführung der Elektrifizierung in seinem Bezirk, den Übergang aus der Finsternis zu normalen Lebensverhältnissen. Genossen, man darf und soll die Ihnen vorgelegten Richtlinien an Ort und Stelle vergleichen, weiterbearbeiten, überprüfen und dafür sorgen, daß in jeder Schule, in jedem Zirkel auf die Frage, was Kommunismus ist, nicht nur das geantwortet wird, was im Parteiprogramm steht, sondern daß auch davon gesprochen wird, wie aus dem Zustand der Finsternis herauszukommen ist. [. . .] Wir müssen es dahinbringen, daß jede Fabrik, jedes Kraftwerk zu einer Stätte der Aufklärung wird, und wenn Rußland sich mit einem dichten Netz von elektrischen Kraftwerken und mächtigen technischen Anlagen bedeckt haben wird, dann wird unser kommunistischer Wirtschaftsaufbau zum Vorbild für das kommende sozialistische Europa und Asien werden.

(W. I. Lenin, Werke, Bd. 31, S. 510—515)

4.10 G. Sinowjew auf dem VIII. Sowjetkongreß (28. 12. 1920)

[. . .] Wenn man uns fragt, was wir unter Arbeiter- und Bauerndemokratie verstehen, so antworte ich, nichts anderes als das, was wir 1917 darunter verstanden haben. Wir müssen die Wählbarkeit durch die Arbeiter- und Bauerndemokratie wieder herstellen. Wir müssen erkennen, daß eine neue Zeit neue Lieder braucht, daß, wenn wir bisher unsere Organisationen beschränkt, wenn wir auf die elementarsten demokratischen Rechte der Arbeiter und Bauern verzichtet haben, wir dem nunmehr ein Ende machen müssen. Erinnern wir uns der vergessenen Worte des Genossen Lenin, der uns aufgerufen hat, die Arbeiter als vollwertig zu nehmen und ihrer Entscheidung die kompliziertesten und schwierigsten Fragen zu überlassen. Wir müssen diese Worte zur Tat werden lassen [. . .]

(Wosmoj Wserossijskij Sjesd Sowjetow rabotschich, krasnoarmejskich i kasatschich deputatow. Stenografitscheskij otschet. 22—29 dekabrja 1920 g. [Der Achte Allrussische Kongreß der Sowjets der Arbeiter-, Rotarmisten- und Kosaken-Deputierten. Stenografischer Bericht. 22.—29. Dezember 1920]. Moskau 1921, S. 224. Übersetzung: Heiko Haumann)

Fragen und Anregungen

▶ 1. Welche Vorstellungen kommen in Lenins Äußerungen Ende 1917/Anfang 1918 (Texte 4.6) zum Ausdruck? Wie sollte der Aufbau vor sich gehen? Wie sieht Lenin das Verhältnis zwischen Zentrale und Massen? Welche Kontinuitäten, welche neuen Elemente stellen Sie gegenüber Lenins theoretischen Überlegungen vor der Oktoberrevolution fest? Prüfen Sie die Auszüge aus »Staat und Revolution« (Text 4.5) auf lang- und kurzfristige Zielvorstellungen hin. Messen Sie auch die weiteren politischen Maßnahmen daran. Falls es zu Abweichungen kam, fragen Sie nach den Ursachen.

▶ 2. Vergleichen Sie damit den Ausschnitt aus der Rede Sinowjews Ende 1920 (Text 4.9). Er spielt auf die zitierten Lenin-Äußerungen an. Was können Sie daraus über die tatsächliche Entwicklung schließen und wie erklären Sie sie? Welche Ziele verfolgt Sinowjew jetzt? Stellen Sie sie in den Zusammenhang des unmittelbaren sozialistischen Aufbaus, wie er aus den Informationstexten und aus den übrigen Zitaten deutlich wird.

▶ 3. Wie sollte die Betriebsleitung nach dem Beschluß von 1918 funktionieren? Wer nimmt Einfluß darauf, ernennt und wählt? Wie sollte hier das Verhältnis zwischen den Arbeitern des Betriebes und zentralen Institutionen aussehen? Überlegen Sie, warum die Betriebsleitung nicht nur von den Arbeitern gewählt werden sollte. Denken Sie dabei daran, daß eine Planwirtschaft aufgebaut werden sollte.

▶ 4. Stellen Sie zusammen, welche Ziele in den beiden Texten von 1920 genannt werden, für deren Erreichung die Elektrifizierung das entscheidende Mittel darstellt. Überlegen Sie, warum man gerade in einem wirtschaftlich darniederliegenden Land, wie es Rußland damals war, auf die modernste Technik setzte.

▶ 5. Welche Rolle soll nach den beiden Auszügen die Bevölkerung bei der zukünftigen Planung und bei der Durchführung des Programms spielen? Vergleichen Sie wieder das hier angepeilte Verhältnis zwischen Zentrale und Massen mit den anderen Texten.

▶ 6. Versuchen Sie jetzt, die Leninsche Losung »Kommunismus — das ist Sowjetmacht plus Elektrifizierung des ganzen Landes« auf dem Hintergrund der Entwicklung und der Zielvorstellungen, die Sie kennengelernt haben, zu interpretieren.

Zur Information

Langfristige Planarbeit und Diskussionen über den Übergang zum Sozialismus fanden in einer Zeit statt, in der die Wirtschaft ihren Tiefstand erreichte und die Menschen vom langen Krieg, vom Hunger, von der Kälte — gegen die man wegen des Brennstoffmangels wenig tun konnte —, von Krankheiten und anderen Entbehrungen erschöpft waren. Weit verbreitet war jedoch die Hoffnung, daß es nun, nach dem Ende des Bürgerkrieges, schnell aufwärts gehen werde. Anzeichen einer beginnenden wirtschaftlichen Stabilisierung gaben in der zweiten Jahreshälfte 1920 dieser Hoffnung neue Nahrung. Überall war zu hören, daß bald das Schlimmste überstanden sei. Die Bolschewiki erklärten, daß die erste Aufbauphase in Kürze abgeschlossen sei. In dieser Phase mußten die Bauern dem Staat mehr liefern, als sie von ihm an Gegenwert erhielten (man nannte dies auch inäquivalenten oder ungleichwertigen Austausch zwischen Stadt und Land).

Bis 1921 sah das so aus, daß die Bauern ihre Getreideüberschüsse abliefern mußten. Diese Maßnahme war 1918 eingeführt worden, um den zunehmenden Ernährungsschwierigkeiten in den Städten und der Spekulation der reicheren Bauern Herr zu werden. Ursprünglich sollten den Bauern dafür gleichwertige Industriewaren zur Verfügung gestellt werden. Wegen des Bürgerkrieges und des wachsenden Produktionsrückgangs in der Industrie war dies aber schon bald nicht mehr möglich gewesen. Die Bauern versuchten deshalb oft, ihre Überschüsse nicht abzugeben, sondern auf dem Schwarzmarkt zu verkaufen. In den Dörfern erschienen dann Soldaten- und Arbeiterkommandos, um Nahrungsmittel einzutreiben. Dabei kam es häufig zu Übergriffen und Gewaltanwendungen. Jetzt stellte man in Aussicht, daß demnächst die »Schulden« gegenüber den Bauern zurückgezahlt würden und dann ein gleichwertiger Austausch zwischen Stadt und Land (auch als Warenaustausch bezeichnet) in Gang kommen werde. Dabei sollte bereits nach einem einheitlichen Plan produziert und getauscht werden. Während die Planung bei der verstaatlichten Industrie als verhältnismäßig unproblematisch angesehen wurde, blieb die noch individuell betriebene Landwirtschaft ein Unsicherheitsfaktor. Allmählich sollte aber auch hier Planmäßigkeit erreicht werden. Man hoffte auch, daß die Kollektiv- und Sowjetwirtschaften wegen ihrer Vorzüge (größere Flächen, bessere Ausstattung, leichtere Arbeitsaufteilung, garantierter Lohn usw.) mehr und mehr Anklang finden würden. Daraus sollte sich schließlich der »Produktenaustausch« entwickeln, bei dem nicht mehr die Leistung, sondern das Bedürfnis eines jeden über die Verteilung der Güter entscheidet. Voraussetzungen hierzu waren, daß die Produktion ein hohes Niveau erreichte, auch die Landwirtschaft vergesellschaftet würde und die Werktätigen Planung und Verwaltung der Wirtschaft selbst in die Hand nähmen. Der Kommunismus wäre erreicht. Von Anfang an sollten Elemente der späteren Phasen vorweggenommen werden. In diesem Sinn verstand man z. B. die kostenlose Versorgung großer Teile der Bevölkerung mit Lebensmitteln und Gegenständen des täglichen Bedarfs, kostenlose oder verbilligte staatliche Dienstleistungen, die Naturalisierung des Lohns und die bewußte Geldentwertung, die breit angelegte Erziehungskampagne.

1921 brachen alle Hoffnungen zusammen. Aufgrund des harten Winters kam es zu Beginn des Jahres zu einer weiteren Wirtschaftskrise. Die Ernährungslage vor allem in den Städten verschlechterte sich erheblich. Protestdemonstrationen der Arbeiter und regionale Bauernaufstände brachten dann die Wende. Im März 1921 beschloß der X. Parteitag, die Ablieferungspflicht der Bauern durch eine (niedrigere) Naturalsteuer in Lebensmitteln zu ersetzen. Um der politischen Krise besser Herr werden zu können — die fast gleichzeitig in der Revolte der Matrosen von Kronstadt ihren Höhepunkt fand —, entschied sich der Parteitag für eine Straffung der eigenen Reihen, die in einem Fraktionsverbot gipfelte. Auch die anderen politischen Parteien wurden nun wieder schärfer bekämpft. Wirtschaftlich waren in der Folgezeit weitere »Rückzüge« notwendig. Statt des unmittelbaren Übergangs wurde nun ein Umweg zum Sozialismus eingeschlagen.

II. Arbeitsphase
Stalinismus

1. Ausgangsbedingungen der Sowjetmacht

Zur Information

Die russische Oktoberrevolution, mit der die politischen Grundlagen für den Aufbau des Sozialismus geschaffen wurden, fand in einem Land statt, das teilweise sehr ungünstige Voraussetzungen für diesen Aufbau aufwies. Die immer noch mit Resten der Leibeigenschaft behaftete, »rückständige« Landwirtschaft produzierte 1913 noch 54% des Volkseinkommens, die Industrie hingegen lediglich 22%. Wiederum nur ein Teil davon entfiel auf die modern und konzentriert organisierte Großindustrie (Metall, Bergbau, z. T. auch Textil). Auch politisch hinkte Rußland hinter den westeuropäischen Staaten her: Im Parlament (der Duma) das seit 1906 bestand, waren durch ein reaktionäres Wahlgesetz die Rechtsparteien begünstigt. Die Arbeiter und Bauern, die unter Unterdrückung, Ausbeutung und mangelhafter Versorgung litten, entsandten nur wenige Vertreter. Der Zar behielt im übrigen wesentliche Rechte. Der Rückhalt einer vorsichtigen Opposition im Volk wurde wegen zahlreicher Kompromisse mit der zarischen »Selbstherrschaft«, die doch die drängenden gesellschaftlichen Probleme nicht lösen konnte, immer geringer. Die »Doppelherrschaft« von Provisorischer Regierung und Petrograder Sowjet nach der Februarrevolution ist u. a. auch Ausdruck des Mißtrauens weiter Teile der Bevölkerung gegenüber den »bürgerlichen« Kräften. Und der Erfolg der Bolschewiki in der Oktoberrevolution erklärt sich nicht zuletzt daraus, daß sie als einzige linke Partei nicht durch Entsendung von Vertretern in die Provisorische Regierung kompromittiert wurden. Die Masse der Bevölkerung entfremdete sich um so stärker von der Regierung, je mehr sie sich unfähig zeigte, die Agrarfrage zu lösen, den Krieg zu beenden und die Verfassunggebende Versammlung wählen zu lassen.

Mit dem Oktoberumsturz war allerdings der Krieg noch nicht beendet. Zwar forderte das sofort erlassene Dekret über den Frieden zu einem schnellen, allgemeinen Friedensvertrag »ohne Annexionen« auf, den die bisherigen Verbündeten Rußlands aber ablehnten. So kam es nur zu einem einseitigen Friedensvertrag mit dem Deutschen Reich und seinen Verbündeten im März 1918 (Brest Litowsk), während die Westmächte die Gegenrevolutionäre wenige Monate später im Bürgerkrieg unterstützten. In den Jahren 1918—1920 mußte die Sowjetmacht alle Kräfte für den Krieg einsetzen, an einen geregelten politischen und wirtschaftlichen Aufbau war nicht zu denken.

Dennoch wurde er versucht. Politisch wurde die Verfassung nach dem Sowjetsystem umgebildet. Die Nationalversammlung wurde 1918 wieder aufgelöst, nachdem sie sich geweigert hatte, die Oktoberrevolution anzuerkennen. Wegen des Bürgerkrieges verbot die Sowjetregierung auch alle Parteien, die sich gegen die Sowjetmacht stellten. 1920 konnten sich immerhin einige sozialistische Parteien, die inzwischen die Oktoberrevolution akzeptierten, wieder freier betätigen.

In der Landwirtschaft war unmittelbar nach dem Umsturz von 1917 das Land der Großgrundbesitzer unter die Bauern verteilt worden. Wegen der zunehmenden Ernährungsschwierigkeiten, vor allem im Bürgerkrieg, kam es auch zu härteren Maßnahmen gegen reichere Bauern. Allgemein gingen die Bolschewiki dazu über, den Bauern die Abgabe der Getreideüberschüsse zur Pflicht zu machen; bei der Eintreibung gab es häufig Übergriffe. Der Unwille vieler Bauern gegenüber der neuen Macht stieg dadurch, obwohl sie durchaus keine Rückkehr zum Zarismus wollten und deshalb überwiegend für den Sieg der Roten Armee im Bürgerkrieg eintraten. Kollektiv- und Sowjetwirtschaften fanden nur langsam wachsenden Anklang.

Die Großindustrie wurde verstaatlicht und einem zentralen Lenkungsorgan, dem Obersten Volkswirtschaftsrat, unterstellt. Die Arbeiter hatten über Betriebskomitees und Gewerkschaften verhältnismäßig großen Einfluß auf die Betriebsleitung. 1920 gelang es, den ersten langfristigen Gesamtwirtschaftsplan auszuarbeiten. Wegen des Bürgerkrieges sah man sich allerdings zu einer stärkeren Zentralisierung gezwungen, als man ursprünglich beabsichtigte.

Insgesamt ließen sich die Bolschewiki in dieser Periode — trotz aller negativen Einflüsse des Krieges — von folgender Konzeption leiten:

In einer **ersten Phase** sollten mit allen Kräften die wirtschaftliche Not behoben und die Industrialisierung in Gang gesetzt werden. Dazu mußten die Bauern dem Staat mehr liefern, als sie von ihm an Gegenwerten erhielten (ungleichwertiger oder inäquivalenter Austausch).

In der **zweiten Phase** war der gleichwertige oder Warenaustausch zwischen Stadt und Land, zwischen verstaatlichter Industrie und noch individueller Landwirtschaft vorgesehen. Dabei sollte bereits nach einem einheitlichen Plan produziert und getauscht werden.

Die **dritte Phase** bezog sich auf eine Zeit des freien Austausches nach Bedürfnissen, den »Produktenaustausch«. Sie war gleichbedeutend mit dem Kommunismus: Auch die Landwirtschaft sei dann vergesellschaftet, die Produktion weit entwickelt und die Werktätigen hätten Planung und Verwaltung der Wirtschaft selbst in die Hand genommen. In der ersten Phase sollten bereits Elemente der späteren Phasen vorweggenommen werden, z. B. durch kostenlose Versorgung großer Teile der Bevölkerung mit Lebensmitteln und Gegenständen des täglichen Bedarfs, durch kostenlose oder verbilligte staatliche Dienstleistungen, durch zunehmende Naturalisierung des Lohnes und bewußte Geldentwertung, durch eine breit angelegte Erziehungskampagne.

1921 mußte von dieser Konzeption abgegangen werden. Im März 1921 beschloß der X. Parteitag, die Ablieferungspflicht durch eine niedrigere Naturalsteuer in Lebensmitteln zu ersetzen, um die Unzufriedenheit der Bauern mit der Agrarpolitik der Sowjetmacht zu beseitigen und die Ernährungslage in den Städten zu verbessern. Auch in den Städten regte sich Unmut; im März revoltierten die Matrosen von Kronstadt. Um mit dieser Krisensituation fertig zu werden, setzte der Parteitag darüber hinaus eine politische Straffung durch. Ausdruck dieser Straffung war das Fraktionsverbot innerhalb der Partei. Auch die anderen politischen Parteien wurden im folgenden wieder schärfer bekämpft. Der sich ausdehnende Handel der Bauern mit den ihnen nun verbleibenden Überschüssen und eine furchtbare Hungersnot infolge Mißernte erzwangen weitere »Rückzüge«: Ausweitung des freien Handels, Festigung des Währungssystems, Einführung der wirtschaftlichen Rechnungsführung in der Industrie zur Erzielung von Rentabilität und Gewinn, Aufhebung der kostenlosen Versorgungen und Dienstleistungen. Kapitalistische Elemente wurden begrenzt wieder zugelassen, der proletarische Staat behielt jedoch die »Kommandohöhen«: die politische Macht, die Großindustrie, das Verkehrswesen, das Außenhandelsmonopol. Die »Neue Ökonomische Politik« (NEP) orientierte sich am »reaktiven Kaufkraft-Effekt« *(Werner Hofmann, Die Arbeitsverfassung der Sowjetunion, Berlin 1956, S. 9)*.

Zunächst sollte die Kaufkraft der Bauern gestärkt werden, damit deren Nachfrage die Produktion der Konsumgüterindustrie und diese wiederum die Produktionsmittelindustrie anregen würde. In der Tat wurden bis 1923 die unmittelbaren wirtschaftlichen Schwierigkeiten behoben. 1926 konnte der Stand der Vorkriegsproduktion (Gesamtdurchschnitt) wieder eingeholt werden. Der Wiederherstellungsprozeß verlief nicht problemlos. Nur spärlich flossen Mittel für Neuinvestitionen in die Produktionsmittelindustrie. Immer wieder kam es zu Konflikten über das Verhältnis der Preise von Industrie- und Agrarprodukten, die etwa 1923 in der »Scherenkrise« (die Preise der beiden Bereiche entwickelten sich — graphisch dargestellt — wie eine aufgeklappte Schere) zu Absatzschwierigkeiten für industrielle Waren führte. Andererseits entwickelten die Bauern mit ihrer gestiegenen Kaufkraft einen »Warenhunger«, der von der Industrie noch nicht gestillt werden konnte. In der »Warenhungerkrise« von 1925 zogen die Bauern die Überschüsse, die sie produziert hatten, vom Markt zurück. Sie erhöhten den Eigenverbrauch oder spekulierten mit dem Getreide. Diese »Kulaken« konnten dadurch ihre ökonomische Position im Dorf stärken. Das Verhältnis von privater Landwirtschaft und verstaatlichter Großindustrie sowie der Mangel an Investitionsmitteln stellten sich bis Mitte der zwanziger Jahre als die schwierigsten sozialökonomischen Probleme dar, vor denen der Sowjetstaat stand.

2. Ökonomische Alternativen Mitte der zwanziger Jahre

2.1 E. A. Preobraschenski: Ökonomische Notizen (Über den Warenhunger)

Allen ist klar, daß der Warenhunger dadurch bedingt ist, daß die kaufkräftige Nachfrage das Angebot übersteigt. Daß dies (jedenfalls für den gegenwärtigen Moment) ein Zurückbleiben der Produktion gegenüber der Nachfrage bedeutet, daß der Warenhunger mithin eine Folge der ungenügenden Akkumulation* in der Industrie ist, ist ebenfalls offensichtlich. Aber daß der Warenhunger keine saisonale Erscheinung ist, scheint nicht allen klar zu sein. Tatsächlich dauert er schon anderthalb Jahre an; er hat sich bereits vor der Einbringung der Ernte verschärft und auch vier Monate nach der Ernte hartnäckig gehalten — ungeachtet der eingeschränkten bäuerlichen Marktlieferungen, die nicht mit dem Umfang der Ernte korrespondieren. [. . .]

Die Erhaltung des Gleichgewichts zwischen der Warenmasse der industriellen und der landwirtschaftlichen Produktion im vergangenen und im gegenwärtigen Jahr auf dem Niveau der Vorkriegsproportionen bedeutet eine entscheidende Störung des Gleichgewichts zwischen der kaufkräftigen Nachfrage des Dorfes und der Warenproduktion der Stadt. Dies ist der Schlüssel für die Beantwortung der Frage, warum es bei uns gegenwärtig einen solch hartnäckigen Warenhunger gibt. Unser gegenwärtiger Warenhunger ist die Folge jener positiven Veränderungen in der Struktur des bäuerlichen Budgets, die unsere Oktoberrevolution mit sich gebracht hat. Solange der Bürgerkrieg und die Zwangsrequisitionen existierten, solange später das allgemeine Niveau der bäuerlichen Produktion sehr viel niedriger war als vor dem Krieg, machten sich

* Anhäufung von Produktionsmitteln; Neuinvestitionen. Nach Marx Teil des von den Arbeitern erwirtschafteten »Mehrwertes«, der wieder in den Produktionsprozeß zurückfließt.

diese Folgen des Oktober natürlich nicht bemerkbar. Aber je näher wir an die Vorkriegsproportionen der Industrie und Landwirtschaft herankommen (in diesem Jahr erreichen wir 90%), desto stärker machen sich die Besonderheiten der *sowjetischen Agrarverhältnisse* bemerkbar, desto stärker muß sich die äußerliche arithmetische Proportionalität im Vergleich zu den Vorkriegsverhältnissen verändern; sie verwandelt sich vor unseren Augen in eine große, langanhaltende und keineswegs nur saisonbedingte Disproportionalität in der Verteilung der Produktivkräfte zwischen Industrie und Landwirtschaft. [. . .]

Auch wenn bei uns alle wirtschaftlichen Verhältnisse die gleichen wären wie vor dem Kriege, d. h. auch wenn wir den *Vorkriegsimport des Kapitals* hätten, das im jedem Jahr im Industrie- und Transportwesen angelegt wird, hätten wir also aufgrund der veränderten Struktur der Verteilung des Volkseinkommens und der Beendigung des Abflusses von Werten ins Ausland einen Warenhunger als Folge der ungenügenden Entwicklung der Industrie. Aber gegenwärtig ist der Import ausländischen Kapitals fast weggefallen, und es ist nur ein äußerst geringfügiger Zufluß von Konzessionskapital* zu bemerken. Wenn wir also zu der oben angeführten Ursache des Warenhungers noch diesen zweiten Grund hinzufügen, d. h. die Liquidierung des Kapitalimports, dann erscheint uns die Disproportionalität zwischen Industrie und Landwirtschaft in einem noch klareren Licht. [. . .]

Dies sind in aller Kürze die Erwägungen, auf Grund derer wir behaupten, daß das bestehende Tempo der Akkumulation in der Industrie, d. h. das Tempo der erweiterten Reproduktion**, gänzlich unzureichend ist, wenn man die Erweiterung des inneren Marktes in Betracht zieht, die im Gefolge der Oktoberrevolution entstanden ist. Die Existenz dieses inneren Marktes macht sich um so mehr bemerkbar, je näher wir die gesamte Wirtschaft dem Vorkriegsniveau der Produktion unter Beibehaltung der Vorkriegsproportionen zwischen Industrie und Landwirtschaft annähern. [. . .]

Wenn man nicht den Weg des geringsten Widerstandes gehen will, d. h. den Weg einer plötzlichen Vergrößerung des Imports von Produkten des täglichen Verbrauchs aus dem Ausland — dies kann ohne Störung des Gleichgewichts der Handelsbilanz nur verwirklicht werden, wenn der Import von Produktionsmitteln eingeschränkt wird —, wenn man nicht den sozialistischen Widerstand gegenüber der NEP aufgeben will, dann muß man anerkennen, daß 1. die projektierte Erweiterung der Industrie unzureichend ist; 2. die Budgetanweisungen für die Industrie ungenügend sind (ich würde sogar sagen, daß sie für einen sozialistischen Staat schändlich niedrig sind); 3. der Finanzierungsplan für die Erneuerung des Grundkapitals*** und besonders der Finanzierungsplan für die Neubauten von Fabriken ungenügend sind und hinter dem Entwicklungstempo der gesamten Volkswirtschaft zurückbleiben.

Geht man von all den oben angeführten Argumenten aus, so kann man mit Sicherheit voraussagen, daß die ungenügende Entwicklung unserer Industrie, die ungenügende Akkumulation von neuen Mitteln in der Industrie und die Tatsache, daß die Entwicklung der Industrie nicht der der Landwirtschaft entspricht, von jedermann als eine offenkundige Tatsache anerkannt werden wird. Aber ich fürchte, auch wenn diese Tatsache von allen anerkannt wird, werden sich bei uns Leute finden, die als Ausweg die *Linie des geringsten Widerstandes* vorschlagen: sie werden nicht eine Verstärkung der Akkumulation in unserer Industrie auf Ko-

* Auslandskapital, das über die Vergabe von Konzessionen an ausländische Firmen zur Förderung von Bodenschätzen, Holzverarbeitung u. ä. in die UdSSR fließen sollte.

** Ersatz verbrauchter bzw. abgenutzter Produktionsmittel und Neuinvestitionen.

*** In der damaligen Terminologie Wert der Gebäude, Ausrüstungen, Maschinen etc. im Unterschied zum Umlauf-(Betriebs-)Kapital.

sten der gesamten Volkswirtschaft des Landes, nicht die Befriedigung der inneren Nachfrage durch die Produktion unserer eigenen Industrie, sondern eine starke Vergrößerung der Einfuhr von Konsumtionsmitteln aus dem Ausland vorschlagen und dies als eine Konstante in den Beziehungen unserer Ökonomie zu dem Weltkapitalismus ansehen. Jeder Arbeiter wird begreifen, daß hierdurch die sozialistische Industrie mit Sicherheit zerstört wird.

(Prawda, Nr. 286, 15. 7. 1925. Übersetzung: Gert Meyer)

2.2 L. Schanin: Die ökonomische Natur unseres Warenmangels

[. . .] Es besteht keinerlei Zweifel darüber, daß die gesamte Wirtschaft durch dieses Phänomen auf eine sehr ernsthafte Weise bestimmt wird. Infolge des Fehlens von Waren stockt das bäuerliche Angebot von Nahrungsmitteln und Rohstoffen. Wir wissen, daß es bei uns auf diesem Gebiet im August und Anfang September bestimmte Störungen in der Versorgung der industriellen Zentren mit Getreide und Mehl gab. Wir wissen, daß im Zusammenhang mit dieser Erscheinung und dem mangelhaften Angebot von Getreide die Realisierung unseres Exportprogramms ernsthafte Verzögerungen erleidet. [. . .]

Am häufigsten kann man folgende Erklärung hören: die Hauptursache des Warenhungers besteht darin, daß in der Entwicklung unserer Volkswirtschaft eine bedeutende Disproportionalität zwischen dem relativ raschen Aufschwung der Landwirtschaft und der verzögerten Entwicklung der Industrie stattfindet. [. . .]

Gegenwärtig müssen wir das Land unverzüglich verstärkt mit Industriewaren versorgen. Es ist ein Fehler zu denken, daß dies unmittelbar mit der Entwicklung der Industrie zusammenfällt. Die Entwicklung der Industrie über bestimmte Grenzen hinaus erleichtert nicht die Situation, sondern macht sie nur komplizierter.

Die Entwicklung unserer Industrie machte verschiedene Stadien durch: Es gab eine Zeit, in der unsere Unternehmen nur zu einem sehr geringen Teil ausgelastet waren. In dieser Periode genügten geringe Reparaturen, geringe Ausgaben für das Grundkapital, um eine rasche Vergrößerung der Auslastung zu erreichen. Man brauchte nur eine geringe Summe von Umlaufmitteln in Geld- oder Naturalform zur Hand zu haben. In dieser Zeit ergab eine jede Einlage von neuen Umlaufmitteln einen unmittelbar produktiven Effekt. Und da eine jede weitere Auslastung zu einer Senkung der Produktionskosten führte, so hatten die neu eingebrachten Umlaufmittel nicht nur eine unmittelbare Steigerung der Produktion, sondern auch ihre spürbare Verbilligung zur Folge.

Seither hat sich viel geändert. Die Betriebe sind fast vollständig ausgelastet. Wir haben die Produktion bereits auch in zweitrangigen und gegenwärtig schon in drittrangigen Fabriken anlaufen lassen, in den technisch rückständigsten Fabriken also, die bedeutende Reparatur- und Wiederherstellungsarbeiten erfordern und auch nach allen hiermit verbundenen Ausgaben nicht in der Lage sind, billiger als die Betriebe der ersten und zweiten Kategorie zu produzieren. Zur Zeit ist jede Investition von neuen Kapitalien in einem höheren Maße Investition in das Grundkapital als vordem. In den rückständigeren Betrieben ist die Produktivität jeder investierten Kapitaleinheit geringer. Es ist wahr, wir aktivieren schlummernde Produktivkräfte, aber dies sind Produktivkräfte dritten Ranges, und wir aktivieren sie mit solchen Opfern, daß es sich nur in geringem Maße rentiert. [. . .]

Bei uns existiert die Illusion, daß man aus der Krise des Warenmangels durch eine maximale Entwicklung der industriellen Maschinerie herausgelangen kann. Aber wir vergessen, daß *das von der Industrie geschaffene Angebot von einer ebenfalls durch sie geschaffenen Nachfrage begleitet ist.* Die Disparität zwischen der Entwicklung der Landwirtschaft und der der Indu-

strie bedeutet durchaus nicht, daß sich die Industrie bei uns zu schwach entwickelt, denn unsere Industrie führt keine Parasitenexistenz auf Kosten der Landwirtschaft; die Disproportion liegt auf einer anderen Ebene und besteht darin, *daß sich das Grundkapital der Industrie zu rasch entwickelt und daß sich nicht die Industriezweige entfalten, die die durch die Entwicklung der Industrie geschaffene Nachfrage nach Konsumgütern befriedigen könnten.* [. . .]
Notwendig ist:

1. Verstärkt und *in erster Linie die Bereiche der Landwirtschaft zu entwickeln, die größere Exportmengen bereitstellen, und die Bereiche der Industrie, mit deren Entfaltung die Möglichkeit unseres industriellen Exports verknüpft ist.* Die Entwicklung der Bedarfsgüterproduktion und der Exportzweige unserer Wirtschaft ist unsere zentrale Aufgabe.
2. Gleichzeitig müssen wir, indem wir die Exportressourcen für Importzwecke ausnutzen, *in der ersten Zeit den Weg einer langsamen und vorsichtigen Entwicklung der Schwerindustrie einschlagen. Mit den Exporterlösen führen wir systematisch Ausrüstungen, verarbeitete Metalle usw. ein, um für deren Produktion gegenwärtig keine zu großen Ausgaben zu haben.* Die (als Resultat der Absage an die Forcierung der Schwerindustrie) freigesetzten Mittel sind in die Leicht- und die Exportindustrie zu investieren.

Folgendes muß unsere ökonomische Strategie sein: Zuerst Förderung des landwirtschaftlichen Exports, dann Investition von Kapitalien in jene Bereiche, die dem landwirtschaftlichen Export dienen. Gestützt auf unsere landwirtschaftliche Basis, müssen wir Getreidespeicher, Gefrieranlagen, Speckfabriken bauen, *wobei die Auslagen für diese Projekte äußerst gering gegenüber jenen Mitteln sind, die für einen unverzüglichen Ausbau der Schwerindustrie benötigt werden.* [. . .]
(Ekonomitscheskoe obosrenie (Wirtschaftliche Rundschau) 1925, Nr. 11, — Nov. 1925 — S. 25—39. Übersetzung: Gert Meyer)

2.3 E. A. Preobraschenski: Zum Problem der Industrialisierung Sowjetrußlands

[. . .] Was ist Industrialisierung? Industrialisierung bedeutet erstens die Vergrößerung des Anteils der Industrie an der Gesamtmasse der Produktion des Landes. Wir werden hier von der staatlichen Industrie sprechen und nicht von der Industrie überhaupt. Sie bedeutet zweitens ein schnelleres Wachstum der in der staatlichen Industrie beschäftigten Arbeitsbevölkerung im Vergleich zum Wachstum der insgesamt im Lande beschäftigten Bevölkerung. Sie bedeutet drittens eine schnellere Akkumulation in der staatlichen Industrie im Vergleich zum privaten Wirtschaftssektor. Und viertens schließlich setzt sie eine Struktur des Kapitals in der Staatsindustrie voraus, die es ermöglicht, die Produktion von Produktionsmitteln und die Reproduktion des Grundkapitals zu gewährleisten, deren Bedeutung von Jahr zu Jahr wächst. [. . .]

Die von uns vorgeschlagenen Maßnahmen gehen nicht ohne Kämpfe ab, nicht ohne Klassenkampf in erster Linie gegen die Spitze des Dorfes, die wir besteuern wollen. Hierzu müssen wir uns entschließen, bevor sich diese Elemente politisch konsolidiert haben. Ebenso müssen wir uns für den Kampf gegen das Privatkapital entschließen, wobei wir ein Maximum an Gewandtheit und Manövrierfähigkeit an den Tag legen müssen. Entschließen wir uns nicht für die von uns vorgeschlagenen und für andere notwendige Maßnahmen, dann gehen wir den Weg des geringsten Widerstandes, oder anders formuliert: den Weg der Inflation. [. . .]
(Diskussionsbeitrag vom 26./27. 11. 1926 in der Kommunistischen Akademie, in: Westnik Komm. Akademii (Bote der Kommunistischen Akademie), Buch XVII, 1926, S. 223—236. Übersetzung: Gert Meyer)

Fragen und Anregungen

Zu den Personen
E. A. Preobraschenski war ein führendes Mitglied der Kommunistischen Partei und gehörte damals zur »linken« Opposition um L. Trotzki, als deren wirtschaftspolitischer Sprecher er auftrat. L. Schanin arbeitete im Finanzkommissariat. Diese beiden Autoren vertraten in der sehr intensiven »Industrialisierungsdebatte« zwischen 1924 und 1928 die extremsten Standpunkte. Die ökonomischen Alternativen werden bei ihnen besonders deutlich. Deshalb wurden diese Texte ausgewählt.

▶ 1. Klären Sie den Begriff »Industrialisierungsdebatte«. Warum war sie nötig (u. U. unter Verwendung des vorhergehenden Informationstextes)?
▶ 2. Stellen Sie die Analyse des »Warenhungers« bei Preobraschenski und Schanin gegenüber.
▶ 3. Geben Sie die unterschiedliche Industrialisierungsstrategie von Preobraschenski und Schanin wieder. Gliedern Sie dabei nach Schwerindustrie (Produktionsmittelindustrie), Leichtindustrie (Konsumgüterindustrie), Landwirtschaft, Außenhandel.
▶ 4. Erörtern Sie die Alternativen im Hinblick auf
   a) die Lösung der wirtschaftlichen Krise (»Warenhunger«);
   b) das Verhältnis von »sozialistischem« und »privatem« Sektor der Volkswirtschaft (s. Informationstext), also auf die Entwicklungsbedingungen der NEP in Richtung auf den Sozialismus;
   c) die Folgen der jeweiligen Strategie für die Agrarpolitik und das Verhältnis zur Bauernschaft (Denken Sie daran, welche Bedeutung die Bauernfrage im Rahmen der NEP hatte.);
   d) die Abhängigkeit vom kapitalistischen Ausland.

Die Stellung der Sowjetunion im internationalen System war damals durchaus noch nicht gesichert. Die Erfahrungen der ausländischen Intervention in den russischen Bürgerkrieg 1918—1921 wirkten nach. Viele Staaten hatten die UdSSR noch nicht diplomatisch anerkannt (darunter die USA), immer wieder kam es zu schweren Konflikten (so 1927, als Großbritannien die diplomatischen Beziehungen abbrach, der sowjetische Vertreter in Polen ermordet wurde und die sowjetische Politik in China vollständig scheiterte). Emigrantenorganisationen warben für die Aufstellung neuer Heere, die Rußland »befreien« sollten. Umstritten ist, ob die Parteiführung die drohende Kriegsgefahr benutzte, um bestimmte Ziele durchzusetzen.

3. Zur Frage der Bürokratisierung

Zur Information

Die Struktur der Kommunistischen Partei, aber auch sonstiger wichtiger Institutionen veränderte sich während der Neuen Ökonomischen Politik (NEP) erheblich. Bereits während des Bürgerkrieges waren viele Entscheidungsbefugnisse zentralisiert worden. Doch 1920, als der Krieg seinem Ende entgegenging und sich auch die Wirtschaftslage zu bessern schien, griffen die Bolschewiki auf ihre Vorstellungen vom Sozialismus, mit denen sie 1917 angetreten waren, zurück. Es war der Höhepunkt innerparteilicher Demokratie. Mit der Herausbildung der NEP änderte sich dieses Bild. Der wirtschaftliche »Rückzug« wurde von einer politischen Straffung begleitet. Auf dem X. Parteitag 1921 beschlossen die Delegierten ein Fraktionsverbot, um die Partei in der schwierigen Situation zusammenzuhalten; die innerparteiliche Diskussion sollte dadurch in keiner Weise behindert werden (das Fraktionsverbot selbst war ausdrücklich als vorübergehend gedacht). In den folgenden Jahren, insbesondere nach Lenins Tod Anfang 1924, wurde der Beschluß über das Fraktionsverbot von der jeweiligen Parteiführung häufig dazu benutzt, um auch die Diskussion zu beschränken. Eine wichtige Etappe waren dabei die Auseinandersetzungen um die wirtschaftlichen Schwierigkeiten 1923 (»Scherenkrise«), als die Opposition um Trotzki zwar den bürokratischen Führungsstil angriff, selbst aber auch nicht die Massen, zumindest die Arbeiterschaft oder die »unteren« Parteimitglieder, dagegen mobilisierte. Die Niederlage der Opposition stärkte den Parteiapparat, in dem immer mehr zentralisierte und hierarchische Tendenzen deutlich wurden. Die Gewohnheit, die Sekretäre auf den einzelnen Parteiebenen nicht mehr zu wählen, sondern von oben zu ernennen oder doch zu »empfehlen«, breitete sich aus. Durch eine gezielte Personalpolitik, für die der Generalsekretär der Partei, seit 1922 Stalin, hauptsächlich verantwortlich war, wurde der Apparat in seiner politischen Ausrichtung immer einheitlicher.

Für diese Entwicklung war nicht allein das Machtstreben Stalins verantwortlich. Folgende Faktoren sind bei der Einschätzung auf jeden Fall zu berücksichtigen:

— Die Tradition der straffen Parteiführung unter den Bedingungen der Illegalität im Zarismus und unter den Bedingungen des Bürgerkrieges (die schwierige Lage legte ein Zurückgreifen zu den bewährten Methoden nahe).
— Die Dezimierung der Kommunistischen Partei und der Arbeiterschaft durch die Verluste im Bürgerkrieg (viele der politisch aktivsten Kräfte waren gefallen). Die »neue« Arbeiterschaft war nicht so gut ausgebildet und auch nicht in dem Maße wie die »alte« organisiert, ganz abgesehen von den andersartigen politischen Erfahrungen. Vorübergehend blieb auch die Verankerung der KP in der Arbeiterschaft schwach.
— Zur Lösung der Probleme bedurfte man noch einer verhältnismäßig großen Zahl von »bürgerlichen« Fachleuten, und die »neuen Kader« aus den Reihen der Partei übernahmen häufig deren Arbeitsweise und Lebensstil. Zwischen Fachleuten, selbst den »roten Direktoren«, und den oft wenig sachkundigen Kontrolleuren der Partei kam es häufig zu Reibungen.
— Auch gegen Ende der zwanziger Jahre zeigte der Apparat noch erhebliche organisatorische Schwächen. Das galt nicht nur für die mittleren und unteren Ränge der Wirtschaft, wo die nicht-kommunistischen Fachleute dominierten (s. o.), sondern vor allem für den Agrarbereich. In schwierigen Situationen, besonders in der Krise seit Ende 1927 (vgl. Abschnitt 4), fühlten sich die lokalen Gremien überfordert. Nach längerem Zögern griff die Zentrale mit bis ins Detail gehenden Anordnungen ein. Diese Praxis wurde dann allmählich zum Normalfall und führte zu einer ungeheuren Machtzusammenballung beim zentralen Apparat, der ursprünglich gar nicht in dieser Form beabsichtigt, sondern durch die Zustände in den örtlichen Organisationen bedingt war.

Soziale Herkunft des leitenden Personals von Industrieverbänden (»Trusts«) 1922/23

Von 875 Personen, die in führenden Positionen der Trusts tätig waren, waren vor 1914

4%	Fabrikanten
2%	Händler
26%	Ingenieure und Techniker
28%	Angestellte und Freiberufliche
29%	Arbeiter
1%	Bauern
10%	in unbekannten Berufen
100%	

37% der befragten Trustdirektoren waren Mitglieder der Kommunistischen Partei.
(Woprosy promyschlennosti i torgowli [Fragen von Industrie und Handel], Moskau 1923, S. 194)

Lenin Ende 1922

Die Einbeziehung vieler Arbeiter in das ZK wird den Arbeitern helfen, unseren Apparat zu verbessern, der unter aller Kritik ist. Im Grunde genommen wurde er uns vom alten Regime hinterlassen, denn es war völlig unmöglich, ihn in so kurzer Zeit, besonders während des Krieges, der Hungersnot usw. umzugestalten. Daher kann man den »Kritikern«, die uns spöttisch oder boshaft mit Hinweisen auf die Defekte unseres Apparates aufwarten, ruhig antworten, daß diese Leute die Bedingungen der gegenwärtigen Revolution absolut nicht begreifen. Den Apparat in einem Jahrfünft hinreichend umzugestalten, ist überhaupt unmöglich, besonders unter den Bedingungen, unter denen sich die Revolution bei uns vollzogen hat. Es genügt, daß wir in fünf Jahren einen Staat von neuem Typus geschaffen haben, in dem die Arbeiter, gefolgt von den Bauern, gegen die Bourgeoisie vorgehen, auch das ist angesichts der feindlichen internationalen Umgebung eine gigantische Leistung. Aber dieses Bewußtsein darf uns den Blick nicht dafür trüben, daß wir im Grunde den alten Apparat vom Zaren und von der Bourgeoisie übernommen haben und daß jetzt, nachdem der Friede gekommen und der minimale Bedarf zur Stillung des Hungers gesichert ist, alle Arbeit darauf gerichtet sein muß, den Apparat zu verbessern. [. . .] Die Arbeiter, die ins ZK aufzunehmen sind, dürfen meiner Meinung nach vorwiegend nicht unter jenen Arbeitern ausgewählt werden, die einen langen Sowjetdienst durchgemacht haben (in diesem Teil meines Briefes zähle ich zu den Arbeitern überall auch die Bauern), weil sich bei diesen Arbeitern schon bestimmte Traditionen und bestimmte Vorurteile herausgebildet haben, die wir gerade bekämpfen wollen. Arbeitermitglieder des ZK sollen vorwiegend Arbeiter sein, die unter jener Schicht stehen, welche bei uns in den fünf Jahren in die Reihe der Sowjetangestellten aufgerückt ist, und mehr zu den einfachen Arbeitern und zu den Bauern gehören, die jedoch nicht direkt oder indirekt unter die Kategorie der Ausbeuter fallen. [. . .]

(Lenin, Werke, Bd. 36, S. 580—582)

Stalin 1928

Die zweite Frage betrifft die Aufgabe des Kampfes gegen den Bürokratismus, die Aufgabe der Organisierung einer Massenkritik an unseren Mängeln, die Aufgabe der Organisierung einer Massenkontrolle von unten.

Einer der schlimmsten Feinde unseres Vormarsches ist der Bürokratismus. Er lebt in allen unseren Organisationen — sowohl in den Parteiorganisationan als auch in den Organisationen des Kommunistischen Jugendverbandes, sowohl in den Gewerkschaftsorganisationen als auch in den Wirtschaftsorganisationen. Wenn man von Bürokraten spricht, so weist man in der Regel mit dem Finger auf die alten parteilosen Beamten, die in unseren Karikaturen gewöhnlich als Leute mit einer Brille dargestellt werden. (Heiterkeit) Das ist nicht ganz richtig, Genossen. Wenn es sich nur um die alten Bürokraten handelte, so wäre der Kampf gegen den Bürokratismus die leichteste Sache von der Welt. Das Schlimme ist, daß es sich nicht um die alten Bürokraten handelt. Es handelt sich um die neuen Bürokraten, Genossen, die mit der Sowjetmacht sympathisieren, es handelt sich schließlich um Bürokraten aus den Reihen der Kommunisten. Der kommunistische Bürokrat ist der gefährlichste Typ des Bürokraten. Warum? Weil er seinen Bürokratismus mit seiner Parteimitgliedschaft maskiert. Und solche kommunistischen Bürokraten gibt es bei uns leider nicht wenig.

(J. W. Stalin, Werke, Bd. 11, Berlin [Ost] 1954, S. 63)

Zur Information

Zu den Fraktionskämpfen

Mitte der zwanziger Jahre fand in der Kommunistischen Partei eine intensive Diskussion über den zukünftigen wirtschaftlichen Kurs der UdSSR statt (vgl. die Quellentexte zu den ökonomischen Alternativen). In dieser »Industrialisierungsdebatte« standen sich im wesentlichen zwei Theorien gegenüber:

Der sogenannte *»linke Flügel«* der Partei, vertreten durch Trotzki und Preobraschenski, war der Ansicht, daß die schwach entwickelte und zerrüttete Industrie nur durch die vorübergehende Ausbeutung der bäuerlichen Wirtschaft zu sanieren sei. Durch überhöhte Industriepreise solle das Mehrprodukt der Bauern abgeschöpft werden, um damit die Industrialisierung zu bezahlen.

Der sogenannte *»rechte Flügel«* um Bucharin, Schanin und Rykow wollte zunächst einen Aufschwung der landwirtschaftlichen Produktivkräfte herbeiführen, da seiner Ansicht nach nur durch eine entwickelte Landwirtschaft auch langfristig eine rasche Industrialisierung zu gewährleisten sei.

Ein weiterer, jedoch nicht so heftig diskutierter Punkt war Trotzkis Theorie der »permanenten Revolution«, der Stalin später dann die Theorie des »Aufbaus des Sozialismus in einem Land« entgegensetzte. Der Gegensatz zwischen diesen beiden Theorien war aber nicht so groß, wie er oft dargestellt wird. Trotzki war der Ansicht, daß die Revolution sich auf andere Länder ausbreiten müsse, um in der Sowjetunion Bestand zu haben. Diese Ausdehnung könne schon bald, aber auch erst in dreißig Jahren geschehen, ohne daß der Sozialismus in der Sowjetunion gefährdet sei. Stalin hielt es dagegen für möglich, den Sozialismus unabhängig von der Entwicklung in den anderen Ländern in der Sowjetunion aufzubauen. Gleichzeitig glaubte er, daß das Beispiel des Sozialismus in der UdSSR in den anderen Ländern die Revolution und damit den Sozialismus herbeiführen würde. Dreißig Jahre wären dazu nicht einmal nötig. Diese Diskussionen gingen ab 1925 immer mehr in einen innerparteilichen Machtkampf über. Stalin hatte dabei bald durch seine Kontrolle über den Parteiapparat und durch ein geschicktes Ausspielen der streitenden Flügel die stärkste Position inne. Eines seiner wichtigsten Machtmittel war ein Fraktionsverbot, das 1921 auf dem X. Parteitag beschlossen worden war (vgl. S. 60), um in der damaligen schwierigen innen- und außenpolitischen Situation als Partei einheitlich auftreten zu können. Mit diesem Verbot gelang es Stalin, zunächst 1927 die »linke« Opposition auszuschalten, um dann 1929 dem »rechten« Flügel die endgültige Niederlage zu bereiten.

Fragen und Anregungen

▶ 1. Vergegenwärtigen Sie sich anhand des Informationstextes, zu welchem Zeitpunkt und in welcher wirtschaftlichen und politischen Situation Lenin seine Forderungen erhebt.
   a) Wie ist danach Lenins Einschätzung des gegenwärtigen Entwicklungsstandes des Staates zu beurteilen?
   b) Welche Wirkungen könnte Ihrer Meinung nach die aus der Statistik hervorgehende Sozialstruktur des leitenden Personals von Industrieverbänden auf den Gesamtapparat haben?
   c) Welche Folge hat die Aufnahme von Arbeitern, die keine Verwaltungserfahrungen hatten, ins ZK
      — für die von Lenin angestrebte Verbesserung des alten Apparates?
      — für die Meinungsbildung innerhalb der Partei?
   d) Welche Folgen hat die Steigerung der Mitgliederzahl der Partei für den Meinungsbildungsprozeß?

▶ 2. Stalin schildert in seiner Rede von 1928 einen neuen Typ von Bürokraten. Suchen Sie Gründe für seine Entstehung
   a) auf dem Hintergrund der in Frage 1 behandelten Situation 1922/23,
   b) auf dem Hintergrund der im Informationstext zu den »Fraktionskämpfen« geschilderten Entwicklung innerhalb der KPdSU.

4. Alternative Entwicklungsmöglichkeiten 1927—1929

Zur Information

Im Sommer 1928 geriet die UdSSR in die schwerste innenpolitische Krise seit dem Kronstädter Aufstand. Den Ausgangspunkt der Krise bildeten die nicht erfüllten Erwartungen hinsichtlich des für 1927/28 erhofften hohen Getreideangebotes. Die Nicht-Erfüllung des Plansolls führte zu einer Krise im Getreideexport und schließlich zu seiner Einstellung. Darüber hinaus kam es zu Schwierigkeiten bei der Versorgung des inneren Marktes. Die sowjetische Führung sah zunächst von einem Eingreifen ab, da sie den Engpaß für eine vorübergehende Erscheinung hielt. Ende 1927 weitete sich der Getreidemangel jedoch zu einer Getreidekrise aus, so daß die sowjetische Führung die Zwangseintreibung von Getreide in Form einer Notaktion anordnete. Ab Anfang Januar 1928 versuchten Partei- und Staatsfunktionäre durch besondere Maßnahmen auf dem Land, Getreide zu beschaffen. Die Art ihres Vorgehens verlieh der Beschaffungskampagne zunehmend Zwangscharakter. Weigerungen wurden hart bestraft, die Preise, zu denen das Getreide abgegeben werden mußte, vom Staat festgesetzt. Die Zunahme der Zwangsmaßnahmen führte zu politischen Spannungen, die die sowjetische Führung durch einen Rückgriff auf die Methoden der NEP zu beseitigen versuchte. Als im Winter 1928/29 das Ergebnis der Beschaffungskampagne wieder hinter dem Plan zurückblieb, kam es zu einer erneuten Anwendung von Zwangsmitteln, von denen vor allem die Kulaken betroffen waren, da sie nach Ansicht der sowjetischen Führung das Getreide zurückhielten. Durch das System der Zwangseintreibungen wurde den Bauern jede Möglichkeit der freien Verfügung über ihre Überschüsse genommen und somit der freie Handel vollkommen unterbunden.

Die Getreidekampagne bedeutete eine Abkehr von den marktpolitischen Prinzipien der NEP. Durch die Stagnation der Landwirtschaft wurde das gesamte wirtschaftliche Aufbauprogramm gefährdet. Die durch die Getreidekrise unzulängliche Versorgung des inneren Marktes mit der daraus resultierenden Unzufriedenheit innerhalb der Bevölkerung bedrohte die Stabilität des inneren Systems. Zur Überwindung der Krise boten sich zwei Möglichkeiten:

a) die Rückkehr zur NEP,
b) die Fortsetzung der Zwangsmaßnahmen.

Eine Politik, die der Rückkehr zur NEP gleichgekommen wäre, wurde zwischen 1927 und 1929 vor allem von Bucharin, Rykow und Tomski vertreten (»Rechte Opposition«). Die Beseitigung der Krise war für sie nur möglich, wenn die Zwangsmaßnahmen abgeschafft und die Bauern ausreichend mit Konsumtions- und Produktionsmitteln versorgt werden würden. Sie akzeptierten die Zwangsmaßnahmen zunächst als Notaktion, lehnten sie dann jedoch als »militärisch-feudale Ausbeutung der Bauernschaft« ab. Ihre wirtschaftlichen Vorschläge umfaßten folgende Punkte:

— Forderung eines Äquivalentenaustausches zwischen Stadt und Land;
— Mobilisierung der Klein- und Mittelbauern für eine Verbesserung der Ackerbaukultur;
— langsame, den jeweiligen Gegebenheiten angepaßte Kollektivierung;
— Verbindung dieser Maßnahmen mit einer politischen Aufklärungskampagne.

Mit diesem Programm hofften sie, die bäuerliche Produktion anzuspornen und dadurch langfristig die Entwicklungsbasis für die Industrie zu sichern.

Ihre wirtschaftlichen Vorstellungen wurden von politischen Vorstellungen begleitet:

— Erweiterung der innerparteilichen Demokratie;
— antibürokratische Reform des gesamten Partei- und Staatsapparates;
— Dezentralisierung der Leitungs- und Verwaltungsfunktionen.

4.1 J. Stalin: Über die rechte Abweichung in der KPdSU (B)

Rede auf dem Plenum des Zentralkomitees (ZK) und der Zentralen Kontrollkommission (ZKK) der KPdSU (B) im April 1929

[. . .] Viele können sich bis jetzt noch nicht die Tatsache erklären, daß der Kulak bis zum Jahre 1927 sein Getreide von selbst hergab, nach dem Jahre 1927 aber aufhörte, das Getreide von selbst herzugeben. An diesem Umstand jedoch ist nichts Verwunderliches. War früher der Kulak noch verhältnismäßig schwach, hatte er nicht genügend Kapitalien zur Stärkung seiner Wirtschaft und war er infolgedessen gezwungen, den ganzen oder fast den ganzen Überschuß seiner Getreideproduktion auf den Markt zu bringen, so hat er jetzt — nach einer Reihe von Jahren mit guter Ernte, nachdem er vermocht hat, seine Wirtschaft auszubauen, nachdem es ihm gelungen ist, die notwendigen Kapitalien anzusammeln — die Möglichkeit erhalten, das Brotgetreide, diese Valuta aller Valuten, als Reserve für sich zurückzuhalten, und zieht es vor, Fleisch, Hafer, Gerste und andere weniger wichtige Produkte auf den Markt zu bringen. [. . .]

Worum handelt es sich in der bekannten Resolution der gemeinsamen Sitzung des Politbüros und des Präsidiums der ZKK (Zentrale Kontrollkommission, d. Verf.) (Februar 1929) zur Frage der »Schere«? Es handelt sich in der Resolution darum, daß die Bauernschaft außer den üblichen Steuern, die sie dem Staat zahlt, den direkten und indirekten, noch eine Art Mehrsteuer leistet in der Form, daß sie die Industriewaren überbezahlt, durch die die Preise für landwirtschaftlichen Erzeugnisse aber unterbezahlt werden.

[. . .] Wir bezeichnen sie außerdem noch als »Schere«, als »Hinüberpumpen« von Mitteln aus der Landwirtschaft in die Industrie zwecks schneller Entwicklung unserer Industrie.

Ist dieses »Hinüberpumpen« nötig? Es gibt bei uns keine Meinungsverschiedenheiten darüber, daß dieses »Hinüberpumpen« als zeitweilige Maßnahme nötig ist, wenn wir das schnelle Entwicklungstempo der Industrie wirklich aufrechterhalten wollen. Das schnelle Wachstum der Industrie aber müssen wir um jeden Preis weiterhin gewährleisten, denn es ist nicht nur für die Industrie selbst erforderlich, sondern vor allem für die Landwirtschaft, für die Bauernschaft, die jetzt am dringendsten Traktoren, landwirtschaftliche Maschinen, Kunstdünger braucht. [. . .]

Somit stellt diese Mehrsteuer, die wir auf Grund der »Schere« erhalten, »eine Art Tribut« dar. Keinen Tribut, sondern »eine Art Tribut«. Das ist »eine Art Tribut« für unsere Rückständigkeit. Diese Mehrsteuer ist nötig, um die Entwicklung der Industrie voranzutreiben und mit unserer Rückständigkeit Schluß zu machen.

Bedeutet das nicht, daß wir die Bauernschaft ausbeuten, indem wir diese zusätzliche Steuer erheben? Nein, das bedeutet es nicht. Das Wesen der Sowjetmacht schließt jede wie immer geartete Ausbeutung der Bauernschaft durch den Staat aus. [. . .]

Ist diese zusätzliche Steuer für die Bauernschaft tragbar? Ja, sie ist tragbar. Warum?

Erstens, weil die Erhebung dieser zusätzlichen Steuer unter den Bedingungen einer ständigen Verbesserung der materiellen Lage der Bauernschaft vor sich geht.

Zweitens, weil der Bauer seine persönliche Wirtschaft hat, deren Erträge es ihm ermöglichen, die zusätzliche Steuer zu zahlen, was man vom Arbeiter, der keine persönliche Wirtschaft hat und der ungeachtet dessen seine ganze Kraft für das Werk der Industrialisierung hergibt, nicht sagen kann.

Drittens, weil der Betrag der zusätzlichen Steuer sich von Jahr zu Jahr verringert. [. . .]

Schließlich die Frage des Entwicklungstempos der Industrie und der neuen Formen des Zusammenschlusses zwischen Stadt und Land [. . .]

Haben wir früher hauptsächlich die persönlichen Bedürfnisse des Bauern befriedigt, so müssen wir uns jetzt, während wir fortfahren, die persönlichen Bedürfnisse des Bauern zu befriedigen, mit aller Kraft auf die Lieferung von landwirtschaftlichen Maschinen, Traktoren, Kunstdünger usw. verlegen, die in direktem Zusammenhang mit der Rekonstruktion der landwirtschaftlichen Produktion auf neuer technischer Grundlage stehen. [. . .]

Was bedeutet zum Beispiel die Tatsache, daß es vor der Revolution bei uns ungefähr 16 Millionen Bauernhöfe gab, während es jetzt nicht weniger als 25 Millionen sind? Wovon zeugt das, wenn nicht davon, daß die Bewirtschaftung des Bodens einen immer mehr zerstückelten, zersplitterten Charakter annimmt? Ein kennzeichnender Zug der zersplitterten kleinen Wirtschaften besteht aber darin, daß sie nicht imstande sind, in dem nötigen Maße die Technik, Maschinen, Traktoren, die Ergebnisse der agronomischen Wissenschaft auszunutzen, und daß sie Wirtschaften mit einer geringen Warenproduktion sind.

Daher der Mangel an landwirtschaftlichen Produkten für den Markt. Daher die Gefahr eines Bruches zwischen Stadt und Land, zwischen Industrie und Landwirtschaft.

Daher die Notwendigkeit, die Landwirtschaft vorwärtszubringen, sie dem Entwicklungstempo unserer Industrie anzupassen.

Und um diese Gefahr eines Bruches zu beseitigen, muß man anfangen, die Landwirtschaft ernstlich auf der Basis der neuen Technik neu auszurüsten. Um sie aber neu auszurüsten, muß man allmählich die zersplitterten individuellen Bauernwirtschaften zu Großwirtschaften, zu Kollektivwirtschaften vereinigen, muß man die Landwirtschaft auf der Basis der kollektiven Arbeit aufbauen, [. . .] man muß allmählich die kleinen individuellen Bauernwirtschaften auf die Basis der kollektiven Großproduktion überführen, denn nur die Großproduktion von gesellschaftlichem Typus ist fähig, die Ergebnisse der Wissenschaft und die neue Technik voll auszunutzen und die Entwicklung unserer Landwirtschaft mit Siebenmeilenschritten vorwärtszubringen. [. . .]

Die individuelle Wirtschaft der armen* und Mittelbauern spielt bei der Versorgung der Industrie mit Lebensmitteln und Rohstoffen die vorherrschende Rolle und wird sie in nächster Zukunft noch weiter spielen. [. . .]

Doch ist die Versorgung des Dorfes mit Maschinen und Traktoren unmöglich, wenn unsere Industrie nicht in verstärktem Tempo entwickelt wird. Daher ist das schnelle Entwicklungstempo unserer Industrie der Schlüssel zur Rekonstruktion der Landwirtschaft auf der Basis des Kollektivismus. [. . .]

Auf diese Weise (nach Bucharins Ansicht, d. Verf.) würde sich ergeben, daß die Grundlage der Lösung des Getreideproblems und der Rekonstruktion der Landwirtschaft nicht in einem schnellen Entwicklungstempo der Industrie besteht, sondern in der Entwicklung der individuellen Bauernwirtschaft, die Kulakenwirtschaft inbegriffen, auf der Basis des freien Marktes und des freien Spiels der Preise auf dem Markt.

Somit haben wir es mit zwei verschiedenen Plänen der Wirtschaftspolitik zu tun. [. . .]

(Stalin, Werke, Bd. 12, S. 13—51)

4.2 N. Bucharin: Vor dem elften Jahrestag der Oktoberrevolution. Zum Beginn des neuen Wirtschaftsjahres in der Sowjetunion. Bemerkungen eines Ökonomen.

[. . .] Besonders das vergangene Jahr rollte vor uns das Problem *unserer »Krisen«* auf, die in den Anfangsperioden der Übergangswirtschaft im Lande mit einer rückständigen kleinbürgerlichen Bevölkerung in feindlicher Umgebung auftauchen. Von Marx gab es bekanntlich eine Theorie der *kapitalistischen Krisen.* Die Krisen leitete er ab aus der allgemeinen Planlosigkeit (»Anarchie«) der kapitalistischen Produktion, aus der Unmöglichkeit richtiger *Proportionen* zwischen den verschiedenen Elementen des Reproduktionsprozesses während des Kapitalismus, u. a. auch zwischen der Produktion und dem Verbrauch, oder mit anderen Worten, *aus der Unfähigkeit des Kapitalismus, die verschiedenen Elemente der Produktion im Gleichgewicht zu halten.*

Um einen möglichst günstigen (möglichst krisenlosen) Verlauf der gesellschaftlichen Reproduktion und des systematischen Wachstums des Sozialismus und folglich auch ein für das Proletariat möglichst vorteilhaftes Kräfteverhältnis der Klassen im Lande zu erzielen, muß eine möglichst richtige Kombination der Grundelemente der Volkswirtschaft angestrebt werden (sie müssen ins Gleichgewicht gebracht, aufs zweckmäßigste disponiert werden, man muß auf den Prozeß des Wirtschaftslebens und des Klassenkampfes aktiv einwirken). [. . .]

In ihrer Naivität nehmen die Ideologen des Trotzkismus an, das Maximum des jährlichen Hinüberpumpens von Mitteln aus der Bauernwirtschaft in die Industrie sichere das maximale Entwicklungstempo der Industrie überhaupt. Es ist aber klar, daß dies unrichtig ist. Das

* Gemeint sind die *armen Bauern,* im Gegensatz zu den Mittelbauern und reichen Bauern (Kulaken).

größte dauerhafte Tempo erhalten wir bei einer solchen Kombination, in der die Industrie auf der Basis einer *rasch wachsenden* Landwirtschaft in die Höhe steigt. Gerade in diesem Falle wird auch die *Industrie Rekordziffern* in ihrer Entwicklung zeigen. Das setzt jedoch die Möglichkeit einer raschen realen Akkumulation in der Landwirtschaft, folglich also bei weitem nicht eine Politik des Trotzkismus voraus. Die Übergangsperiode eröffnet eine *neue Epoche* im Verhältnis zwischen Stadt und Land, eine Epoche, die dem systematischen Zurückbleiben des Dorfes, dem »Idiotismus des Dorflebens«, ein Ende setzt, die das Fundament des Kurses auf die *Vernichtung* des Gegensatzes zwischen Stadt und Land legt, die die Industrie selbst »mit dem Gesicht dem Dorfe zu« wendet und industrialisiert, diese aus dem Hinterhof der Geschichte in die Vorderfront der ökonomischenn Geschichte rückt. Die Trotzkisten begreifen folglich nicht, *daß die Entwicklung der Industrie von der Entwicklung der Landwirtschaft abhängig ist.*

Andererseits stehen die kleinbürgerlichen Ritter, die die Landwirtschaft gegen alle Abgaben zugunsten der Industrie »verteidigen«, im wesentlichen auf dem Standpunkt der Verewigung der Kleinwirtschaft, ihrer erbärmlichen Technik, ihrer Familienstruktur, ihres engen Kulturhorizonts. Im Innern tief konservativ, sehen diese Ideologen des »Wirtes« in der Meierhofwirtschaft das A und O der Technik, der Agronomie, der Ökonomik und verteidigen die Routine und den Individualismus in einer Epoche, die die revolutionäre Umgestaltung und den Kollektivismus auf ihr Banner schreibt; sie bahnen eigentlich den Weg für die echten Kulakenelemente. Wenn die Trotzkisten nicht begreifen, daß die Entwicklung der Industrie von der Entwicklung der Landwirtschaft abhängt, so begreifen die Ideologen des kleinbürgerlichen Konservatismus nicht, *daß die Entwicklung der Landwirtschaft von der Industrie abhängt,* das heißt, daß die Landwirtschaft ohne Traktoren, ohne chemische Düngemittel, ohne Elektrifizierung zur Stagnation verurteilt ist. Sie begreifen nicht, daß gerade die Industrie der Hebel der radikalen Umgestaltung der Landwirtschaft ist, und daß es ohne die Hegemonie der Industrie unmöglich ist, die Rückständigkeit, die Barbarei und das Elend des Dorfes zu beseitigen. [...]

[...] Fast die Hälfte der Einnahmen der Bauernschaft (folglich fast die Hälfte der Nachfrage seitens des Dorfes) hat ihre Quelle nicht in der Landwirtschaft, sondern in anderen Einnahmen und in erster Linie in Einnahmen, die mit der *Industrie selbst* verbunden sind (Bauarbeiten usw.). *Es ist daher ein Unsinn, aus der Tatsache, daß die Nachfrage des Dorfes ungedeckt ist, die Schlußfolgerung zu ziehen, daß die Industrie hinter der Landwirtschaft zurückbleibt.* [...]

Bei einem stürmischen Anwachsen der Industrie, bei einer bedeutenden Bevölkerungszunahme, bei fortwährendem Steigen der Bedürfnisse dieser Bevölkerung, bleibt die Getreidemenge stabil. [...]

Die Getreidebeschaffungskrise ist keineswegs der Ausdruck eines »Überflusses« an Getreide bei einem Hunger nach Industriewaren. Diese »Erklärung« hält keiner Kritik stand. Die Getreidekrise hat sich vielmehr *vorbereitet* — unter Verhältnissen einer zersplitterten Bauernwirtschaft — durch die Stabilität oder gar durch den Rückgang der Getreidewirtschaft und *trat in Erscheinung* 1. bei einer wachsenden Disproportion zwischen den Getreidepreisen und den Preisen der technischen Kulturen; 2. bei einem Wachstum der Einnahmen der Dorfbevölkerung aus nichtlandwirtschaftlichen Quellen; 3. bei ungenügender Steigerung der Steuersätze für die Kulakenwirtschaften; 4. bei ungenügender Versorgung des Dorfes mit Industriewaren; 5. bei wachsendem wirtschaftlichen Einfluß des Kulakentums im Dorfe.

Im wesentlichen war diese Krise verbunden mit einer unrichtigen Preispolitik, mit einem gewaltigen Mißverhältnis zwischen den Getreidepreisen und den Preisen der übrigen landwirtschaftlichen Produkte. Das Ergebnis war eine Umgruppierung der Produktivkräfte *zuungunsten* der Getreidewirtschaft, eine (relative) Flucht dieser Kräfte aus der Getreidewirtschaft [...].

Zusammenfassend muß gesagt werden: 1. Was das Grundvermögen, die gesamte und die Warenproduktion anbelangt, so übersteigt das Tempo der Entwicklung der Industrie außerordentlich stark das Entwicklungstempo der Landwirtschaft; 2. Die Getreidewirtschaft, die in eine äußerst ungünstige Lage versetzt wurde, bleibt in gefährlichem Maße selbst hinter dem minimal notwendigen Tempo zurück; 3. Die Nachfrage seitens der Dorfbevölkerung ist zur Hälfte eine nichtlandwirtschaftliche Nachfrage und wird zum bedeutenden Maße von der Entwicklung der Großindustrie, der vergesellschafteten Wirtschaft erzeugt; 4. Eine weitere Beschleunigung des Entwicklungstempos der Industrie hängt in bedeutendem Maße von der landwirtschaftlichen Rohstoffproduktion und vom landwirtschaftlichen Export ab; 5. Es ist ferner klar, daß man bei der Verteilung der Mittel innerhalb der Industrie (und was die Kapitalinvestierungen anbelangt, innerhalb des vergesellschafteten Sektors) eine allseitige Berechnung aller jener Faktoren anstreben muß, die eine »mehr oder minder krisenlose Entwicklung« (Resolution des 15. Parteitags), eine richtigere Koordination der einzelnen Industriezweige und der einzelnen Zweige der vergesellschafteten Sektoren gewährleisten.

[. . .] Die Achse unserer gesamten planwirtschaftlichen Berechnung, unserer gesamten Wirtschaftspolitik muß die Sorge um die sich stets entfaltende *Industrialisierung des Landes* sein, und die Partei wird jeden bekämpfen, der uns von diesem Wege abzulenken gedenkt. [. . .]

Der Kapitalismus hat zum *Niedergehen* der Landwirtschaft geführt. Die sozialistische Industrialisierung aber ist kein parasitärer Prozeß gegenüber dem Dorfe [. . .], sondern ein Mittel, einer großartigen *Umgestaltung* und eines großartigen *Aufstieges* der Landwirtschaft. Die Industrialisierung des Landes bedeutet daher auch Industrialisierung der Landwirtschaft, und dadurch bereitet sie die Aufhebung des Gegensatzes zwischen Stadt und Land vor. [. . .]

(Internationale Presse-Korrespondenz, 1928, 2. Halbjahr, Berlin Nr. 117—119)

Fragen und Anregungen

▶ 1. Charakterisieren Sie die unterschiedlichen Standpunkte Stalins und Bucharins in der Industrialisierungsfrage. Welche Abhängigkeiten werden gesehen? Welche Lösungen werden angeboten?
Vergegenwärtigen Sie sich noch einmal die Problematik der Industrialisierungsdebatte.

▶ 2. Klären Sie den Begriff der »Getreidekrise« (vgl. Informationstext).

▶ 3. Vergleichen Sie die Ursachen der Getreidekrise bei Bucharin und Stalin. (Beachten Sie die Bedeutung, die dem Getreide im sowjetischen Außenhandel zukommt.)
   a) Welche Faktoren sind für die Getreidekrise ausschlaggebend?
   b) Welche Haltung nimmt Stalin zu den von Bucharin angesprochenen Faktoren ein? (Klärung des Begriffs „Schere“)
   c) Welche Unterschiede bzw. Gemeinsamkeiten lassen sich aufzeigen?
   d) Wie stellt sich auf diesem Hintergrund die Bekämpfung der Rechten Opposition durch die KPR unter Stalin dar?

▶ 4. Welche Verbindung sieht Bucharin zwischen den »Krisen« in der Sowjetunion zum damaligen Zeitpunkt und Marxens Analyse der kapitalistischen Krisen? Welche Forderungen ergeben sich für ihn daraus?

▶ 5. Vergleichen Sie die Haltung, die Bucharin den Trotzkisten vorwirft, mit den Ansichten Stalins.

- ▶ Wie stellt sich auf diesem Hintergrund die Bekämpfung der Linken Opposition durch die KPR unter Stalin dar?
- ▶ Gegen welche Positionen grenzt sich Bucharin ab?
- ▶ 6. Wir beurteilt Stalin die Lage der sowjetischen Bauernschaft? Versuchen Sie, eine Bewertung der diesbezüglichen Aussagen Stalins vorzunehmen. (Benutzen Sie als Diskussionsgrundlage die nachstehende Statistik.)

Verteilung der bäuerlichen Mehreinnahmen 1928/1929
(in Millionen Rubel)

Gruppe (in Prozent zur gesamten Bauernschaft)	Mehreinnahmen durch Marktverkehr mit der Stadt	Verluste durch Rückkauf landw. Produkte in der Stadt	Verluste durch Einkauf städt. Industriewaren	gesamte Kaufverluste	Saldo
1. arme Bauern (30,4)	55	— 60	— 18	— 78	— 23
2. Mittelbauern (51,0)	220	— 95	— 52	— 147	+ 77
3. bäuerliche Oberschichten (18,6)	225	— 25	— 30	— 55	+ 170
	500	— 180	— 100	— 300	+ 243 — 23

(Richard Lorenz, Die Stagnation der sowjetischen Getreidewirtschaft zwischen 1927 und 1929, in: Jahrbücher für Geschichte Osteuropas N. F. 18, 1970, S. 389—425, hier S. 420)

5. Zur Geschichte der Kollektivierung

Zur Information

Die Getreidekrise hatte durch den Wechsel von Zwangsmaßnahmen und Methoden, die sich noch an den Prinzipien der NEP orientierten, nicht beseitigt werden können. Im Verlaufe des Jahres 1929 trat die Zerrüttung der Landwirtschaft immer deutlicher hervor. Die größeren, Überschuß produzierenden Betriebe waren durch die Politik der Regierung ruiniert. Die zersplitterten Kleinwirtschaften — bis 1927 war die Landbevölkerung gegenüber 1916 um rund 7% gewachsen, die Zahl der Höfe jedoch um 19% *(Lorenz, Sozialgeschichte, S. 333)* — konnten den Ausfall an Agrarprodukten nicht wettmachen, obwohl sie von der Sowjetmacht unterstützt wurden. So sollten sie durch gegenseitige Lieferverträge mit Industriebetrieben einen Produktionsanreiz erhalten. Gefördert wurde die genossenschaftliche Feldbestellung. Dennoch kamen immer mehr Bauern zu der Ansicht, daß nur die Bildung von Kollektivwirtschaften sie vor dem totalen Ruin retten könne. Sie erwarteten auch, daß sie eine gute technische Ausstattung und Begünstigung durch die Regierung erhielten. Als sich die wirtschaftliche Situation wegen der oft bürgerkriegsähnlichen Zustände auf dem Land weiter verschlechterte, setzte eine Massenbewegung in Kollektive ein. Sie verlief weitgehend unorganisiert und wuchs Partei und

Regierung über den Kopf. Um das Gesetz des Handelns wieder in die Hand zu bekommen, beschloß die KPdSU im November 1929 die Flucht nach vorn: die »durchgängige Kollektivierung«. Die lokalen Stellen, die teilweise schon die unkontrollierte Bewegung unterstützt hatten, wurden angewiesen, mit allen Mitteln zur Bildung von Kolchosen beizutragen. Abteilungen des Partei- und Staatsapparates, der Roten Armee und zahlreiche Industriebetriebe gingen aufs Land, um die Kollektivierung organisatorisch abzusichern. Die Zahl der Kollektivwirtschaften stieg rapide an.

Dies war jedoch nur ein Scheinerfolg. Die neuen Kolchosen konnten genauso wenig mit Maschinen ausgestattet werden wie die unkontrolliert entstandenen; man hatte gerade erst begonnen, in größerer Zahl Traktoren herzustellen. Es gab keine Regelungen für die Organisation der Kolchosen. Am nachteiligsten wirkten sich jedoch die Viehschlachtungen aus. Die Bauern schlachteten das Arbeitsvieh, weil sie es wegen der erhofften Traktoren für überflüssig hielten oder weil sie es nicht den Kollektiven übereignen wollten. Gerade die letzte Ursache wurde jetzt immer ausschlaggebender, da die Partei- und Regierungsorgane die Bildung von Kolchosen erzwangen, um gute Erfolgsziffern melden zu können. Diese Abkehr vom Prinzip der Freiwilligkeit verstärkte natürlich nicht die Bereitschaft der Bauern, zum Nutzen der Kollektive zu arbeiten. Die zentralen Parteiinstitutionen verlangsamten deshalb diese Bewegung. Stalins berühmter Artikel vom 2. 3. 1930 »Vor Erfolgen von Schwindel ergriffen« war das erste öffentliche Signal. Die Parteiinstitutionen gaben lokalen Stellen die Schuld für Übergriffe, wechselten einige Funktionäre aus und verkündeten Erleichterungen für die Bauern. Schnell wurde der künstliche Charakter der bisherigen Kollektivierung offenbar: Bis August 1930 ging der Anteil der kollektivierten Bauernhöfe stark zurück. Nach Abschluß der Erntearbeiten wurde das Tempo der Kollektivierung abermals beschleunigt. Die organisatorischen Voraussetzungen waren jetzt insofern etwas besser, als seit März ein Musterstatut für Kolchosen vorlag. Danach kamen das Land und die wichtigsten Produktionsmittel in gemeinschaftlichen Besitz, ein Stück Hofland und etwas Vieh konnten jedoch weiter individuell bewirtschaftet werden. Trotz der schlechten Erfahrungen wandte man erneut administrative Methoden an, um die Bauern in die Kolchosen zu bringen. Daher kam es im Winter 1931/32 wieder zu einer massenhaften Austrittsbewegung, die erst Ende 1932 aufgefangen werden konnte. Ende der dreißiger Jahre war dann die Kollektivierung im wesentlichen abgeschlossen.

Parallel zur »durchgängigen Kollektivierung« lief die »Liquidierung des Kulakentums als Klasse«. Sie wurde Ende Dezember 1929 offiziell verkündet, nicht zuletzt auch als Reaktion auf bekannt gewordene Versuche ehemals wohlhabenderer Bauern, sich der Bedrohung ihrer Existenz durch den Eintritt in Kolchosen zu entziehen. Das Vermögen der Kulaken wurde entschädigungslos enteignet, jeder Widerstand mit Waffengewalt gebrochen. Man teilte die Kulaken in drei Gruppen ein: a) Wer den Anordnungen der Sowjetmacht nicht Folge leistete, wurde streng bestraft — erschossen oder in ein Arbeitslager eingewiesen; b) besonders reiche wurden in entlegene Landesteile verbannt; c) alle übrigen erhielten eine Hofstelle, meist in einer anderen Gegend, durften aber nicht einer Kollektivwirtschaft beitreten. Bei der Durchführung der »Entkulakisierung« gab es zahlreiche Übergriffe, zumal es häufig schwierig war zu entscheiden, wer ein Kulak war und wer nicht. Vor allem bei den Umsiedlungsaktionen kamen viele Menschen ums Leben.

Die Folgen der Kollektivierung waren verheerend. Wegen der technischen und organisatorischen Schwäche der Kolchosen, aber auch wegen des passiven Widerstandes zahlreicher Bauern gegen die neue Ordnung wurde der Produktionsprozeß auf dem Lande ernsthaft gestört. Immer mehr administrative Eingriffe von oben — oft ohne ausreichende Fachkenntnisse — waren nötig, um die Produktion überhaupt in Gang zu halten. Nach wie vor mußten die staatlichen Organe das Getreide zwangsweise beschaffen, um die benötigten Agrarprodukte zu erhalten. 1932 kam es erneut zu Kampfaktionen — obwohl die »Entkulakisierung« als abgeschlossen galt. Während so die Versorgung der städtischen Bevölkerung gerade sichergestellt werden konnte, litten große Teile der Landbevölkerung im Winter 1932/33 an einer katastrophalen Hungersnot, der Millionen Menschen zum Opfer fielen. Erst seit Mitte der dreißiger Jahre konnten die Verhältnisse in der Landwirtschaft allmählich konsolidiert werden. Die Ablieferungspflichten und sonstige Erfassungsnormen sowie die Entlohnung blieben jedoch noch für lange Zeit (in unterschiedlichem Ausmaß bis in die Gegenwart hinein) nachteilig für die Bauern; sie entsprachen weder der sozialistischen Forderung nach äquivalenten Austauschbeziehungen noch einem sozialistischen Leistungsprinzip.

Umstritten bleibt, ob diese Form der Kollektivierung, trotz aller Opfer, langfristig die Industrialisierung des Landes und die Entwicklung zum Sozialismus gefördert habe. Die heutige sowjetische Forschung bejaht dies bei vielfältiger Kritik an Einzelmaßnahmen. Auch eine Reihe westlicher Wissenschaftler sieht in der Absicherung der beschleunigten Industrialisierung den historischen »Sinn« der Kollektivierung. Von anderen Forschern wird hingegen hervorgehoben, daß der Ablauf der Kollektivierung zu einer Stagnation der landwirtschaftlichen Produktion geführt habe, die immer wieder auch die industrielle Entwicklung gefährde. Das Bewußtsein der Bauern sei auf Jahrzehnte gegen den Sozialismus eingenommen worden. Die Agrarverhältnisse hätten wesentlich zur Machtausübung im »Stalinismus« beigetragen. Die heutigen Schwierigkeiten, die die sowjetische Landwirtschaft immer wieder bereite, rührten nicht zuletzt aus diesen geschichtlichen Bedingungen her.

Fragen und Anregungen

▶ 1. Machen Sie sich anhand der folgenden Tabelle die Dynamik der Kollektivierung noch einmal klar:

Anteil der kollektivierten bäuerlichen Haushalte in Prozent

1929 (1.7.)	3,9	1932	61,5
1929 (1.10.)	7,6	1933	64,4
1930 (1.3.)	55,0	1934	71,4
1930 (1.6.)	23,6	1935	83,2
1931	52,7		

(Zusammengestellt nach: Richard Lorenz, Sozialgeschichte der Sowjetunion, Bd. I 1917—1945. Frankfurt/M. 1976, S. 147, 194; Alec Nove, An Economic History of the U.S.S.R., Harmondsworth 1972, S. 172, 174)

a) Verfolgen Sie die Entwicklung der Kollektivierung: Wo lassen sich entscheidende Sprünge erkennen? Wann sind erhebliche Schwankungen festzustellen? Seit wann ist ein kontinuierliches Wachstum zu erkennen?

b) Was schließen Sie aus diesen Zahlen? Wie erklären Sie sich die Sprünge und die Schwankungen? Benutzen Sie zur Erklärung den Informationstext.

c) Was sagen die Zahlen darüber aus, wie gut die Kollektivierung geplant und vorbereitet war?

▶ 2. Versuchen Sie, die Auswirkungen der Kollektivierung zusammenzufassen:

Landwirtschaftliche Bruttoproduktion 1927—1940 (1923=100)

Jahr	Landwirtschaft insgesamt	Ackerbau	Viehzucht
1927	121	113	134
1928	124	117	137
1929	121	116	129
1930	117	126	100
1931	114	126	93
1932	107	125	75 [Hungerkatastrophe]
1933	101	121	65
1934	106	125	72
1935	119	138	86
1936	109	118	96
1937	134	150	109
1938	120	120	120
1939	121	125	119
1940	141	155	114

(Narodnoe chozjajstwo SSSR 1922—1972 gg. Jubilejnyj statistitscheskij eschegodnik [Die Volkswirtschaft der UdSSR 1922—1972. Statistisches Jubiläumsjahrbuch]. Moskau 1972, S. 219)

a) Verfolgen Sie wieder die Entwicklungsreihen: Wo stellen Sie Einschnitte fest? In welchen Jahren ist die Produktion besonders niedrig?

b) Vergleichen Sie die drei Reihen miteinander: In welchen Jahren liegt der Ackerbau, wann die Viehzucht-Produktion über dem Durchschnitt?

c) Setzen Sie nun die gewonnenen Ergebnisse mit dem Informationstext in Beziehung: Wann könnte der jeweilige Rückgang der Bruttoproduktion auf klimatische Schwierigkeiten, wann auf unmittelbare Auswirkungen der Kollektivierung zurückgehen? Begründen Sie Ihre Aussagen (und bedenken Sie auch, daß Ihnen nur verhältnismäßig beschränkte Informationen zur Verfügung stehen). Worauf sind Ihrer Meinung nach die Unterschiede in der Produktion von Ackerbau und Viehzucht zurückzuführen?

▶ 3. Vergleichen Sie jetzt die Ergebnisse der Bruttoproduktion mit der Getreideernte und der staatlichen Getreidebeschaffung:

Getreideernte und staatliche Getreidebeschaffung 1928—1935 (in Prozent)

Jahr	Ernte	Beschaffungsergebnisse	Anteil der Beschaffung an der Ernte
1928	100	100	14,7
1929	97,8	149	22,4
1930	114	205,2	26,5
1931	94,8	211,7	32,9
1932	95,3	174	26,9
1933	93,3	215,9	34
1934	92,3	241,7	38,5
1935	102,3	274,3	39,5

(Berechnet nach: Lorenz, Sozialgeschichte, S. 347)

a) Wie erklären Sie es sich, daß die Getreideernte stärkeren Schwankungen ausgesetzt war als die übrigen Produkte des Ackerbaus? Berücksichtigen Sie beim Vergleich der beiden Tabellen aber auch, daß unterschiedliche Ausgangsjahre für die Prozentberechnung zugrundeliegen und daß die Bruttoproduktion etwas anderes ist als die Ernte. Warum können gerade bei Getreide erhebliche Differenzen zwischen Bruttoproduktion und Ernte entstehen?
b) Untersuchen Sie das Verhältnis der Beschaffungsergebnisse zur Ernte. Die staatliche Getreidebeschaffung nimmt nicht nur absolut zu, sondern ihr Anteil an der Ernte steigt auch ständig. Worauf führen Sie das zurück? Welches Interesse des Staates steht dahinter?
c) Ein gewisser Bruch ist 1932 festzustellen. Wie erklären Sie sich das? Nehmen Sie den Informationstext zu Hilfe.
d) Versuchen Sie, sich vorzustellen, was der sich vergrößernde Beschaffungsanteil bei teilweise rückläufiger Ernte für die Bauernschaft bedeutete. Nennen Sie die Gründe, warum diese Politik eingeschlagen wurde.
e) Das führt zur Erörterung der tieferen Ursachen der Kollektivierung. Versuchen Sie, anhand der jetzt gewonnenen Einsichten wie auch der Ergebnisse des vorangegangenen Kapitels zu einer vorläufigen Beurteilung zu kommen. Benutzen Sie dabei noch einmal den Informationstext. Wie stehen Sie zu der im Westen häufig vertretenen Meinung, es handele sich ausschließlich um eine *Zwangs*kollektivierung? Können Sie Elemente nennen, die diese Vorstellung differenzieren?
f) Welche Bedeutung hat das Problem der Kulaken für die Kollektivierung? Denken Sie an Aussagen in früheren Kapiteln. Was heißt »Liquidierung des Kulakentums«? Welche Folgen hatte sie sozial und ökonomisch?

6. Unterschiede in der Agrarpolitik während der NEP und seit 1929

Wenn man von allem Elend, das die russische Dorfgemeinde gegenwärtig bedrückt, absieht und nur die Form ihres Aufbaus und ihr historisches Milieu betrachtet, so ist es auf den ersten Blick augenscheinlich, daß einer ihrer charakteristischen Grundzüge, das Gemeineigentum am Boden, die natürliche Grundlage für die kollektive Produktion und Aneignung ist. Außerdem würde das Vertrautsein des russischen Bauern mit dem *Artel**-verhältnis ihm den Übergang von der Parzellen- zur kollektiven Wirtschaft erleichtern, die er schon in gewissem Maße auf den ungeteilten Wiesen, bei den Entwässerungs- und anderen Arbeiten von öffentlichem Interesse durchführt. Aber damit die kollektive Arbeit im eigentlichen Ackerbau die Parzellenwirtschaft, die Quelle der privaten Aneignung, ersetzen kann, sind zwei Dinge notwendig: das ökonomische Bedürfnis zu einer solchen Umwandlung und die materiellen Voraussetzungen für ihre Durchführung.

Was das ökonomische Bedürfnis anbelangt, so würde es sich bei der »Dorfgemeinde« bereits von dem Augenblick an fühlbar machen, da sie in normale Bedingungen versetzt werden würde, d. h., sobald die Lasten, die auf ihr liegen, beseitigt wären und das von ihr zu bebauende Land eine normale Ausdehnung erlangt hätte. Die Zeit ist vorbei, da die russische Landwirtschaft nur des Bodens und des mit mehr oder weniger primitiven Geräten ausgerü-

* Ein Artel ist eine besondere Form der Genossenschaft in Rußland.

steten Parzellenbauern bedurfte. Diese Zeit ist um so rascher vorbei, da die Unterdrückung des Ackerbauern sein Feld erschöpft und unfruchtbar macht. Er braucht jetzt die im großen Maßstab organisierte genossenschaftliche Arbeit. Und überdies, würde denn der Bauer, dem die notwendigsten Dinge für die Bebauung von 2 oder 3 Desjatinen fehlen, mit einer zehnfachen Anzahl Desjatinen besser dastehen?

Wo aber das Inventar, den Dung, die agronomischen Methoden etc., all die zur kollektiven Arbeit unerläßlichen Mittel hernehmen? Darin beruht gerade die große Überlegenheit der russischen »Dorfgemeinde« über die archaischen Gemeinden vom gleichen Typus. Sie allein hat sich in Europa im großen, nationalen Maßstabe behauptet. Sie befindet sich daher in einem historischen Milieu, wo die Gleichzeitigkeit mit der kapitalistischen Produktion ihr alle Voraussetzungen für die kollektive Arbeit liefert. Sie kann sich alle positiven Errungenschaften aneignen, die von dem kapitalistischen System geschaffen worden sind, ohne dessen Kaudinisches Joch passieren zu müssen. Die physische Beschaffenheit des russischen Bodens lädt zu einer mit Hilfe von Maschinen betriebenen, in großem Maßstabe organisierten und auf genossenschaftlicher Arbeit beruhenden Landwirtschaft geradezu ein. Was die ersten Einrichtungskosten — intellektuelle und materielle Kosten — anbelangt, so schuldet die russische Gesellschaft diese der »Dorfgemeinde«, auf deren Kosten sie so lange gelebt hat und in der sie auch ihr »Element der Regeneration« suchen muß.

(Karl Marx, in: Karl Marx, Friedrich Engels, Werke, Bd. 19, S. 391—392)

Wir haben hier wieder die Parallele mit den Handwerkern der Städte. Sie sind zwar schon mehr dem Ruin verfallen als die Bauern, aber es gibt doch auch noch welche, die neben Lehrlingen Gesellen beschäftigen oder bei denen Lehrlinge Gesellenarbeit tun. Diejenigen dieser Handwerksmeister, die als solche sich verewigen wollen, mögen zu den Antisemiten gehn, bis sie sich überzeugt haben, daß ihnen auch dort nicht geholfen wird. Die übrigen, die die Unvermeidlichkeit des Untergangs ihrer Produktionsweise eingesehn, kommen zu uns, sind aber auch bereit, in der Zukunft das Schicksal zu teilen, das allen andern Arbeitern bevorsteht. Nicht anders mit den Groß- und Mittelbauern. Ihre Knechte, Mägde und Taglöhner interessieren uns selbstredend mehr als sie. Wollen diese Bauern die Garantie der Fortdauer ihres Betriebs, so können wir ihnen das absolut nicht bieten. Ihr Platz ist dann bei den Antisemiten, Bauernbündlern und dergleichen Parteien, die sich ein Vergnügen daraus machen, alles zu versprechen und nichts zu halten. Wir haben die ökonomische Gewißheit, daß auch der Groß- und Mittelbauer vor der Konkurrenz des kapitalistischen Betriebs und der wohlfeilen überseeischen Kornproduktion unfehlbar erliegen muß, wie die wachsende Verschuldung und der überall sichtbare Verfall auch dieser Bauern beweist. Wir können gegen diesen Verfall nichts tun, als auch hier die Zusammenlegung der Güter zu genossenschaftlichen Betrieben empfehlen, bei denen die Ausbeutung der Lohnarbeit mehr und mehr beseitigt und die allmähliche Verwandlung in gleichberechtigte und gleichverpflichtete Zweige der großen nationalen Produktionsgenossenschaft eingeleitet werden kann. Sehen diese Bauern die Unvermeidlichkeit des Untergangs ihrer jetzigen Produktionsweise ein, ziehen sie die notwendigen Konsequenzen daraus, so kommen sie zu uns, und es wird unsres Amtes sein, auch ihnen den Übergang in die veränderte Produktionsweise nach Kräften zu erleichtern. Andernfalls müssen wir sie ihrem Schicksal überlassen und uns an ihre Lohnarbeiter wenden, bei denen wir schon Anklang finden werden. Von einer gewaltsamen Expropriation werden wir auch hier wahrscheinlich absehen und im übrigen darauf rechnen können, daß die ökonomische Entwicklung auch diese härteren Schädel der Vernunft zugänglich machen wird.

(Friedrich Engels, in: Karl Marx/Friedrich Engels, Werke, Bd. 22, S. 503)

Im Grunde ist die Lage so: Wir müssen die Mittelbauernschaft ökonomisch zufriedenstellen und uns mit der Freiheit des Umsatzes abfinden, sonst können wir angesichts der Verzögerung der internationalen Revolution die Macht des Proletariats in Rußland nicht behaupten, ökonomisch nicht behaupten. [. . .]

Warum mußten wir die Ablieferungspflicht durch eine Steuer ersetzen? Die Ablieferungspflicht setzte die Einziehung aller Überschüsse und die Einführung eines obligatorischen Staatsmonopols voraus. Wir konnten nicht anders handeln, wir befanden uns in einer äußersten Notlage. Theoretisch muß nicht unbedingt angenommen werden, daß das Staatsmonopol vom Standpunkt des Sozialismus das Beste ist. Als Übergangsmaßnahme ist es in einem Bauernland, das eine Industrie besitzt — und dessen Industrie auch arbeitet —, möglich, das System der Steuer und des freien Umsatzes anzuwenden, wenn eine gewisse Menge von Waren vorhanden ist.

Eben dieser Umsatz ist für den Bauern ein Ansporn, ein Anreiz, ein Antrieb. Der Landwirt kann und soll in seinem eigenen Interesse fleißig sein, denn man wird ihm nicht alle Überschüsse wegnehmen, sondern nur die Steuer erheben, die möglichst im Voraus festgesetzt werden muß. Die Hauptsache es ist ein Ansporn, ein Anreiz, ein Antrieb für den kleinen Landwirt bei der Bewirtschaftung seines Hofes vorhanden. Wir müssen unsere staatliche Wirtschaft in Anpassung an die Wirtschaft des Mittelbauern aufbauen, die wir in drei Jahren nicht umgestalten konnten und auch in zehn Jahren nicht umgestalten werden. [. . .]

Es ist notwendig, das Beschlossene noch heute abend durch Rundfunk der ganzen Welt mitzuteilen und bekanntzugeben, daß der Parteitag der Regierungspartei im Prinzip die Ablieferungspflicht durch eine Steuer ersetzt und dadurch dem kleinen Landwirt eine ganze Reihe von Anreizen gibt, seine Wirtschaft zu erweitern und die Anbaufläche zu vergrößern; daß der Parteitag, indem er diesen Weg beschreitet, das System der Beziehungen zwischen Proletariat und Bauernschaft korrigiert und die Überzeugung zum Ausdruck bringt, daß auf diesem Wege gefestigte Beziehungen zwischen Proletariat und Bauernschaft erreicht werden.

(Lenin, Werke, Bd. 32, S. 231, 1921)

Wenn wir in den Monaten Januar—März fast 300 Millionen Pud aufzubringen vermochten, wobei wir es mit Vorräten zu tun hatten, die der Bauernschaft zum *Manövrieren* dienten, so ist es uns in den Monaten April—Juni nicht einmal gelungen 100 Millionen Pud aufzubringen, da wir hier die *Reserve*bestände der Bauern angreifen mußten, und dies zu einer Zeit, da die Ernteaussichten noch nicht geklärt waren.

Aber Getreide mußte nun doch einmal aufgebracht* werden. Daher erneute Rückfälle in außerordentliche Maßnahmen, administrative Willkür, Verletzung der revolutionären Gesetzlichkeit, Hofrevisionen, ungesetzliche Haussuchungen usw., wodurch die politische Lage des Landes verschlechtert und der Zusammenschluß zwischen Arbeiterklasse und Bauernschaft gefährdet wurde.

War das eine Entzweiung zwischen Arbeiterklasse und Bauernschaft? Nein, das war keine Entzweiung. Vielleicht war das eine Lappalie? Nein, das war keine Lappalie. Das war eine Gefährdung des Zusammenschlusses zwischen Arbeiterklasse und Bauernschaft. Daraus erklärt sich dann auch, daß einige unserer Funktionäre unserer Partei nicht die genügende Ruhe und Festigkeit aufbrachten, um die entstandene Lage nüchtern und ohne Übertreibungen einzuschätzen.

(Stalin, Werke, Bd. 11, S. 183, 13. 7. 1928)

---

* beschafft

Wie Sie sehen, haben wir heute die materielle Basis, um die Produktion der Kulaken durch die Produktion der Kollektiv- und Sowjetwirtschaften zu *ersetzen.* Gerade darum ist unsere entschiedene Offensive gegen das Kulakentum jetzt von unzweifelhaftem Erfolg begleitet.

So muß die Offensive gegen das Kulakentum geführt werden, wenn man von einer wirklichen und entschiedenen Offensive sprechen und sich nicht auf leere Deklamationen gegen das Kulakentum beschränken will.

Deshalb sind wir in letzter Zeit von der Politik der *Einschränkung* der Ausbeutertendenzen des Kulakentums zur Politik der *Liquidierung des Kulakentums als Klasse* übergegangen.

(Stalin, Werke, Bd. 12, S. 149, Dez. 1929)

Bei der Verwirklichung des Fünfjahrplans und bei der Organisierung des Sieges auf dem Gebiet des industriellen Aufbaus hat die Partei die Politik des maximal beschleunigten Tempos der Entwicklung der Industrie durchgeführt. Die Partei hat das Land gleichsam angepeitscht, um seinen Vormarsch zu beschleunigen.

Hat die Partei richtig gehandelt, als sie die Politik des maximal beschleunigten Tempos durchführte?

Ja, sie hat unbedingt richtig gehandelt.

Man muß ein Land, das um 100 Jahre zurückgeblieben ist und dem infolge seiner Zurückgebliebenheit eine tödliche Gefahr droht, vorwärtstreiben. Nur auf diese Weise konnte dem Lande die Möglichkeit gegeben werden, in aller Eile auf der Basis der modernen Technik umzurüsten und endlich die breite Heerstraße der Entwicklung zu betreten.

Wir konnten ferner nicht wissen, an welchem Tage die Imperialisten die UdSSR überfallen und unseren Aufbau unterbrechen würden; daß sie uns aber in einem beliebigen Augenblick, unter Ausnutzung der technischen und wirtschaftlichen Schwäche unseres Landes, überfallen konnten, darüber war kein Zweifel möglich. Die Partei war deshalb gezwungen, das Land anzupeitschen, um keine Zeit zu versäumen, um die Atempause restlos zu nutzen und in der UdSSR rechtzeitig die Grundlagen der Industrialisierung zu schaffen, die die Basis ihrer Macht bilden. Die Partei hatte keine Möglichkeit, zu warten und zu manövrieren, und sie mußte die Politik des maximal beschleunigten Tempos durchführen.

(Stalin, Werke, Bd. 13, S. 164)

6.1 Aus den Direktiven des XV. Parteitages (19. 12. 1927) zur Agrarpolitik

[. . .] Der Fünfjahrplan hat besonders eine Vergrößerung der Saatflächen, der Ernteerträge und der Marktproduktion von Weizen und Gerste zu projektieren, damit der wachsende Bedarf im Innern des Landes befriedigt und der notwendige Exportfonds bereitgestellt wird. [. . .] Weiter sind Maßnahmen zu planen, die die Versorgung des Dorfes mit komplizierten landwirtschaftlichen Maschinen und besonders mit Traktoren sicherstellen, die unter unseren Verhältnissen ein Mittel zur Beschleunigung der Kollektivierung der landwirtschaftlichen Produktion darstellen. [. . .]

Der Plan hat von der grundlegenden Klassenposition der Partei auszugehen, deren Politik sich auf die Dorfarmut stützt, ein stabiles Bündnis mit den Mittelbauern anstrebt und dem Kulaken offensiv begegnet. Der Plan muß deshalb von der Unterstützung der *Genossenschaft* ausgehen (und hierbei die Vorschläge der Opposition, der Genossenschaft Kapitalien zu entziehen, entschieden zurückweisen, weil sie den ganzen Genossenschaftsplan Lenins vereiteln würden); er hat von einer richtigen Politik *innerhalb der Genossenschaft* auszugehen (den schwachen Wirtschaften Kredit zu gewähren, kulakische Tendenzen zu bekämpfen, eine analoge Politik in den Maschinengenossenschaften durchzuführen usw.); weiter hat er davon auszugehen, daß neben der intensiven Entwicklung der *Absatz*genossenschaft gegenwärtig die tatkräftige Unterstützung aller lebensfähigen Formen der *Produktions*genossenschaften notwendig ist (Kommunen, Kollektivwirtschaften, Artels, Produktionsvereinigungen, genossenschaftlich betriebene Fabriken usw.); ebenso sind die Sowjetwirtschaften auf ein höheres Niveau zu heben. [. . .]

(Resolution des XV. Parteitages der VKP (B) vom 19. 12. 1927. Übersetzung: Gruppe am Fb. Gesellschaftsw., Universität Marburg)

Fragen und Anregungen

▶ 1. Karl Marx äußerte sich im Rahmen der Zukunft der russischen Dorfgemeinde über die Voraussetzungen einer Kollektivierung; Friedrich Engels sprach sich in seinen letzten Arbeiten bei Überlegungen zur Strategie und Taktik der Arbeiterbewegung für die Errichtung des Sozialismus aus. Welche Prinzipien müssen danach bei der Einführung eines sozialistischen Systems auf dem Land beachtet werden?

▶ 2. Lenin machte in seiner Rede vor dem X. Parteitag 1921 deutlich, wie er sich die Politik gegenüber den Bauern vorstellte. Dabei benutzt er eine Klassifikation der Bauernschaft, wie sie auch in anderen sowjetischen Texten erscheint und kurz erläutert werden muß. In der Sowjetunion stieß die Einteilung in die drei Gruppen während der zwanziger Jahre auf erhebliche Schwierigkeiten (auch in methodischer Hinsicht); die Angaben geben deshalb nur Tendenzen wieder:

Die Kulaken (ca. 4%) bildeten die relativ wohlhabende Oberschicht. Sie hatten größere Ländereien, oft mehrere Arbeitskräfte und verfügten über ausreichend Arbeitstiere und Ackergeräte. Außerdem beeinflußten sie den Agrar- und Viehhandel, da ihre Ertragslage besser war als die der kleineren Bauern.

Die Mittelbauern (ca. 65 — 70%) waren die größte Gruppe und spielten schon allein deshalb gesamtwirtschaftlich eine wichtige Rolle. Sie besaßen nur wenig Land und hatten oft nicht mehr als ein Zugtier. Sie erwirtschafteten nicht wesentlich mehr, als sie zum Leben brauchten, und brachten deshalb auch nur geringe Mengen von Agrarprodukten auf den Markt.

Die armen Bauern (ca. 25 — 30%) hatten so wenig Land, daß es zum Leben meist nicht ausreichte. Sie konnten ihre Felder häufig nicht selbst bestellen, da sie keine Zugtiere besaßen, und waren vielfach bei den Kulaken verschuldet. Zu dieser Gruppe gehören auch die landlosen Bauern, die als Lohnarbeiter auf den großen Bauernhöfen arbeiteten.

Vergegenwärtigen Sie sich jetzt noch einmal den Informationstext »Ausgangsbedingungen der Sowjetmacht«.

a) Was waren die Gründe für die Einführung der Steuer und was wollte man damit erreichen?

b) Wägen Sie die Vor- und Nachteile ab, die das neue System für die Entwicklung des Sozialismus mit sich bringt.

▶ 3. Mit welchen Mitteln und nach welchen Prinzipien soll nach den »Direktiven des XV. Parteitages zur Agrarpolitik« die Entwicklung der Landwirtschaft vorangetrieben werden?

a) Vergleichen Sie den Text mit den oben von Friedrich Engels aufgestellten Maximen.

b) Versuchen Sie noch einmal anhand der obigen Texte, die Prinzipien der Agrarpolitik in der NEP zusammenzufassen.

▶ 4. Was waren die Ziele Stalins; mit welchen Mitteln versuchte er sie zu erreichen; von welchen Voraussetzungen geht er aus? Wie stellt er sich das Tempo der Entwicklung vor?

a) Stellen Sie der Haltung Stalins die Faktoren der Agrarpolitik in der NEP gegenüber.

b) Lesen Sie den Informationstext »Zur Geschichte der Kollektivierung« und vergleichen Sie dann die Vorstellungen Stalins mit den damaligen Zuständen und Ereignissen.

▶ Worin würden Sie die Ursachen für den Verlauf und die Folgen der Kollektivierung sehen?

7. Der erste Fünfjahrplan und die neue Industrialisierungspolitik

7.1 Über die Direktiven zur Erstellung des Fünfjahrplans der Volkswirtschaft

[. . .]

Die Überwindung dieser *Disproportionen** ist theoretisch mit verschiedenen Methoden zu erreichen. So kann z. B. die Herstellung des Gleichgewichts zwischen der Nachfrage nach industriellen Produkten und dem entsprechenden Angebot durch eine *Erhöhung der industriellen Preise* erreicht werden; aber diese Methode würde das gesamte Entwicklungstempo verlangsamen, die Exportmöglichkeiten verringern und die Rohstoffbasis der Industrie noch stärker untergraben. Das Gleichgewicht kann durch eine erhebliche Steigerung der *Steuerbelastung der Bauernschaft* erreicht werden. Aber auch diese Methode, soweit sie nicht den Kulaken, sondern die gesamte Masse der Bauernschaft betrifft, kann nicht akzeptiert werden, wobei dieselben Gründe anzuführen sind, die gegen eine Politik hoher Industriepreise oder eine Politik extrem niedriger Agrarpreise sprechen. Solche Methoden zur Beseitigung der grundlegenden Disproportionen würden unmittelbar oder perspektivisch zur Etablierung eines Gleichgewichts führen — aber nicht zugunsten einer rasch ansteigenden Kurve der Entwicklung der Produktivkräfte, sondern zugunsten ihrer extrem *verlangsamten* Entwicklung. Andererseits können solche Methoden, die ein gewisses Gleichgewicht auf dem Markt herstellen, nicht nur nicht zu einer Abschwächung oder gar zu einer Beseitigung der agrarischen Überbevölkerung und der mit ihr verbundenen Arbeitslosigkeit in den Städten beitragen, sondern im Gegenteil, sie würden zu einer weiteren Verschärfung der Lage führen und schwerwiegende Auswirkungen für das gesamte politische Leben des Landes haben. In gleicher Weise muß die allgemeine Orientierung auf eine »zeitweilige« Forcierung der Kreditge-

* Zwischen der Entwicklung von Industrie und Landwirtschaft, den Preisen für industrielle und landwirtschaftliche Produkte, der Nachfrage nach industriellen Rohstoffen aus der Landwirtschaft und ihrem Angebot. Hinzu kommt die agrarische Überbevölkerung und die Möglichkeit, dies für die Entwicklung der Industrie auszunutzen, d. Verf.

währung für die Landwirtschaft und eine maximale Erweiterung des Getreideexports auf Kosten der industriellen Investitionen abgelehnt werden. Diese Politik, die auf der Grundlage des Außenhandelsmonopols zu einer starken Ausweitung der Außenhandelsoperationen führen würde, würde der Politik der Industrialisierung des Landes widersprechen, das Wachstum unserer Industrie aufhalten und die UdSSR gegenüber dem äußeren kapitalistischen Feind wirtschaftlich entwaffnen.

[. . .] *Der einzig richtige Weg zur Beseitigung der genannten Disproportionen* ist der Weg der Senkung der *Selbstkosten der industriellen Produktion* auf der Grundlage einer energisch vorangetriebenen Rationalisierung und Erweiterung der Industrie, folglich auf der Grundlage einer Politik der *Senkung der Industriepreise,* der Weg der Entwicklung von *arbeitsintensiven Kulturen auf dem Dorf und der Industrialisierung* der Landwirtschaft selbst (besonders durch den Aufbau einer Industrie zur Verarbeitung von Landwirtschaftsprodukten); der Weg der umfassenden *Heranziehung der kleinen Ersparnisse* (durch innere Anleihen, Sparkassen, Einlagen in die Genossenschaft, Errichtung von Genossenschaftsfabriken) und ihre Einbeziehung in das Kreditsystem.

(Resolution des XV. Parteitages der VKP (B) vom 19. 12. 1927. Übersetzung: Gruppe am Fb. Gesellschaftsw., Universität Marburg)

7.2 Erfüllung des 1. Fünfjahrplans

Erfüllung der wichtigsten Kennziffern

	Maximale Ziele des Fünfjahrplans in % zu 1927/28	1932 in % zu 1927/28: Offizielle sowj. Schätzungen	1932 in % zu 1927/28: Westliche Schätzungen
Nationaleinkommen	203,7	186,5	140
Industrieproduktion	235,9	237,7	165
Agrarproduktion	155,8	78,5	77,4 bzw. 79
Reallohn von Arbeitern und Angestellten in der Industrie	167,5	65,4	43,6

(nach: Eugène Zaleski, Planning for Economic Growth in the Soviet Union, 1918—1932. Chapel Hills 1971, S. 244)

Arbeitsproduktivität 1932 in % zu den Zielen des Fünfjahrplans

	Maximalvariante	Minimalvariante
Offizielle sowjetische Angaben	73,9	65,1
Schätzungen nach verschiedenen Berechnungen sowj. Autoren	65,9	58,1
Verschiedene westliche Schätzungen	41,1—59,7	36,3—52,6

(nach: Zaleski, S. 249)

Zum Verlauf des Planjahrfünfts und zu den Ergebnissen des Planes

Die Mehrheit der Partei- und Sowjetführung versuchte jedoch, den Teufelskreis sich wechselseitig verstärkender wirtschaftlicher Schwierigkeiten zu durchbrechen, indem sie im Bereich der Schwerindustrie noch weitere Investitionen verfügte. Bereits im Juli und August 1929 beschloß das Zentralkomitee der Kommunistischen Partei, ohne Rücksicht auf die bisherige Gesamtplanung die Produktionsprogramme einer Reihe von Industriezweigen radikal zu erhöhen. [. . .] Der Wirtschaftsplan 1929/30 setzte alle Ziele gegenüber den Ziffern des Fünfjahrplans um die Hälfte herauf, wobei sich der Schwerpunkt der Investitionen, die sich gegenüber dem Vorjahr verdoppelten, noch stärker zur Produktionsmittelindustrie hin verlagerte. Dabei wurden auch bereits im Ansatz überhöhte Zielsetzungen weiter angehoben. [. . .] Mit den willkürlichen Verfügungen des Zentralkomitees begann jene voluntaristische Industrialisierungspolitik, die sich nicht nur über die Interessen und Bedürfnisse der arbeitenden Bevölkerung, sondern auch über grundlegende ökonomische Notwendigkeiten hinwegsetzte. [. . .] (Die Führung versuchte, durch neue Formen der Arbeitsorganisation, durch Mobilisierungen der Arbeitskräfte, durch Umorganisation der Wirtschaftsverwaltung, durch die Ersetzung der Geldrechnung durch naturalwirtschaftliche Methoden und ähnliche Maßnahmen die neuen Ziele zu erreichen, was jedoch nur teilweise glückte. D. Verf.) Innerhalb weniger Jahre war es gelungen, die volkswirtschaftlichen Grundproportionen des Landes stark zu verändern. Die Industrie hatte sich zum führenden Produktionszweig entwickelt, und innerhalb der Industrie dominierte die Produktionsmittelerzeugung, deren Anteil an der Gesamtproduktion inzwischen auf 53,4 Prozent, gegenüber 39,5 Prozent im Jahre 1928, gestiegen war. Vor allem der Maschinenbau, das Kernstück der Schwerindustrie, hatte sich in einem geradezu phantastischen Tempo entwickelt. [. . .]

Der Industrialisierungsprozeß war jedoch von schroffen Disproportionen begleitet, die die Arbeitsfähigkeit des gesamten Produktionsapparats beeinträchtigten, die Kosten vervielfachten und das Entwicklungstempo vielfach verlangsamten. Die einzelnen Produktionszweige entwickelten sich äußerst ungleichmäßig; in der Regel wurden weder die anfänglichen Zielsetzungen des Fünfjahrplans noch die erhöhten Produktionsziffern erreicht. [. . .] Besonders deutlich blieb die Leichtindustrie zurück, wo es in weiten Bereichen überhaupt kein Wachstum gab. Seit 1930 blieben alle projektierten Zuwachsraten der industriellen Bruttoproduktion unerreicht. Schon 1931 und 1932 ging die Wachstumsrate gegenüber den vorangegangenen Jahren zurück und sank 1933 mit 5 Prozent auf ihren Tiefpunkt. Dabei ist zu berücksichtigen, daß sich die durchschnittliche Qualität der Industrieerzeugnisse ständig verschlechterte, so daß die quantitativen Erfolge teilweise wieder zunichte gemacht wurden. Auch die Entwicklung der Arbeitsproduktivität entsprach keineswegs den enormen Möglichkeiten, die die Installation der neuesten Technik bot. Die Selbstkosten, deren systematische Senkung der XV. Parteitag als zentrale Aufgabe der gesamten Planarbeit bezeichnet hatte, zeigten seit Beginn der dreißiger Jahre sogar eine steigende Tendenz.

Schließlich war der Aufbau einer modernen Großindustrie mit dem Verfall der traditionellen russischen Klein- und Handwerksindustrie verbunden, deren Produktionsausfall zunächst einmal ausgeglichen werden mußte. Vor allem aber war er von einer schweren Zerrüttung der Landwirtschaft begleitet, so daß seine eigene Grundlage untergraben wurde. Zieht man ferner in Betracht, daß infolge der inflationären Entwicklung der Reallohn der Arbeiterschaft während des ersten Planjahrfünfts etwa um die Hälfte zurückgegangen und die gesamte Bevölkerung außerordentlichen materiellen Entbehrungen ausgesetzt war, so wird deutlich, daß für die Errichtung einer modernen Produktionsmittelindustrie ein allzu hoher Preis entrichtet worden war. [. . .] *(Richard Lorenz, Sozialgeschichte der Sowjetunion, Bd. I, 1917—1945. Frankfurt/M. 1976, S. 220—227)*

Fragen und Anregungen

▶ 1. Machen Sie sich noch einmal klar, wie die Industrialisierungspolitik in der ersten Phase der Neuen Ökonomischen Politik (bis ca. 1925) aussah. Welche wirtschaftlichen Bereiche wurden am meisten gefördert und erreichten am schnellsten wieder den Vorkriegsstand?

▶ 2. Welches waren die ökonomischen Alternativen, die in der »Industrialisierungsdebatte« Mitte der zwanziger Jahre deutlich wurden? Erinnern Sie sich dabei an die Texte von Schanin und Preobraschenski.

▶ 3. Lesen Sie nun den Quellentext »Über die Direktiven zur Erstellung des Fünfjahrplans der Volkswirtschaft« (19. 12. 1927).
   a) Klären Sie den Begriff »Gleichgewicht« und setzen Sie ihn mit dem Begriff »Warenhunger« aus der »Industrialisierungsdebatte« in Beziehung.
   b) Welche ökonomischen Alternativen werden hier gegenübergestellt? Sind damit die Alternativen der »Industrialisierungsdebatte« richtig getroffen?
   c) Welche Politik gegenüber Landwirtschaft und Bauernschaft wird aus dieser Parteitagsresolution deutlich? Ist ein Unterschied zur bisherigen Politik im Rahmen der Neuen Ökonomischen Politik erkennbar?
   d) Wie wird durch diesen Beschluß die »Industrialisierungsdebatte« entschieden? Nennen Sie die Grundsätze der zukünftigen Wirtschafts-, speziell Industrialisierungspolitik, die auch den 1. Fünfjahrplan bestimmen sollen.

Zu dieser Zeit lagen bereits mehrere Entwürfe für Fünfjahrpläne vor. Seit 1925 war man darangegangen, wieder langfristige Pläne aufzustellen. Dabei knüpfte man an den 1920 von der Staatlichen Kommission zur Elektrifizierung Rußlands (GOELRO) erarbeiteten Plan an, der die Schaffung der materiellen Grundlagen des Sozialismus innerhalb von 10—15 Jahren vorgesehen hatte. Die Bedingungen der NEP behinderten zunächst seine Verwirklichung und veränderten vor allem die Voraussetzungen, von denen er ausgegangen war. Als das Vorkriegsniveau Mitte der zwanziger Jahre im großen und ganzen wieder erreicht war und sich die Frage der Industrialisierungsstrategie erneut stellte, wurde die langfristige Planung wieder dringender. Jahrespläne gab es seit 1925. Die Fünfjahrpläne sollten die Frist umfassen, die man im Durchschnitt für die Errichtung großer, neuer Industrieanlagen benötigte und die gemäß langer Erfahrung ein durchschnittliches Ernteergebnis zwischen guten und schlechten Ernten erwarten ließ. Nach heftigen Diskussionen wurde schließlich der 1. Fünfjahrplan, der für die Periode 1928/29 bis 1932/33 galt, Ende April 1929 von der XVI. Parteikonferenz und Ende Mai 1929 vom V. Sowjetkongreß angenommen. Dabei wurde der »Optimalvariante« des Planentwurfs der Vorzug gegeben, deren Erfüllung von der Plankommission an ganz bestimmte Voraussetzungen geknüpft war (vor allem an eine gute Entwicklung in der Landwirtschaft, an eine Senkung der Selbstkosten und an ein Ausbleiben internationaler Verwicklungen). Im Verlaufe des Jahres 1929 kam es jedoch zu neuen Veränderungen am Fünfjahrplan:

▶ 4. Lesen Sie jetzt den abgedruckten Auszug aus dem Buch von R. Lorenz »Sozialgeschichte der Sowjetunion«.
   a) Kennzeichnen Sie die Veränderungen an der ursprünglichen Planung. Worauf könnten sie zurückzuführen sein? Denken Sie dabei auch an die Entwicklung im Agrarbereich.
   b) Was wurde ökonomisch durch den 1. Fünfjahrplan erreicht?
   c) Vergleichen Sie die Ergebnisse mit den Zielen des XV. Parteitages von 1927 und des 1. Fünfjahrplans. Ziehen Sie dazu außer den Daten, die Lorenz anführt, die beiden

Statistiken zur Erfüllung des Fünfjahrplans heran. In welchen Bereichen klaffen Ziel und Ergebnis am weitesten auseinander? Welche Folgen mußte das für die Industrialisierung des Landes haben? Berücksichtigen Sie dabei die Texte aus der »Industrialisierungsdebatte« und des XV. Parteitages.

Bei den Statistiken wurden sowjetische und westliche Schätzungen aufgeführt, um Sie auf die Problematik der Statistiken aus jener Zeit aufmerksam zu machen. Die zeitgenössischen Daten sind außerordentlich unzulänglich, zumal vielfach versucht wurde, negative Entwicklungen zu verschleiern. Insofern muß es zu unterschiedlichen Schätzungen kommen (wie gerade die differierenden Angaben verschiedener sowjetischer Autoren zeigen). Hinzu treten andersartige Berechnungsmethoden, die die Unterschiede zwischen sowjetischen und westlichen Angaben erklären. Und sicherlich fließen in die Methoden auch Wertvorstellungen ein, die das jeweilige Ergebnis ebenfalls beeinflussen dürften.

▶ 5. Vergleichen Sie nun die Entwicklung in der Landwirtschaft und in der Industrie. Wo entdecken Sie Parallelen und Zusammenhänge? Wie erklären Sie sie? Wenn Sie noch die Entwicklung von Partei und Bürokratie hinzunehmen: Welche Faktoren haben nach Ihrer Meinung die starke Stellung Stalins, den Bruch in der Wirtschaftspolitik und den Beginn systematischer Gewaltmaßnahmen begünstigt, die dann zu dem System der Machtausübung führten, das allgemein »Stalinismus« genannt wird (s. nächsten Abschnitt)? Beschreiben Sie diese Faktoren einzeln und in ihren Zusammenhängen. Versuchen Sie, die Absichten und Beweggründe der Handelnden zu verstehen und wiederzugeben.

8. Die Sowjetunion in den dreißiger Jahren und das System des Stalinismus

Zur Information

Bis zur Mitte der dreißiger Jahre hatte sich somit die sowjetische Gesellschaft entscheidend verändert. Der Anteil der Produktionsmittelindustrie an der Produktion der Gesamtindustrie war von 33 Prozent (1927/28) auf 58 Prozent (1937) gestiegen. Die Zahl der Industriearbeiter hatte sich im gleichen Zeitraum mehr als verdoppelt; seit 1931 gab es keine offene Arbeitslosigkeit mehr. Das Analphabetentum war weitgehend beseitigt. Privates Eigentum an Produktionsmitteln existierte nur noch in geringem Maße. Die fast vollständig kollektivierte Landwirtschaft war in die Planwirtschaft eingegliedert. Die Produktion ging wieder aufwärts. Maschinen- und Traktorenstationen versorgten die Betriebe mit Inventar. Ein Musterstatut (1935) regelte die Bodenbewirtschaftung, die Rechte der Mitgliederversammlung und der Kolchosleitung, die Verteilung der Einkünfte, die Arbeitsorganisation und die private Nebenwirtschaft, die jedem Bauern blieb.

Nach sowjetischer Periodisierung trat die UdSSR 1937 in die Phase des Sozialismus ein. Der Kapitalismus und alle Ausbeuterklassen seien verschwunden gewesen, die Kleinproduktion in das Planungssystem integriert, die materiellen Voraussetzungen für den Sozialismus geschaffen worden; die Durchsetzung des Äquivalenzprinzips — gleichwertiger Austausch, Bezahlung nach tatsächlicher Leistung — sei nun möglich geworden. Damit kann natürlich nur der Beginn einer neuen Phase gemeint sein, denn dem Sozialismus widersprachen nicht nur die Mängel bei der Planung, die niedrige Arbeitsproduktivität und die hohen Selbstkosten. In der Landwirtschaft etwa wurde das Äquivalenzprinzip auch nach Abschluß der Kollektivierung mißachtet, indem die Regierung das Einkommen der Bauern niedrig hielt, um mehr Mittel für die Industrialisierung freizuhaben. Erst kurz vor dem Zweiten Weltkrieg wurde mit Verbesserungen begonnen. Auch die strenge Arbeitsdisziplin in Industrie und Landwirtschaft, Behinderungen der Sowjet-Demokratie, Bürokratismus, ungesetzliche Maßnahmen und ähnliche Erscheinungen, die die Verfassung von 1936 — juristischer Ausdruck der neuen gesellschaftlichen Stufe — häufig zur Farce werden ließ, wiesen auf erhebliche Widersprüche hin.

Nach außen hin am sichtbarsten wurden diese Widersprüche in den Prozessen Anfang der dreißiger Jahre gegen Wirtschaftsfachleute, die anderen Parteien angehörten oder nahestanden, und vor allem in den »Säuberungen« zwischen 1936 und 1938. Dabei wurden Mitglieder der KPdSU — darunter viele alte Revolutionäre —, Arbeiter, Angestellte, Bauern, Wirtschaftsfachleute und Offiziere der Roten Armee massenhaft zu unhaltbaren Anschuldigungen verhört, gefoltert und unberechtigt verurteilt, erschossen oder in Arbeitslager deportiert. Die ökonomischen und militärischen Schäden dieser Verbrechen sind kaum abzuschätzen; bis heute wirken sie sich verheerend auf die internationale kommunistische Bewegung aus. Sie müssen auf dem Hintergrund der radikalen, oft turbulenten und chaotischen Umwälzungen der Gesellschaft gesehen werden, wo überall Verantwortliche für die auftretenden Fehler gesucht wurden, wo man Sabotage und Spionage des Klassengegners befürchtete. Aber auch die Furcht Stalins vor Opposition, überhaupt seine Person, müssen zur Erklärung herangezogen werden.

Die Säuberungen sind ein Teil jener Erscheinungen, für die sich die Bezeichnung Stalinismus eingebürgert hat. Kennzeichen dieses Systems sind unumschränkte Macht Stalins, Aufhebung der innerparteilichen Demokratie, Über-Zentralisierung des öffentlichen und wirtschaftlichen Lebens und zugleich Voluntarismus, ja Irrationalismus der Entscheidungen, Verschärfung der Arbeitsverfassung, Terror gegenüber weiten Kreisen der Bevölkerung, Dogmatismus im Denken, Unterdrückung nichtrussischer Nationalitäten der UdSSR. Die Ursachen dieses Systems werden unterschiedlich erklärt. In der Sowjetunion, wo seit dem XX. Parteitag 1956 begonnen wurde, die Repressalien zur Zeit Stalins offenzulegen und die Opfer zu rehabilitieren — dieser Prozeß ist bei weitem noch nicht abgeschlossen —, betont die Forschung den »Personenkult« um Stalin, durch den die Regeln des Parteilebens verletzt worden seien und der Stalin die Verbrechen ermöglicht habe. Nicht nur die Person Stalins, sondern auch die Bürokratisierung der Partei und die Wirkung der unbestreitbaren Erfolge bei der Industrialisierung werden in einer Arbeit, die in der UdSSR selbst nicht erscheinen konnte, für den Stalinismus verantwortlich gemacht. Auch in der westlichen Forschung sind inzwischen viele Elemente untersucht worden, die die Herausbildung der Herrschaft Stalins begünstigten, ist auf die Zusammenhänge von Industrialisierung und Kollektivierung, internationaler Lage und innerparteilichen Kämpfen, Veränderungen der Sozialstruktur und Terror hingewiesen worden. Neuerdings sind auch die Prägungen durch die ersten Jahre nach der Oktoberrevolution, besonders durch den Krieg, die Spannung zwischen den Ideen der Bolschewiki und der sozialen Wirklichkeit sowie die Spannung zwischen den revolutionären Veränderungen in Politik und Ökonomie und der Kontinuität der ländlichen Sozialstruktur beschrieben worden. Werner Hofmann hat den Stalinismus aus den Bedingungen der nachholenden Industrialisierung innerhalb einer feindlichen Umwelt zu erklären versucht, die eine autoritäre Herrschaft notwendig gemacht habe; diese wiederum habe die besondere Form der Herrschaft Stalins ermöglicht. Darin liegt sicher eine gewisse Logik, aber dabei wird nicht genügend diskutiert — auch wenn Hofmann sich gegen Determinismus wehrt —, ob Alternativen zu dieser Entwicklung denkbar waren und warum sie sich nicht durchgesetzt haben.

Die weitere Forschung wird sich vielleicht von dem Begriff Stalinismus lösen, zumindest aber die Fragestellung präzisieren. Der Blick kann verstellt werden, wenn er sich für eine ganze Epoche (1929—1953) nur auf eine Person, ihre Handlungen und deren Folgen konzentriert. Das tägliche Leben der Bevölkerung, Initiativen der Arbeiter, die hofften, jetzt bald den Sozialismus erreicht zu haben, und ohne die die Industrialisierungserfolge nicht erzielt worden wären all das muß mit berücksichtigt werden. Der Stalinismus-Begriff ist darüber hinaus durch die politische Auseinandersetzung zur Zeit des »Kalten Krieges« belastet, als man ihn im Rahmen der Totalitarismus-Theorie auf Grund ähnlicher Formen der Machtausübung (z. B. führende Rolle einer Person, Einparteiensystem, ungesetzliche Handlungen der Geheimpolizei) mit dem Faschismus gleichsetzte. Die jeweils verschiedenen Ausgangspunkte, sozialen Inhalte und Ziele werden dabei ebensowenig beachtet wie die konkreten Entstehungsursachen.

9. Warum kam es zum Stalinismus?

9.1 Ilja Ehrenburg: Erinnerungen

Auf dem Heimweg fühlte ich mich irgendwie peinlich berührt. Gewiß ist Stalin ein großer Mann — aber schließlich ist er ja auch Marxist und Kommunist. Wir reden von einer neuen Kultur und benehmen uns wie der Schamane, den ich im Bergland der Schori gesehen hatte . . . Sogleich fiel ich mir selber ins Wort: Du redest ja wie ein Intellektueller. Wie oft hatte ich hören müssen, daß wir Intellektuellen uns in Irrtümer verstricken, daß wir die Zeichen der Zeit nicht sehen! Kleiner Intelligenzler, Wirrkopf, verfaulter Liberaler — das waren so die einschlägigen Kosenamen . . . Aber diese anderen Attribute: weisester Chef, genialer Führer der Völker, geliebter Vater, großer Fährmann, Verwandler der Welt, des Glückes Schmied, Sonne — alle diese Worte wollten mir doch nicht recht eingehen. Ich beruhigte mich schließlich damit, daß ich die Psychologie der Massen nicht verstand, daß ich vom Standpunkt eines in Paris seßhaft gewordenen Intellektuellen urteilte.

Stalin sagte auf jener Versammlung: »Man muß die Menschen sorgfältig und aufmerksam heranziehen — so wie ein Gärtner seinen liebsten Obstbaum pflegt.« Diese Worte wurden mit wahrer Begeisterung aufgenommen. Saßen doch im Schloß des Kreml keine Schaufensterpuppen, sondern Menschen. Diese Menschen freuten sich, daß man sie umsorgen und hegen wollte . . .

So vergingen einige Tage. Ich lernte lebhafte, interessante Menschen kennen und unterhielt mich lange mit der Weberin Dussia Winogradowa. Sie war eine kluge und überaus bescheidene Frau; die vielen Ehrungen, Ovationen und Fotos hatten ihr nicht den Kopf verdreht. Daraus schloß ich, der Beifall im Kremlsaal sei eine bestimmte Form des Gefühlsausdrucks gewesen — eine Art Schwur. Wenn auf den Versammlungen in Paris die Menschen mit geballten Fäusten dastanden und endlos »Les Soviéts partout!« skandierten, störte mich das ja auch nicht. Der Kampf mit dem Faschismus war derart real, riß mich dermaßen mit, daß ich über mich selber zu lachen begann. Meine Niedergeschlagenheit erschien mir jetzt reichlich dumm. [. . .]

Auch heute kann ich nur das beschreiben, was ich damals gesehen habe: mein Leben in Moskau, das Leben von fünfzig, höchstens hundert Freunden und Bekannten, mit denen ich mich damals traf. Es obliegt mir nicht, die Epoche zu analysieren oder gar ein historisches Kolossalgemälde zu schaffen. Ich zeige nur meinen und meiner Freunde (es waren fast durchweg Schriftsteller und Künstler) Alltag und Seelenzustand.

Unser Leben in jenen Tagen war seltsam. Man müßte Bücher darüber schreiben; auf diesen wenigen Seiten aber kann ich es nur andeuten. Es war alles da: Hoffnung und Verzweiflung, Leichtsinn und Mut, Angst und Würde, Ergebenheit ins Schicksal und Treue zur Idee. Im Kreise meiner Bekannten war keiner des morgigen Tages sicher; viele hatten ein Köfferchen mit warmer Unterwäsche bereitgestellt. Einige Mieter des Hauses in der Lawruschinskij-Gasse hatten darum ersucht, den Fahrstuhl für die Nacht abzustellen; er brachte sie um den Schlaf, denn sie konnten es nicht lassen, seinem Surren einen bedrohlichen Sinn zu geben. Babel erzählte einmal mit dem Humor, den er nie verlor, wie sich Leute verhalten, denen man verschiedene Posten gibt: »Sie setzen sich auf den äußersten Rand des Stuhles.« In der Redaktion der »Iswestija« hing an jeder Tür ein Täfelchen. Früher trug es den Namen des betreffenden Abteilungsleiters; nun blieb es leer. Eine Botenfrau erläuterte mir den Grund: »Es lohnt sich nicht. Heute ernennt man ihn — und morgen ab ins Kittchen . . .«

Nach dem Essen führte mich ein mir reichlich unangenehmer Literat beiseite und flüsterte mir zu: »Wissen Sie das Allerneueste? Man hat Stezkij verhaftet . . . Das sind Zeiten! Man weiß buchstäblich nicht mehr, wem man schmeicheln und wen man treten soll . . .« Solche Zeitgenossen gab es auch . . .

Einmal traf ich Sergej Prokofiew im Club. Er gab einen Klavierabend mit eigenen Werken. Er war traurig, ja verbittert. »Arbeiten, nichts als arbeiten! Das ist die einzige Rettung«, sagte er zu mir.

Viele Schriftsteller schrieben weiter. Jurij Tynianow beendete den ersten Teil seines Puschkin-Romans. Nikolaj Sabolotzkij veröffentlichte einen neuen Gedichtband. Andere gestanden, daß »es sich nicht schreibt«. [. . .]

Soviel war mir freilich klar, daß man vielen Menschen Untaten vorwarf, die sie nicht begangen hatten und auch gar nicht begangen haben konnten. Ich fragte mich und andere: weshalb, warum? Keiner konnte mir darauf antworten. Wir begriffen nichts.

Ich war zugegen, als die Sitzungsperiode des Obersten Sowjets eröffnet wurde; die Redaktion hatte mir eine Gastkarte verschafft [. . .]

Bei uns wird viel vom Personenkult gesprochen. Soweit es um den Anfang des Jahres 1938 geht, genügt das kleine Wort »Kult« ohne Zusatz voll und ganz: in seiner ursprünglichen religiösen Bedeutung genommen. In der Vorstellung vieler Millionen hatte sich Stalin in einen mythischen Halbgott verwandelt. Mit ehrfurchtsvollem Zittern wiederholten alle seinen Namen. Alle glaubten, nur Stalin allein könne den Sowjetstaat vor Invasion und Zerfall retten.

Wir glaubten (wahrscheinlich, weil wir es glauben wollten), Stalin wisse nichts davon, er konnte doch nicht wissen, in welch sinnloser Weise viele Kommunisten und Vertreter der Sowjetintelligenz hingemetzelt wurden.

Meyerhold meinte: »Man hält das vor Stalin geheim.«

Als ich nachts mit dem Hund Tschuka auf die Gasse ging, begegnete ich Pasternak. Er blieb inmitten der Schneewehen stehen und warf die Arme hoch: »Wenn es doch jemand Stalin erzählen würde!«

[. . .]

Am nächsten Tag führte man uns in den Säulensaal. Ich war einer der Schriftsteller, die Totenwache hielten. Stalin lag einbalsamiert und feierlich da: ohne die Spuren dessen, wovon die Ärzte berichtet hatten, dafür mit Blumen und Sternen bedeckt. Die Menschen defilierten vorbei, viele weinten. Die Frauen hoben ihre Kinder in die Höhe, die Trauermusik vermischte sich mit dem Schluchzen.

Weinende sah ich auch auf der Straße. Ab und zu wurden Rufe laut, die Menschen drängten sich zum Säulensaal. Auf dem Trubnyj-Platz sollen Leute totgedrückt worden sein. Aus Leningrad traf Polizeiverstärkung ein. Ich glaube kaum, daß es in der Geschichte schon einmal so ein Begräbnis gegeben hat.

Mir tat der Gott nicht leid, der im Alter von dreiundsiebzig Jahren an einem Insult verschieden war, als sei er kein Gott, sondern ein gewöhnlicher Sterblicher; aber ich empfand Furcht vor dem, was nun kommen würde. Ich befürchtete das Schlimmste. Ich habe in diesem Buch viel vom denkenden Schilfrohr gesprochen. Jetzt sehe ich, daß es schwer ist, klare Gedanken zu bewahren. Der Personenkult hatte aus mir keinen Gläubigen gemacht, hatte aber auf meine Wertskala abgefärbt. Ich verband die Zukunft des Landes mit dem, was man zwanzig Jahre lang »die Weisheit des genialen Führers« genannt hatte. Ich habe niemals mit Stalin gesprochen [. . .]

Ich liebte Stalin nicht, aber ich habe lange an ihn geglaubt; und ich habe ihn gefürchtet! [. . .]

Stalins Vergottung geschah nicht plötzlich, sie war keine Explosion von Volksgefühlen. Stalin hat sie lange und planmäßig organisiert. Auf seine Anweisung hin wurde eine legendäre Geschichte geschaffen, in der er eine der Wirklichkeit nicht entsprechende Rolle spielte. Die Maler malten riesige Bilder über den Vorabend der Revolution, den Oktober, die ersten Jahre der Sowjetrepublik; und auf jedem dieser Bilder stand Stalin neben Lenin. In den Zeitungen schwärzte man derweil die anderen Bolschewiken an, die bei Lebzeiten Lenins dessen engste Mitarbeiter gewesen waren. Die Erhebung Stalins zum »genialsten« und »weisesten« aller Menschen ging den Massenverfolgungen voraus. Ich habe schon erzählt, wie mich 1935 der Applaus und die hysterischen Schreie beim Auftreten Stalins auf der Konferenz der Stachanowleute verwirrt hatten. Damals versuchte ich mir einzureden, ich verstünde eben die Gefühle des Volkes nicht, ich sei ein Intellektueller, überdies ein des russischen Lebens entwöhnter. Dann gewöhnte ich mich an die Ovationen wie an liturgische Epitheta; ich bemerkte sie nicht mehr. [. . .]

Der Glaube ist ansteckend wie die Angst, wie viele andere Gefühle. Obwohl ich im Geiste des Freidenkertums des neunzehnten Jahrhunderts erzogen wurde und den »Julio Jurenito« schrieb, worin ich mich über alle Dogmen lustig machte, erwies ich mich als gegen die Epidemie des Stalinkults nicht durchaus gefeit. Der Glaube der anderen entflammte nicht mein Herz, aber bisweilen drückte er mich nieder und hinderte mich daran, das um mich herum Vorgehende gehörig zu durchdenken. [. . .]

Kaum war der Zweite Weltkrieg zu Ende, da begann man bereits von einem dritten zu reden. Die Fanatiker des Kapitalismus, die Business-Männer, die sich für Kreuzfahrer ausgaben, die Militärs, denen dauernd die Finger jucken: alle diese Leute förderten, ob sie es nun wollten oder nicht, die Festigung des Stalinkults.

Ich erriet die Rolle des »Allerweisesten« nicht sofort. Wenn ich sogar heute noch unzureichend informiert bin, so wußte ich 1937 lediglich von einzelnen Missetaten. Wie viele andere Leute versuchte ich, Stalin vor mir selbst reinzuwaschen. Ich schrieb die Massenverfolgungen dem Kampf innerhalb der Partei, dem Sadismus von Jeshow, der mangelnden Information, den Sitten bei.

Stalin war ein Mann von großem Verstand und von noch größerer Verschlagenheit. Er trat vielfach als Vorkämpfer der Gerechtigkeit auf, der der Willkür ein Ende setzen will. Ich entsinne mich seiner Worte über das »Schwindelgefühl vor Erfolgen« und davon, daß »der

Sohn nicht für den Vater geradesteht«. Nach den Orgien des Jeshowschen Terrors zeigte er sich öffentlich zerknirscht: In einer Stadt habe man einige ehrliche Kommunisten aus der Partei ausgeschlossen, in einer anderen sogar einen Unschuldigen verhaftet. Zehn Jahre später, auf dem Höhepunkt der Kampagne gegen den »Kosmopolitismus«, verurteilte er die Aufdekkung der literarischen Pseudonyme. Unablässig erinnerte er daran, man müsse die Menschen schonend behandeln [. . .]

Vermutlich hielt sich Stalin bis an sein Lebensende für einen Kommunisten, für einen Schüler und Nachfolger von Lenin; wahrscheinlich sagte er nicht nur, sondern glaubte auch daran, daß er das Volk auf ein hohes Ziel zuführt und daß zur Erreichung dieses Zieles jedes Mittel recht ist. Nicht zufällig sind mir die Zeiten der italienischen Renaissance eingefallen. Macchiavelli schrieb, bei der Schaffung eines starken Staates dürfe man vor keinem Mittel zurückschrecken; Gift, Denunziation und Meuchelmord seien gerade gut genug dafür. Er legte dem Fürsten nahe, den Mut des Löwen mit der Schlauheit des Fuchses in sich zu vereinigen, weise wie ein Mensch zu sein — und raubgierig wie ein Tier. Ein Medici oder Borgia war damit vermutlich gut beraten, aber für einen Kommunisten sind solche Ratschläge unannehmbar.

Der alte Streit, ob das Ziel die Mittel rechtfertigt, scheint mir müßig. Das Ziel ist kein Wegweiser, sondern etwas durchaus Reales, das Ziel ist die Wirklichkeit selber: nicht die Bilder des morgigen Tages, sondern die Handlungen des heutigen. Das Ziel bestimmt nicht nur die politische Strategie, sondern auch die Moral. Man kann die Gerechtigkeit nicht durch ungerechte Taten herstellen, man kann nicht um die Einheit kämpfen, indem man das Volk in eine Summe von »Rädchen und Schräubchen« verwandelt — und sich selbst in eine mythische Gottheit. Die Mittel schlagen sich stets im Ziel nieder, sie erhöhen oder entstellen es. Mir scheint, nach dem XX. und XXII. Parteitag ist das jedermann klar geworden, abgesehen allenfalls von einigen Dogmatikern jenseits der Grenze, die, wenn sie von der Reinheit ihres Ornats reden, den Namen Stalins ruchlos neben den Namen Lenins stellen.

Wie Millionen meiner Landsleute fühlte ich nach dem XX. Parteitag, daß man einen Stein von meinem Herzen genommen hatte. Obwohl Stalins Methoden gleich nach seinem Tod aufgegeben worden waren, mußte unser Volk, mußte die Menschheit die bittere Wahrheit erfahren: das geboten Vernunft und Gewissen. Wir erfuhren von den Verfehlungen der Vergangenheit. Diese Vergangenheit war reich an Taten und Siegen des Sowjetvolks, doch bei ihrer Nennung ist der Zusatz »trotz Stalin« bestimmt angemessener als der Zusatz »dank Stalin«. Gar zu oft verwendete er seinen staatsmännischen Verstand und seinen eisernen Willen auf Handlungen, die den von ihm beschworenen Ideen zuwiderliefen, die das Gewissen eines jeden ehrlichen Menschen verletzten.

Ich kehre zu den Märztagen des Jahres 1953 zurück. Auf das Lenin-Mausoleum wurde nachts der Name Stalins hinzugeschrieben. Bei der Beisetzung sprachen Malenkow, Berija und Molotow. Die Reden glichen einander stark, aber Malenkow ermahnte zur Wachsamkeit »im Geiste der Unversöhnlichkeit und der Festigkeit im Kampf gegen die äußeren und inneren Feinde«, während Berija, dessen Namen einen jeden schreckte, den Sowjetbürgern versprach, »ihre in der Stalinschen Verfassung verbrieften Rechte« zu beschützen.

Am nächsten Tag kehrte Moskau zu seinem Alltag zurück. Ich sah, wie die Hausmeister eifrig die Gorkijstraße kehrten, wie die Menschen zur Arbeit gingen, wie im Hof Kisten ausgeladen wurden, wie die Gassenjungen Unsinn trieben. Alles war genau wie vor einer Woche . . . Das war das Unglaubliche: Stalin war tot — und das Leben ging weiter.

(Ilja Ehrenburg, Menschen, Jahre, Leben. Deutschspr. Ausgabe, München 1962, Bd. II: S. 391, 503, 506; Bd. III: S. 552 f.)

Fragen und Anregungen

Ilja Ehrenburg (1891—1967) war einer der volkstümlichsten und meistgelesenen Sowjetautoren. Er verbrachte lange Zeit im Ausland; vor allem in Frankreich. Trotz teilweise sehr heftiger Angriffe in der sowjetischen Presse gegen ihn wurde er nie verhaftet oder sonstigen direkten Repressionen ausgesetzt.

▶ 1. Mit welchen Argumenten versuchen Ehrenburg und die von ihm im Text erwähnten Leute das Phänomen Stalin zu erklären?

▶ 2. Worin sieht Ehrenburg im Nachhinein die Ursachen des »Stalinismus« und wie beurteilt er das Wirken Stalins?

9.2 Lew Kopelew: Eine Erklärung für den Stalinismus

Ich hatte zu keiner Zeit geglaubt, Bucharin und Trotzki seien Gestapo-Agenten gewesen, hätten Lenin ermorden wollen; und ich war sicher, daß auch Stalin dies nie angenommen hat. Aber ich glaubte, in den Prozessen 1936—1938 Stalins weitblickende politische Taktik zu erkennen, glaubte, daß er »im Endergebnis« recht gehabt hatte, ein für allemal jede Art von Opposition auf so fürchterliche Art zu diskreditieren. Wir lebten ja in einer belagerten Festung, mußten dicht zusammenstehen, durften kein Schwanken und keine Zweifel zulassen. Was bedeuten schon theoretische Unstimmigkeiten für all unsere Millionen Menschen, für die »breite Masse«? Die meisten werden sowieso nicht begreifen, worin der Unterschied zwischen Linken und Rechten besteht, die einen wie die anderen berufen sich auf Lenin, schwören der Oktoberrevolution und der Arbeiterklasse Treue. Und eben darum muß man alle Abweichler, alle politisch unsicheren, schwankenden Kleingläubigen als so überdimensional abscheuliche Schurken anprangern, daß jeder sich entsetzt von ihnen abwendet, daß das Volk sie verflucht und haßt. Ich selbst hatte ja einmal mit denen sympathisiert, gegen die Fluch und Haß sich richten müssen, mich dann von ihnen rigoros losgesagt und meinen Standpunkt danach nicht mehr gewechselt. Seit ich selbst Häftling war, war ich mit aller Energie bedacht, diese Fähigkeit, »objektiv« über Geschichte und Gegenwart zu urteilen, nicht zu verlieren, und entwickelte mich im Gefängnis zu einem viel konsequenteren Stalinisten, als ich es je vorher gewesen war. Am ärgsten fürchtete ich mich davor, daß mein eigener bitterer Kummer, die unverdiente Demütigung mir die Augen trüben und mich hindern könnten die Hauptsache klar zu sehen, das Wichtigste für das Leben des Landes und der Welt. Darin lag für mich die notwendige Quelle seelischer Kräfte: in der Überzeugung, der großen Einheit anzugehören. Nur so behielt das Leben seinen Sinn — das ganze Leben, auch Vergangenheit und Zukunft. [. . .]

Damals glaubte ich, daß die Generäle und die Tschekisten, die Richter und die Gefängniswärter eines Stammes mit mir seien, daß sie, ich, wir alle Kämpfer einer Armee, Schräubchen einer Maschine, »Späne« eines Waldes seien. Nur waren eben manche klüger, gewissenhafter, weniger mit den »Muttermalen« des Kapitalismus behaftet, andere dagegen dümmer, moralisch schwächer. [. . .] Aber ich war überzeugt: wenn auch die Mehrzahl der NKWD-Leute, der Richter und Staatsanwälte schlecht und menschlich verkommen sind, im Endergebnis sind die Gründe wie die Ziele ihrer summarischen Tätigkeit richtig, historisch notwendig. Und darum glaubte ich, daß alle Fehler, alle Fehlurteile — wie viele es auch sein mochten — das Ganze nicht verderben, die siegreiche Entwicklung zum Sozialismus nicht aufhalten könnten.

[. . .] ich meinte, daß [. . .] jene, die genau wie ich Opfer von Verleumdungen und widrigen Umständen geworden waren, das Joch der Haft zu tragen hätten und vielleicht bis zum vollen Triumph der »historischen Notwendigkeit« rechtlose Sklaven dieser Notwendigkeit bleiben müßten. Wer das nicht verstehen konnte oder wollte, böse und verbittert darüber grübelte, wurde zwangsläufig zum Volksfeind. Aber wer es verstand, konnte die innere Freiheit der »anerkannten Notwendigkeit« gewinnen und damit, als höchsten Lohn, das eigene Bewußtsein, in Not und Erniedrigung seinen hohen Idealen und sich selbst gegenüber treu geblieben zu sein.

(Lew Kopelew, Aufbewahren für alle Zeit!, Hamburg 1976, S. 28—30)

Kopelow ist ein sowjetischer Germanist und Böll-Freund, der sich z. Zt. für die Opposition in der UdSSR einsetzt. Gegen Ende des 2. Weltkrieges wurde er — damals Offizier einer Propagandaeinheit — wegen »kleinbürgerlichem Humanismus und Mitleid mit dem Feind« verhaftet und verurteilt. 1956 wurde er rehabilitiert.

Fragen und Anregungen

▶ 1. Beschreiben Sie die Faktoren, die Kopelew nennt, um zu erklären, wie der »Stalinismus« von Kommunisten, ja sogar von Opfern dieses Systems akzeptiert werden konnte.

▶ Worin sieht Kopelew den Sinn der Prozesse und Zwangsmaßnahmen? Wie sah er zum damaligen Zeitpunkt seine eigene Funktion in der Gesellschaft und die anderer Leute, auch seiner Richter?

▶ 2. Machen Sie sich noch einmal die Lage in Landwirtschaft und Industrie gegen Ende der 20er Jahre sowie die Entwicklung der Partei klar. Versuchen Sie, sich in die Situation eines damaligen Sowjetbürgers und Kommunisten hineinzuversetzen und seine Haltung zu verstehen. Welche Faktoren, die Sie vorher untersucht haben, machen solche Reaktionen besonders verständlich? Was bleibt ihnen unerklärlich? Wie beurteilen Sie die Haltung Kopelews?

9.3. Schlußwort N. Bucharins in seinem Prozeß am 12. 3. 1938

Bucharin hatte im Gegensatz zu den meisten Angeklagten zunächst alle Vorwürfe abgestritten und führte auch jetzt noch alle konkreten Anschuldigungen — wie die Planung von Lenins Ermordung — ad absurdum. Hingegen gab er nun allgemein »Schädlingstätigkeit« und Zugehörigkeit zum »Block der Rechten und Trotzkisten« zu.

[. . .] Ich werde hier von mir selbst sprechen, von den Ursachen meiner Reue. Natürlich muß man sagen, daß auch die Beweisstücke eine sehr große Rolle spielen. Ich habe ungefähr drei Monate geleugnet. Dann begann ich Aussagen zu machen. Warum? Die Ursache lag darin, daß ich im Gefängnis meine ganze Vergangenheit umgewertet habe. Denn, wenn man sich fragt: Wenn du stirbst, wofür stirbst du? — dann ergibt sich plötzlich mit erschütternder Deutlichkeit eine absolut schwarze Leere. Es gibt nichts, wofür man sterben müßte, wenn man sterben wollte, ohne bereut zu haben. Und umgekehrt, nimmt all das Positive, das in der Sowjetunion leuchtet, nimmt all dies im Bewußtsein der Menschen andere Ausmaße an. Dies hat mich letzten Endes endgültig entwaffnet, dazu getrieben, meine Knie vor der Partei und dem Lande zu beugen. Und wenn man sich fragt: Nun gut, du stirbst nicht, wenn du durch irgendein Wunder leben bleibst, dann wieder wofür? Isoliert von allen, ein Feind des Volkes in einer nicht menschlichen Lage, in voller Isolierung von allem, was das Wesen des Lebens ausmacht. Und sofort bekommt man auf diese Frage eine Antwort. Und in solchen Momenten, Bürger Richter, fällt alles Persönliche, aller persönlicher Niederschlag, die Überbleibsel der Erinnerung, Eigenliebe und eine ganze Reihe anderer Sachen weg und verschwinden. Und wenn zu einem dann noch das Echo des weiten internationalen Kampfes gelangt, so tut all dies in seiner Gesamtheit seine Wirkung, und es ergibt sich ein voller innerer moralischer Sieg der UdSSR über ihre kniefälligen Gegner. Aus der Gefängnisbibliothek bekam ich zufällig das Büchlein Feuchtwangers, in dem von dem Prozeß der Trotzkisten die Rede war. Es machte auf mich einen starken Eindruck. Aber ich muß sagen, daß Feuchtwanger nicht bis zum Wesen der Sache drang, er blieb auf halbem Wege stehen, für ihn ist nicht alles klar, in Wirklichkeit aber ist alles klar. Die Weltgeschichte ist das Weltgericht. Eine Gruppenreihe der Führer des Trotzkismus hat bankrott gemacht und wurde auf den Kehrichthaufen geworfen. Das ist richtig. Aber man kann es nicht so machen wie es Feuchtwanger besonders in bezug auf Trotzki macht, wenn er ihn mit Stalin auf eine Linie stellt. Das ist eine vollständig falsche Betrachtung bei ihm. Denn in Wirklichkeit steht hinter Stalin das ganze Land, er ist die Hoffnung der Welt, der Schöpfer. Napoleon bemerkte einmal: Schicksal ist Politik. Das Schicksal Trotzkis ist konterrevolutionäre Politik.

Ich komme rasch zum Ende. Ich spreche vielleicht das letztemal in meinem Leben.

Ich will erklären, auf welche Weise ich zur Notwendigkeit gelangte, vor der Untersuchungsbehörde und vor Ihnen, Bürger Richter, zu kapitulieren. Wir sind gegen die Freunde des neuen Lebens mit den verbrecherischsten Kampfmethoden aufgetreten. Ich lehne die Anklage des Anschlags auf das Leben Wladimir Iljitschs ab, aber meine konterrevolutionären Komplicen und ich an ihrer Spitze versuchten das Werk Lenins, das von Stalin mit gigantischem Erfolg fortgesetzt wird, zu zerschlagen. Die Logik dieses Kampfes hat uns von Stufe zu Stufe in den schwärzesten Sumpf hinabgestoßen. Und noch einmal ist bewiesen, daß das Abgehen von der Position des Bolschewismus den Übergang zum politischen konterrevolutionären Banditentum bedeutet. Jetzt ist das konterrevolutionäre Banditentum zerschmettert, wir sind zerschlagen, wir haben unsere furchtbaren Verbrechen bereut. [. . .]

(Die Moskauer Schauprozesse 1936—1938, hrsg. von Theo Pirker, München 1963, S. 239 — 240)

Fragen und Anregungen

▶ 1. Welche Punkte nennt Bucharin zur Erklärung seines Verhaltens?

▶ 2. Bemühen Sie sich, »zwischen den Zeilen« zu lesen. Ist Ihrer Meinung nach irgendwo eine Distanzierung vom »Stalinismus« und seinen Methoden zu erkennen? Berücksichtigen Sie dabei auch, daß Bucharin alle konkreten Anschuldigungen gegen sich zurückweist und widerlegt.

▶ 3. Vergleichen Sie diesen Auszug mit dem Kopelew-Text. Welche Gemeinsamkeiten entdekken Sie bei der Begründung des jeweiligen Verhaltens? Worauf läßt das schließen?

▶ 4. Beurteilen Sie das Verhalten Bucharins.

9.4 Stalins Personenkult: Die sowjetische Erklärung

[...] Bei der Betrachtung der Entstehung des Stalinschen Personenkultes muß man sowohl die objektiven, konkreten historischen Bedingungen wie die subjektiven Faktoren, die mit den persönlichen Qualitäten Stalins verbunden sind, berücksichtigen. Die Kommunistische Partei leitete den Aufbau des Sozialismus in der UdSSR unter außergewöhnlich schwierigen internationalen und inneren Umständen (Bedrohung von außen, verschärfter Klassenkampf im Innern, innerparteiliche Kämpfe, d. Verf.). Diese Bedingungen erforderten eiserne Disziplin, Zentralisierung der Führung, eine gewisse Beschränkung der Demokratie. [...]

In diesen Jahren trat Stalin zusammen mit anderen führenden Funktionären der Partei als fähiger Organisator des Kampfes des sowjetischen Volkes für den Aufbau des Sozialismus auf. (... erwähnt werden sein Kampf gegen die innerparteilichen Oppositionsgruppen und seine ideologischen Werke .. d. Verf.;) all dies gewann ihm große Autorität in Partei und Volk. Unter diesen Umständen entfaltete sich allmählich der Stalinsche Personenkult. Mit dem Namen Stalins wurden fälschlicherweise alle Siege und Erfolge, die die Kommunistische Partei und das Sowjetland erreicht hatten, verbunden. Lobpreisungen an Stalins Adresse verdrehten ihm den Kopf. Schon in dieser Etappe zeigten sich die negativen Eigenschaften Stalins. Er strebte nicht danach, Gegner zu überzeugen, sie dem ideellen Einfluß der Partei zu unterwerfen, entstehende Meinungsverschiedenheiten und Gegensätze mit demokratischen, Partei-Methoden zu lösen, wie dies Lenin tat, sondern nahm seine Zuflucht zu administrativen Methoden. Entgegen den Entscheidungen der Parteikongresse über die Entfaltung der innerparteilichen Demokratie entfernte er sich von der Leninschen Methode der kollektiven Führung und traf Entscheidungen zu äußerst wichtigen Fragen ganz persönlich. [...] Stalin begann die satzungsmäßigen Ansprüche der Partei zu verletzen; dies drückte sich aus in unregelmäßiger Einberufung der Parteikongresse und ZK-Plenarsitzungen, in einer Einschränkung der Arbeit des Politbüros des ZK als kollektivem Führungsorgan, in einer Verletzung der innerparteilichen Demokratie wie z. B. der Vertauschung von Wählbarkeit in Parteiorgane mit Kooptation usw. [...]

Stalin verletzte Lenins »Testament« und stellte sich über das ZK der Partei, löste sich von dessen Kontrolle und schützte sich vor Kritik. Systematisch stärkte er den Kult seiner Persönlichkeit; [...] Als die sozialistische Ordnung schon endgültig in der UdSSR gesiegt hatte, als die Ausbeuterklassen und ihre ökonomische Basis beseitigt waren, trat Stalin mit der völlig falschen Behauptung auf, der Klassenkampf verschärfe sich in dem Ausmaß, wie der Sozialismus vordringe, und beweise die Notwendigkeit, die Gewalt- und Straffunktion des Sowjetstaates zu verstärken. Das mußte als theoretische Grundlage der Massenrepressionen dienen. Die Repressionen der Leninschen Parteikader, redlicher Leiter im Staats- und Wirtschaftsapparat, des kommandierenden und politischen Bestandes der Roten Armee, gewöhnlicher Kommunisten und Sowjetbürger forderten schwere Opfer.

Der Stalinsche Personenkult ermöglichte im Parteiaufbau und in der Wirtschaftsarbeit die Verbreitung fehlerhafter Methoden, bloß administrativer Maßnahmen und von Verstößen gegen die innerparteiliche Demokratie.

In Planung und Verwaltung der Volkswirtschaft wurden Voluntarismus und Subjektivismus sowie Mißachtung von ökonomischen Gesetzen und Stimuli der Produktionsentwicklung erzeugt, das sozialistische Prinzip der Bezahlung nach Arbeit(sleistung) wurde ernsthaft verletzt. Der Stalinsche Personenkult fügte den Gesellschaftswissenschaften Schaden zu, darunter den philosophischen und historischen, insbesondere der Erforschung der Parteigeschichte. Dies hemmte die schöpferische Entwicklung des Marxismus-Leninismus und schwächte den Einfluß der Wissenschaft auf die Entwicklung der Gesellschaft. [...]

Innerhalb des ZK der Partei gab es Funktionäre, die die Erfordernisse der inneren und äußeren Politik richtig verstanden und die den mit dem Stalinschen Personenkult verbundenen negativen Erscheinungen entgegenwirkten. Indessen wäre unter den Bedingungen, als Stalin in Partei und Volk riesige Autorität genoß, ein offenes Auftreten gegen ihn nicht verstanden worden und hätte keine Unterstützung erhalten. [. . .]

(Im folgenden werden der XX. Parteitag 1956 und seine Folgen dargestellt, d. Verf.) —

(Sowetskaja Istoritscheskaja Enziklopedija [Historische Sowjet-Enzyklopädie], Bd. VIII, Moskau 1965, Sp. 272—277. Übersetzung: Heiko Haumann)

Fragen und Anregungen

▶ 1. Nennen Sie die Faktoren, die in dem Artikel zur Erklärung des »Stalinismus« angeführt werden. Welche Punkte werden besonders hervorgehoben?

▶ 2. Setzen Sie diese Faktoren mit den Materialien, die Sie bearbeitet haben, in Beziehung. Stellen Sie Gemeinsamkeiten und Unterschiede zu Ihren eigenen Überlegungen und Urteilen fest.

▶ 3. Beurteilen Sie die Akzente dieses Textes. Wie erklären Sie sich insbesondere die Hervorhebung der Persönlichkeit Stalins und der Opposition innerhalb des ZK gegen ihn?

9.5 Jean Elleinstein: Das »Stalinsche Phänomen«

Der ›Stalinismus‹ ist, insgesamt betrachtet, also eine zeitlich-räumliche Erscheinung und keine historische Notwendigkeit, die immer und überall für den Sozialismus der Vergangenheit, Gegenwart und Zukunft zu gelten habe.[. . .] Einerseits half es (das Stalinsche Phänomen, d. Verf.), den Sozialismus aufzubauen — dies verneint allerdings eine große Zahl von Autoren — andererseits errichtete es den Sozialismus oft mit Mitteln größter Barbarei und der Despotie, was all diejenigen abschreckt, die Barbarei und Despotie verabscheuen. [. . .] es entstand in einer Zeit und in einem Raum, in dem sich das Beste mit dem Schlimmsten vermischte. Man kann es natürlich bedauern, daß der Sozialismus nicht vollkommen ist, aber ein solches Bedauern entspränge purem Utopismus. Nichts vermag den Sozialismus vor solchen Gefahren zu bewahren. Alles hängt von den jeweiligen Bedingungen des Ortes und der Zeit ab, unter denen er sich entfaltet [. . .]

Die ›bürokratische Deformation‹ und die nationalistische und großrussische Politik (die Lenin gegen Ende seines Lebens zu bekämpfen versuchte, d. Verf.) konnte nur mit mehr Demokratie bekämpft werden; von dieser fehlte jedoch jegliche Grundlage im Rußland des Jahres 1923, und es bestand auch keine Aussicht, diese einzuführen, da damit gleichzeitig die Sowjetmacht gefährdet wurde, wie die Ereignisse in Kronstadt veranschaulicht hatten. Unter diesem Gesichtspunkt dürfen wir nicht vergessen, daß es in der Sowjetunion des Jahres 1923 weder die Meinungsfreiheit noch die Versammlungs- oder Vereinigungsfreiheit gab oder etwa freie Wahlen; die Macht befand sich in den Händen einer einzigen Partei, und innerhalb dieser Partei in einer kleinen Gruppe, die höchstens aus einigen tausend Kadern bestand; ferner herrschte eine fast allmächtige politische Polizei, und es fehlten jegliche demokratischen Traditionen wie auch demokratischen Strukturen überhaupt, was den Bedingungen geschuldet ist, unter denen die Revolution siegreich geführt wurde. So können wir also feststellen, daß einige Züge der sowjetischen Form des Sozialismus aus diesem historischen Zusammenhang heraus entstanden sind und nicht aus dem Sozialismus selbst [. . .] Mit anderen Worten, schuld ist nicht der Ökonomismus, sondern die bürokratische Deformation eines Arbeiterstaates, in dem das Fehlen der politischen Demokratie sich mit den Bedingungen des Übergangs zum Sozialismus und dessen Errichtung verbanden [. . .]

(Jean Elleinstein, Geschichte des »Stalinismus«, Berlin 1977, S. 51—52, 63, 83, 178—179)

Fragen und Anregungen

1. Welche Akzente betont Elleinstein in seiner Erklärung des »Stalinismus«? Beurteilen Sie sie auf dem Hintergrund der Informationen, die Ihnen gegeben wurden.
2. Inwiefern hebt sich Elleinstein von den anderen hier zitierten Autoren ab?
3. Elleinstein ist Mitglied der Kommunistischen Partei Frankreichs. Welches Interesse könnte er daran gehabt haben, dieses Buch zu schreiben? Inwieweit könnte dieses Interesse seinen Erklärungsansatz beeinflußt haben?

9.6 Zur Totalitarismus-Theorie

Keine Soziologie des Stalinismus, die sich den Sinn für geschichtlichen Unterschied bewahrt hat, kann den Stalinismus einer allgemeinen Lehre vom *Totalitarismus* einordnen, unter die zugleich eine *Herrschaftsordnung* etwa von der Art der *nationalsozialistischen* fiele. Wenn es bei uns immer noch die landläufige Meinung ist, »daß faschistische und kommunistische totalitäre Systeme grundsätzlich gleichartig sind«, wobei die Übereinstimmung beider gesehen wird in »einer Ideologie, einer einzelnen Partei, die im typischen Fall von einem Mann geleitet wird, einer terroristischen Polizei, einem Kommunikationsmonopol, einem Waffenmonopol und einer zentral gelenkten Wirtschaft« (Zitate von C. J. Friedrich, d. Verf.), so wird über formalen Ähnlichkeiten das *Inhaltliche,* die besondere gesellschaftliche Trägerschaft, der Unterschied zwischen Privateigentum und Gemeineigentum an den Wirtschaftsmitteln und der tiefere soziale Zweck jeweiliger Machtausübung vernachlässigt. Nur so ist es möglich, eine Ordnung vom Typus der historischen *Erziehungs*diktatur mit einer Form geschichtlicher *Beharrungs*diktatur gleichzusetzen und einem Auswuchs der »Diktatur des Proletariats« eine Erscheinung von »Diktatur der Bourgeoisie« vergleichbar zu machen.

(Werner Hofmann, Stalinismus und Antikommunismus. Zur Soziologie des Ost-West-Konflikts, Frankfurt/M. 1967, S. 16—17. Hervorhebungen vom Autor.)

Fragen und Anregungen

1. Worin besteht nach der Meinung des Totalitarismus-Theoretikers C. J. Friedrich die Gemeinsamkeit von nationalsozialistischem und stalinistischem System?
2. Wie begründet W. Hofmann seine Ablehnung der Totalitarismus-Theorie?
3. Versuchen Sie, mit Hilfe dieses Textes und von Lexika die Bedeutung des Begriffes »Totalitarismus« festzustellen.
4. Vergleichen Sie die Aussagen dieses Textes mit den von Ihnen bearbeiteten Materialien. Was kann mit der Totalitarismus-Theorie getroffen, was kann damit beschrieben werden, was vermag sie nicht zu leisten? Wie ist die Auffassung Hofmanns zu beurteilen?

9.7 Werner Hofmann: Was ist Stalinismus?

Der Autor beschreibt zunächst die Ausgangsbedingungen der Sowjetmacht: das Ausbleiben der Weltrevolution, die weltpolitische Isolierung mit der latenten Gefahr einer Intervention kapitalistischer Staaten (wie sie im Bürgerkrieg manifest geworden war), die schwierigen ökonomischen Probleme, die gewaltigen Erziehungsaufgaben, d. h. also insgesamt für einen Sozialismus »anormale« Verhältnisse. Er verweist weiter auf die besondere geschichtliche Entwicklung Rußlands und auch der Bolschewiki, die autoritäre Verhaltensweisen begünstigt habe. Dann heißt es:

Es ist nach dem bisher Entwickelten wohl einsichtig, daß ein hohes Maß von Zwangsfunktion aus der Natur der selbstgestellten Aufgaben dem sowjetischen Staate und seinen Organen zuwachsen mußte, und daß hierbei zugleich bedeutende soziale und institutionelle Korrektive des Machtgebrauchs, wie sie eine differenziertere Gesellschaft historisch entwickelt hat, fehlten. Mit dem Bedürfnis nach Zwang ist aber nur eine *Voraussetzung* des Stalinismus bezeichnet, nicht dieser selbst. Es hieße einem fatalen Geschichtsdeterminismus huldigen, wollte man die ausschweifende Machtentfaltung des Stalinismus als das unausweichliche Ergebnis der Umstände werten. Als Stalinismus soll vielmehr jener *Exzeß* der Macht verstanden werden, der nicht in den Aufgaben einer ›Erziehungsdiktatur‹ gründete, der nicht objektiv ›notwendig‹ war. Der Stalinismus resümiert sich in der Entscheidung aller Fragen unter dem Gesichtspunkt der Macht, der Durchsetzbarkeit des Gewollten. Stalinismus ist ein spezifischer *Opportunismus der Macht,* auf der allgemeinen Grundlage einer proletarischen Gesellschaft. Seine soziale Bedingung ist die zeitweilige *relative Verselbständigung der Führer* von ihrer vorerst noch schwach entwickelten *gesellschaftlichen Basis.* Die erklärte Diktatur des Proletariats hat so für lange Zeit den Charakter einer *stellvertretenden Diktatur* angenommen, worin die Staatsgewalt ihren eigentlichen gesellschaftlichen Trägern *entfremdet* gegenübertrat.

(Hofmann, Stalinismus und Antikommunismus, S. 38—39. Hervorhebungen vom Autor)

Der »Stalinismus« erweist sich so als der adäquate Ausdruck des russischen Bolschewismus in der Periode der *beschleunigten* »sozialistischen« *Industrialisierung* des *Sowjetraumes* unter den Bedingungen der ökonomischen *Rückständigkeit* und der weltpolitischen *Isolierung.* [. . .] Wenn der »Stalinismus« eine besondere Erscheinungsform des Bolschewismus darstellt, so können seine spezifischen soziologischen Merkmale etwa in folgendem gesehen werden: Ausschließliches Denken in materiellen (vor allem militärischen) Potenzen; Entscheidung aller Fragen unter dem Gesichtspunkt des »Starkwerdens« — dies auch auf das interne Rivalitätsverhältnis der Gruppen und Personen bezogen —; unbedingte Voransetzung äußerer Zwecke, bei gleichzeitiger völliger Wahllosigkeit in den Mitteln und grenzenloser Verachtung ihrer subjektiven Wirkungen; Heranbildung eines *bürokratischen*, d. h. dem Zweck nach »ohne Ansehen der Person« und politisch gesinnungslos — d. h. ohne *eigene* Gesinnung — handelnden Apparat zur Exekution des Staatswillens. Der »Stalinismus« hat ersichtlich keine eigene »*theoretische*« Grundlage gehabt, und er hat daher stets vermocht, sich die etablierte Theorie zunutze zu machen; er hat sich als eine Spielart der bolschewistischen *Praxis* entwickelt. [. . .]

Bei nahezu völligem Fehlen externer Akkumulationsquellen mußte die ganze Wucht der sowjetischen Industrialisierung auf die heimische *Arbeitskraft* fallen, jene ursprüngliche Produktivkraft, die, roh und halb unbewaffnet, wie sie unter den gegebenen Verhältnissen war, als einzige sich ihre komplementären Bedingungen, ihren verlängerten technischen Arm selbst zu schaffen imstande war. Zugleich aber entsprang aus der Größe des Vorhabens der Zwang, die nationale *Gesamt*arbeit in den Dienst des Industrialisierungszwecks zu stellen, *alle* Lebensbereiche der Gesellschaft zu botmäßigen Gliedern der industriellen Akkumulation zu machen. [. . .]

(Hofmann, Die Arbeitsverfassung der Sowjetunion, Berlin 1956, S. 8, 24)

Fragen und Anregungen

▶ 1. Vergleichen Sie die beiden Texte von Hofmann: Welche Charakteristik des »Stalinismus« ist ihnen gemeinsam, worin unterscheiden sie sich?

▶ 2. Warum spricht Hofmann vom »Stalinismus« als einem »adäquaten Ausdruck des russischen Bolschewismus«? Welche Bedingungen nennt er, die zu diesem System führten?

▶ 3. Wie sieht Hofmann das Verhältnis von ökonomischen Notwendigkeiten und den Mitteln, die im »Stalinismus« angewandt wurden? Mit anderen Worten: war nach Hofmanns Meinung der »Stalinismus« die unausweichliche Form, um mit diesen Notwendigkeiten fertig zu werden?

▶ 4. Wie unterscheidet sich Hofmann von den Totalitarismus-Theoretikern?

▶ 5. Vergleichen Sie die Aussagen Hofmanns mit dem, was Sie am Stoff erarbeitet haben. Versuchen Sie eine eigene Bewertung.

III. Arbeitsphase
Die Sowjetunion in der Gegenwart

1. Die innere Entwicklung der Sowjetunion von Stalins Tod bis zur Gegenwart

Zur Information

Als Stalin am 5. 3. 1953 starb, befand sich die sowjetische Wirtschaft in unerwarteten Schwierigkeiten. Der Wiederaufbau nach dem 2. Weltkrieg hatte sich rasch vollzogen; in den meisten Bereichen war bereits Ende der vierziger Jahre der Vorkriegsstand wieder erreicht. Neue Belastungen brachte allerdings der sich verschärfende »Kalte Krieg« zwischen dem sozialistischen und kapitalistischen »Lager« mit sich. Dennoch sah es zunächst so aus, als ob die sowjetische Wirtschaft in schnellem Tempo weiter wachsen und die führenden kapitalistischen Länder bald einholen würde. Um so schockierender wirkten dann die in den fünfziger Jahren plötzlich sinkenden Wachstumsraten. Die innerparteilichen Auseinandersetzungen nach Stalins Tod wurden wesentlich von dieser Entwicklung bestimmt.

In der Parteiführung konnte sich zunächst, nach heftigen Kontroversen, Nikita Chruschtschow durchsetzen. Er stand seit 1953 an der Spitze der Partei und wurde 1958 auch Ministerpräsident. In seine Amtszeit fällt eine Welle von Reformen. Die wichtigsten betrafen die Lohnsysteme in Industrie und Landwirtschaft, der Versuch der Neulandgewinnung, eine Dezentralisierung der Wirtschaftsverwaltung und eine Intensivierung der Produktion. Aber nicht nur der ökonomische Bereich stand im Zeichen von Reformen. Mit dem XX. Parteitag 1956 begann die »Entstalinisierung« mit der Aufdeckung der Verbrechen vor allem in den dreißiger Jahren und der Anprangerung des »Stalinschen Personenkults«. In weiten Teilen der Gesellschaft war ein »Tauwetter« (so der Titel eines Romans von Ilja Ehrenburg) spürbar. Auch die Kommunistische Partei wurde davon erfaßt. Ausdruck der Neuansätze sind Parteiprogramm und Parteistatut von 1961. Mit dem Programm wollte die Partei den Aufbau des Kommunismus einleiten. Mit dem Statut sollten in erster Linie die innerparteiliche Demokratie verbessert und die Qualifikation der Mitglieder — gerade für die schwierigen wirtschaftlichen Aufgaben — erhöht werden. Allerdings konnten nicht alle Belastungen aus der Stalin-Zeit mit einem Schlage beseitigt werden. Im Statut — wie in anderen Maßnahmen — blieben Elemente erhalten, die autoritäre Formen begünstigten, und viele Funktionäre ließen sich nach wie vor von gewohnten Verhaltenstraditionen leiten.

In der Wirtschaft wurde am ehesten sichtbar, daß sich der Erfolg nicht im gewünschten Ausmaß einstellte. Im Oktober 1964 mußte Chruschtschow von seinen Ämtern zurücktreten. Nachfolger wurde eine kollektive Führung um Ministerpräsident Alexej Kossygin und Leonid Breschnew, der inzwischen als Generalsekretär der Partei und Staatsoberhaupt die Spitzenstellung einnimmt. Bereits 1965 kam es zu einer neuen einschneidenden Wirtschaftsreform. Durch sie sollte die Wirtschaftsverwaltung wieder mehr zentralisiert werden, zugleich aber die Betriebe mehr Rechte und die Arbeiter größere Mitwirkungsmöglichkeiten erhalten. Die Reformen dehnten sich schnell auf alle Bereiche der Wirtschaft aus. Die Erfolge der Reformen sind nicht zu übersehen. Das Niveau der sowjetischen Wirtschaft verbesserte sich erheblich. Der Lebensstandard der

Bevölkerung konnte erhöht werden, die Arbeitsproduktivität stieg wieder an (wenngleich sie immer noch nicht voll befriedigte). Beträchtliche Mängel sind aber auch jetzt noch in der Landwirtschaft und in der Konsumgüterproduktion vorhanden. Neben geographischen, klimatischen und infrastrukturellen Bedingungen, die nur unter großen Schwierigkeiten zu verbessern sind, wirken hier am stärksten die Belastungen aus dem »Stalinismus« nach.

Ihre vollständige Überwindung wird durch Widersprüche erschwert, die namentlich im politischen Bereich bekannt werden. Zwar wurde gegenüber der Stalin-Zeit dem Recht wieder mehr Geltung verschafft, aber ganz verschwanden Erscheinungen wie Bespitzelung und Verhaftung durch die Geheimpolizei, Einweisung in Arbeitslager usw. nicht. Über diese Vorgänge berichteten Schriftsteller und Wissenschaftler — sog. »Dissidenten« —, die auch im Westen veröffentlicht wurden. Als sich die Haltung der Partei- und Staatsführung gegenüber den Oppositionellen verhärtete, wurden viele von ihnen, die anfangs lediglich Verbesserungen im Rahmen des Systems vorgeschlagen hatten, zu Systemkritikern. Das politische Spektrum der »Dissidenten« ist jedoch außerordentlich breit geblieben.

Anders als bei historischen Wendepunkten wie der Oktoberrevolution und der Entstehung des »Stalinismus«, bei denen Entwicklungslinien durch Materialien belegt werden können, muß bei der Erfassung der Gegenwart auf Quellen zurückgegriffen werden, die den Zustand einzelner gesellschaftlicher Bereiche darstellen. Die Entwicklung bleibt offen.

2. Die gegenwärtige politische Ordnung

2.1 Aus der Verfassung der UdSSR vom 7. 10. 1977

Artikel 48. Die Bürger der UdSSR haben das Recht, an der Leitung von staatlichen und gesellschaftlichen Angelegenheiten, an der Erörterung und Annahme von Gesetzen und Beschlüssen von gesamtstaatlicher und örtlicher Bedeutung mitzuwirken.

Dieses Recht wird gewährleistet durch die Möglichkeit, die Sowjets der Volksdeputierten bzw. andere Staatsorgane zu wählen oder in diese gewählt zu werden, an Volksaussprachen und -abstimmungen, an der Volkskontrolle, an der Arbeit der Staatsorgane, der gesellschaftlichen Organisationen sowie der ehrenamtlichen Organe, an Versammlungen der Arbeitskollektive und in den Wohngebieten teilzunehmen.

Artikel 49. Jeder Bürger der UdSSR hat das Recht, den staatlichen Organen und gesellschaftlichen Organisationen Vorschläge für die Verbesserung ihrer Tätigkeit zu unterbreiten und Mängel in der Arbeit zu kritisieren.

Die zuständigen Mitarbeiter sind verpflichtet, die Vorschläge und Eingaben der Bürger in den festgelegten Fristen zu prüfen, zu beantworten und die notwendigen Maßnahmen zu treffen.

Die Verfolgung wegen Kritik ist verboten. Personen, die jemanden wegen Kritik verfolgen, werden zur Verantwortung gezogen.

Artikal 50. In Übereinstimmung mit den Interessen des Volkes und zur Festigung und Entwicklung der sozialistischen Ordnung wird den Bürgern der UdSSR die Redefreiheit, die Pressefreiheit, Versammlungs- und Kundgebungsfreiheit, die Freiheit zur Durchführung von Straßenumzügen und Demonstrationen garantiert.

 DTV

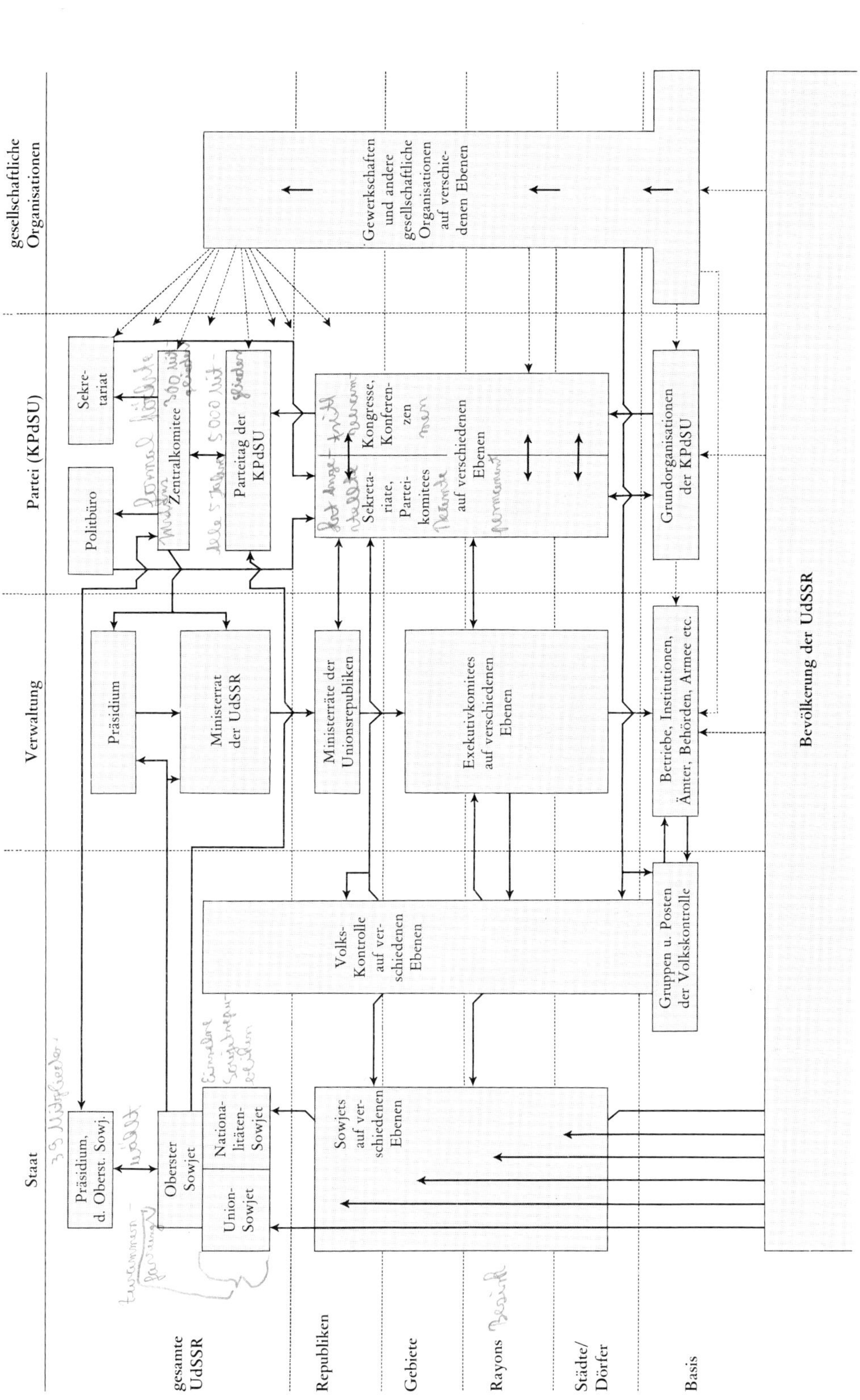

Staat
Verwaltung
Partei (KPdSU)
gesellschaftliche Organisationen
gesamte UdSSR
Republiken
Gebiete
Rayons
Städte/ Dörfer
Basis
Präsidium, d. Oberst. Sowj.
Oberster Sowjet
Union-Sowjet
Nationalitäten-Sowjet
Präsidium
Ministerrat der UdSSR
Politbüro
Sekretariat
Zentralkomitee
Parteitag der KPdSU
Sowjets auf verschiedenen Ebenen
Ministerräte der Unionsrepubliken
Sekretariate, Parteikomitees
Kongresse, Konferenzen
auf verschiedenen Ebenen
Gewerkschaften und andere gesellschaftliche Organisationen auf verschiedenen Ebenen
Volks-Kontrolle auf verschiedenen Ebenen
Exekutivkomitees auf verschiedenen Ebenen
Gruppen u. Posten der Volkskontrolle
Betriebe, Institutionen, Ämter, Behörden, Armee etc.
Grundorganisationen der KPdSU
Bevölkerung der UdSSR

Die Verwirklichung dieser politischen Freiheiten wird den Werktätigen und ihren Organisationen durch die Bereitstellung öffentlicher Gebäude, Straßen und Plätze sowie durch die umfassende Informationsverbreitung und die Möglichkeit der Nutzung von Presse, Fernsehen und Rundfunk gesichert.

Artikel 51. In Übereinstimmung mit den Zielen des kommunistischen Aufbaus haben die Bürger der UdSSR das Recht, sich in gesellschaftlichen Organisationen zu vereinigen, die zur Entwicklung der politischen Aktivität und Initiative sowie zur Befriedigung ihrer vielfältigen Interessen beitragen.

Den gesellschaftlichen Organisationen werden die Bedingungen für die Erfüllung ihrer im Statut verankerten Aufgaben garantiert.

Artikel 52. Den Bürgern der UdSSR wird Gewissensfreiheit garantiert, das heißt das Recht, sich zu einer beliebigen oder keiner Religion zu bekennen, religiöse Kulthandlungen auszuüben oder atheistische Propaganda zu betreiben. Das Schüren von Feindschaft und Haß im Zusammenhang mit religiösen Bekenntnissen ist verboten.

In der UdSSR sind die Kirche vom Staat, die Schule von der Kirche getrennt.

(Verfassung (Grundgesetz) der Union der Sozialistischen Sowjetrepubliken, Berlin (Ost) 1978, S. 27—29)

2.2 Ein Brief von den Professoren A. D. Sacharow, W. F. Turschin und R. A. Medwedew an das ZK der KPdSU vom 19. 3. 1970

[...] Im Laufe der vergangenen Dekade tauchten in der Wirtschaft unseres Landes bedrohliche Zeichen von Unstimmigkeiten und Stagnation auf, wobei die Wurzeln dieser Schwierigkeiten weiter in frühere Perioden zurückreichen und grundsätzlichen Charakter haben. Ständig sinkt das Wachstumstempo des Volkseinkommens. Es wächst das Mißverhältnis zwischen den für eine normale Entwicklung benötigten und dem tatsächlichen Einsatz neuer Produktionskapazitäten. Es gibt zahlreiche Beweise für Fehler bei der Festlegung der technischen und ökonomischen Politik für Industrie und Landwirtschaft sowie für unzulässige Verschleppung von Entscheidungen über unaufschiebbare Probleme.

Defekte im System der Planung, der Rechnungsführung und des Anreizes führen oft zu Gegensätzen zwischen lokalen und rationalen Interessen. Als Folge davon werden Reserven zur Entwicklung der Produktion nicht entdeckt und ungenügend ausgenutzt und dadurch der technische Fortschritt verlangsamt. Aus diesen Gründen werden natürliche Reichtümer ungestraft und ohne Kontrolle zerstört: Abholzung von Wäldern, Verschmutzung des Wassers, Überschwemmung wertvollen Ackerlandes, Erosion und Versalzung fruchtbaren Bodens usw. Allgemein bekannt ist die chronisch ernste Lage der Landwirtschaft, besonders in der Viehzucht. Das Realeinkommen der Bevölkerung hat in den letzten Jahren kaum noch zugenommen, Ernährung, medizinische Betreuung und die Dienstleistungen auf allen Lebensgebieten verbesserten sich nur langsam und unterschiedlich in den verschiedenen Landesteilen. Der Umfang mangelhafter Ware nimmt zu. Im Lande gibt es deutliche Zeichen einer Inflation.

Ganz besonders alarmierend für die Zukunft unseres Landes ist die Verlangsamung der Entwicklung des Erziehungswesens: unsere Gesamtausgaben für Erziehung sind dreimal geringer als in Amerika, und sie nehmen nur langsam zu. Auf tragische Weise nimmt der Alkoholismus überhand, und schon taucht die Gefahr der Rauschgifte bei uns auf. In vielen

Gegenden des Landes nimmt die Kriminalität zu. In einer Reihe von Orten sind Symptome der Korruption festzustellen. In der Arbeit wissenschaftlicher und wissenschaftlich-technischer Organisationen tritt immer mehr Bürokratismus, Amtsbeschränktheit, formalistische Einstellung gegenüber den eigenen Aufgaben und Fehlen von Initiative zutage.

Ein entscheidender Maßstab für den Erfolg ökonomischer Systeme ist bekanntlich die Arbeitsproduktivität. Und gerade damit ist es am schlechtesten bestellt. Nach wie vor ist die Arbeitsproduktivität bei uns um ein Mehrfaches niedriger als in den kapitalistischen Ländern, und ihr Wachstum hat sich stark verlangsamt. [. . .]

Die Wurzel unserer Schwierigkeiten liegt nicht in der sozialistischen Ordnung, sondern umgekehrt in jenen Besonderheiten und Verhältnissen unseres Lebens, die dem Sozialismus zuwiderlaufen und ihm feindlich sind. Die Wurzel liegt in den antidemokratischen Traditionen und Normen des gesellschaftlichen Lebens, die in der stalinistischen Zeit entstanden sind und die bis heute noch nicht völlig liquidiert worden sind. Zwangsmaßnahmen außerhalb der Wirtschaft, Begrenzung des Informationsaustauschs und der Gedankenfreiheit und alle anderen antidemokratischen Entstellungen des Sozialismus unter Stalin betrachtet man bei uns als den unvermeidlichen Preis für den Industrialisierungsprozeß. Man nimmt an, daß sie keinen nachteiligen Einfluß auf die Wirtschaft des Landes ausgeübt haben, auch wenn sie Folgen im politischen und militärischen Bereich und für das Schicksal breiter Bevölkerungsschichten und ganzer Nationalitäten hatten. [. . .]

Wahrheitsgetreue Information über unsere Mängel und negative Erscheinungen werden unter dem Vorwand geheimgehalten, daß sie »von feindlicher Propaganda ausgenützt werden könnten«. Der Austausch von Informationen mit dem Ausland wird beschränkt aus Angst vor dem »Eindringen feindlicher Ideologie«. Theoretische Entwürfe und praktische Vorschläge, die gewissen Leuten als zu kühn erscheinen, werden aus Angst vor einer »Unterminierung der Fundamente« diskussionslos im Keime erstickt. Es gibt bei uns unverhohlenes Mißtrauen gegenüber schöpferischen Denkern und kritischen, aktiven Persönlichkeiten. Unter diesen Bedingungen entsteht ein Klima, das nicht den Aufstieg jener fördert, die sich durch hohe berufliche Qualitäten und Hingabe an die Sache auszeichnen, sondern jener, die mit Worten ihre Treue zur Partei bekunden, in Wirklichkeit aber nur ihre eigenen Interessen verfolgen oder die passive Befehlsempfänger sind. [. . .]

Die Wirtschaftsreform von 1965 ist ein wichtiger und nützlicher Anfang zur Lösung der kardinalen Probleme unseres Wirtschaftslebens. Wir sind jedoch überzeugt, daß zur Lösung aller ihrer Aufgaben wirtschaftliche Maßnahmen allein nicht genügen. Außerdem können diese wirtschaftlichen Maßnahmen ohne gleichzeitige Reformen von Verwaltung, Informationswesen und Publizistik nicht richtig wirksam werden. [. . .]

Nur durch ein wissenschaftliches Herangehen können die auftauchenden Schwierigkeiten bewältigt und die Möglichkeiten einer nichtkapitalistischen Wirtschaftsordnung für die Leitung des wirtschaftlichen und technischen Fortschritts genützt werden. Aber das wissenschaftliche Herangehen setzt vollständige Information, vorurteilsfreie Denkweise und schöpferische Freiheit voraus. Solange solche Bedingungen nicht bestehen, nicht nur für ein paar Personen, sondern für die Massen, wird die Diskussion über wissenschaftliche Verwaltung bei uns leeres Gerede bleiben. [. . .]

Wie kann man rechtfertigen, daß Menschen in Gefängnisse, Lager und Irrenhäuser gesteckt werden, nur weil sie Opposition machten, die sich völlig legal im Bereich der Ideen und Überzeugungen abspielt? In zahlreichen Fällen handelt es sich nicht einmal um Opposition, sondern bloß um Streben nach Information oder um mutige und vorurteilslose Diskussion wichtiger gesellschaftlicher Fragen. Es ist völlig unzulässig, einen Schriftsteller wegen seiner Werke einzusperren. [. . .]

Wir schlagen in dem folgenden Programmentwurf eine Reihe von Maßnahmen vor, die im Laufe von vier, fünf Jahren verwirklicht werden könnten:

1. Erklärung der höchsten Partei- und Staatsorgane über die Notwendigkeit einer weiteren Demokratisierung und über Zeitablauf und Methoden ihrer Einführung. Veröffentlichung von Artikeln in der Presse, in denen die Probleme der Demokratisierung diskutiert werden.
2. Begrenzte Verbreitung von Informationen über die Lage des Landes und von theoretischen Arbeiten über gesellschaftliche Probleme, über die eine allseitige Diskussion noch nicht erwünscht ist, in Parteiorganen, Betrieben und Verwaltungsbehörden. Stufenweise Erweiterung des Zugangs zu diesen Materialien bis zur völligen Aufhebung der Begrenzung.
3. Breit angelegte Einrichtung von Industrieorganisationen, die über eine weitreichende Autonomie in den Fragen der Produktionsplanung, der technologischen Prozesse, der Materialversorgung und des Absatzes, der Finanzen und des Personals verfügen. Erweiterung dieser Rechte auf kleinere Produktionseinheiten. Wissenschaftliche Festsetzung und intensive Erforschung von Form und Ausmaß der staatlichen Lenkung.
4. Beendigung der Störung ausländischer Radiosendungen. Freier Verkauf ausländischer Bücher und Zeitungen. Beitritt unseres Landes zur internationalen Urheberrechtskonvention. Stufenweise Erleichterung und Erweiterung des internationalen Tourismus nach allen Seiten innerhalb von drei bis vier Jahren, Erleichterung des Briefwechsels und andere Maßnahmen zur Intensivierung internationaler Kontakte, vor allem zu den Mitgliedsländern des COMECON.
5. Eröffnung eines Instituts zur Erforschung der öffentlichen Meinung. Anfangs begrenzte, später vollständige Veröffentlichung der Forschungsergebnisse über die Einstellung der Bevölkerung zu verschiedenen innen- und außenpolitischen Fragen und anderer soziologischer Materialien.
6. Amnestie für politische Häftlinge. Verfügung der Veröffentlichungspflicht für Protokolle von allen politischen Prozessen. Gesellschaftliche Kontrolle in allen Gefängnissen, Lagern und psychiatrischen Kliniken.
7. Einführung von Maßnahmen zur Verbesserung der Funktion der Gerichte und der Staatsanwaltschaften sowie Absicherung ihrer Unabhängigkeit von Exekutive, lokalen Einflüssen, Vorurteilen und Beziehungen.
8. Verzicht auf Eintragung der Nationalität in Pässen und amtlichen Formularen. Einheitliches Paßsystem für die Einwohner von Städten und Dörfern. Stufenweise Aufhebung des Systems amtlicher Paßvermerke, die gleichlaufend mit der Überwindung von wirtschaftlichen und kulturellen Ungleichheiten in den verschiedenen Landesteilen durchgeführt werden soll.
9. Reform des Erziehungssystems. Erhöhung der Kredite für Primar- und Mittelschulen, Verbesserung der materiellen Lage der Lehrer, ihrer Selbständigkeit und ihres Rechts auf Experimente.
10. Annahme eines Gesetzes über Presse und Information, Zulassung neuer Presseorgane für gesellschaftliche Organisationen und Gruppen von Bürgern. Völlige Abschaffung der Vorzensur in jeglicher Form.
11. Verbesserung der Ausbildung leitender Kader, die moderne Verwaltungstechnik beherrschen sollen. Einführung einer Praktikantenzeit. Verbesserung der Information für leitende Kader aller Stufen, ihres Rechts auf Selbständigkeit, Experimente, freie Meinungsäußerung und deren Umsetzung in die Praxis.

12. Schrittweise Einführung der Praxis, an jedem Ort mehrere Kandidaten für die Wahlen von Partei- und Sowjetorganen auf allen Ebenen aufzustellen, auch bei indirekten Wahlen.
13. Erweiterung der Rechte der Sowjetorgane. Erweiterung der Rechte und der Verantwortung des Obersten Sowjets der UdSSR.
14. Wiederherstellung der Rechte der unter Stalin deportierten Nationalitäten und ihrer nationalen Autonomie sowie Erlaubnis zur Rückkehr an ihre angestammten Wohnsitze.
15. Maßnahmen zur Vergrößerung der Veröffentlichung der Arbeit leitender Organe, soweit dies die Staatsinteressen zulassen. Einsetzung von wissenschaftlichen Beratungsorganen bei den leitenden Organen auf allen Ebenen, denen hochqualifizierte Spezialisten der verschiedenen Fachgebiete angehören sollen. [. . .]

(Borys Lewytzkyj, Politische Opposition in der Sowjetunion 1960—1972. Analyse und Dokumentation, München 1972, S. 121—135)

2.3 Aus dem Statut der KPdSU von 1961

19. Das leitende Prinzip des organisatorischen Aufbaus ist der demokratische Zentralismus; dieser bedeutet:
    a) Wählbarkeit aller leitenden Organe der Partei von unten bis oben;
    b) periodische Rechenschaftslegung der Parteiorgane vor ihren Parteiorganisationen und vor den übergeordneten Organen;
    c) strenge Parteidisziplin und Unterordnung der Minderheit unter die Mehrheit;
    d) unbedingte Verbindlichkeit der Beschlüsse der übergeordneten Organe für die untergeordneten.
    (Dazu gehört aber auch)
2. Das Parteimitglied ist verpflichtet:
    [. . .]
    g) Kritik und Selbstkritik zu entfalten, Mängel kühn aufzudecken und ihre Behebung zu erreichen, gegen Schönfärberei, Selbstzufriedenheit und Lokalegoismus zu kämpfen, jeden Versuch einer Unterdrückung der Kritik entschieden zurückzuweisen, gegen beliebige Handlungen vorzugehen, die der Partei und dem Staat schaden, und sie den Parteiorganen bis zum ZK der KPdSU zu melden;
    [. . .]
3. Das Parteimitglied hat das Recht:
    [. . .]
    b) In Parteiversammlungen, auf Parteikonferenzen und Parteikongressen, in Sitzungen der Parteikomitees und in der Parteipresse Fragen der Politik und praktischen Tätigkeit der Partei zu erörtern, Vorschläge zu machen und seine Meinung frei zu äußern und zu vertreten, bis die Organisation ihren Beschluß gefaßt hat;
    c) in Parteiversammlungen, auf Parteikonferenzen und Parteikongressen sowie in Plenarsitzungen der Komitees jeden beliebigen Kommunisten ungeachtet seines Postens zu kritisieren, Personen, die sich der Unterdrückung der Kritik oder der Verfolgung wegen Kritik schuldig gemacht haben, sind streng mit Parteistrafen bis zum Ausschluß aus der KPdSU zu belegen;
    [. . .]

26. Die freie und sachliche Erörterung von Fragen der Parteipolitik in den einzelnen Parteiorganisationen oder in der gesamten Partei ist das unantastbare Recht des Parteimitglieds und ein wichtiges Prinzip innerparteilicher Demokratie. Nur auf der Grundlage der innerparteilichen Demokratie kann die Kritik und Selbstkritik entfaltet und die Parteidisziplin gefestigt werden, die eine bewußte Disziplin sein muß und nicht mechanisch sein darf.

Im Rahmen einzelner Organisationen oder der Partei in ihrer Gesamtheit sind Diskussionen über strittige oder nicht hinreichend klare Fragen möglich. Eine Diskussion der gesamten Partei ist notwendig:

a) wenn diese Notwendigkeit von mehreren Gebiets- oder Republiksorganisationen der Partei anerkannt wird;
b) wenn innerhalb des ZK in wichtigsten Fragen der Parteipolitik keine genügend feste Mehrheit vorhanden ist;
c) wenn das ZK der KPdSU es für notwendig erachtet, sich über diese oder jene Fragen der Politik mit der gesamten Partei zu beraten.

Eine breite Diskussion, besonders eine Diskussion im Unionsmaßstab über Fragen der Parteipolitik, muß so durchgeführt werden, daß die freie Meinungsäußerung der Parteimitglieder gesichert ist und jeder Versuch einer Bildung fraktioneller Gruppierungen, die die Einheit der Partei zerstören, jeder Versuch einer Parteispaltung unmöglich gemacht wird.

27. Das höchste Leitungsprinzip der Partei ist die Kollektivität der Leitung als unerläßliche Voraussetzung einer normalen Tätigkeit der Parteiorganisationen, einer richtigen Erziehung der Kader sowie der Entwicklung von Aktivität und Initiative der Kommunisten. Personenkult und damit zusammenhängende Verstöße gegen innerparteiliche Demokratie dürfen in der Partei nicht geduldet werden, sie sind mit den Leninschen Prinzipien des Parteilebens unvereinbar.

Die Kollektivität der Leitung entbindet die Funktionäre nicht ihrer persönlichen Verantwortung für die ihnen übertragenen Aufgaben.

(Heiko Haumann, Grundlagen der sowjetischen Wirtschaftsverfassung. Materialien, Meisenheim/Glan 1977, S. 40—42)

2.4 Aus einem Beschluß des ZK der KPdSU vom 12. 2. 1975 »Über den Zustand von Kritik und Selbstkritik in der Parteiorganisation des Gebietes (oblast) von Tambow«

[. . .] Indessen könnten die erreichten Ergebnisse bedeutend besser sein, wenn Oblast-Komitee, Stadt-Komitee und Rayon-Komitee der KPdSU mehr [. . .] die in der Partei erprobte Methode von Kritik und Selbstkritik nutzen würden.

Industrie und Landwirtschaft des Oblast entwickeln sich bei weitem langsamer, als im Fünfjahrplan vorgesehen [. . .]. Das Oblast-Komitee der KPdSU gibt kein Beispiel einer selbstkritischen Analyse seiner Arbeit und der Lage der Dinge, wenig unterrichtet es darin Stadt- und Rayon-Komitees der Partei und ihre Grundorganisationen. [. . .]

Schlecht entwickelt sich die Kritik von unten. In den letzten Jahren gab es auf den Plenarsitzungen (verschiedener Parteikomitees, d. Verf.) keine Kritik an die Adresse ihrer Büros, Sekretäre, Abteilungen, trotz der vorhandenen Mängel in der Arbeit. Die Aktivität der Kommunisten sinkt oft deshalb, weil die Parteikomitees sie unzureichend über ihre Tätigkeit informieren und eine überflüssige Reglementierung bei der Durchführung von Plenarsitzungen und Parteiversammlungen zulassen. Wenig Aufmerksamkeit wird der Entwicklung von Kritik und Selbstkritik in Arbeitskollektiven, in Gewerkschafts-, Komsomol- und Arbeiterversammlungen sowie in den Ständigen Produktionsberatungen geschenkt.

Die Parteiorgane reagieren ungenügend scharf auf die Tatsachen einer falschen Einstellung und Kritik. Einige (Partei-) Arbeiter, die in Worten mit den Bemerkungen übereinstimmen, tuen nichts für die Korrektur der Mängel. (In einigen Parteiorganisationen) gab es Fälle von grober Unterdrückung von Kritik, von Verfolgungen kritischer Beiträge, indessen wurden die schuldigen Personen nicht rechtzeitig zur Verantwortung gezogen.

[. . .] Die Parteikomitees kümmern sich wenig um die Wirksamkeit von Beiträgen in der Presse, häufig reagieren sie nicht auf kritische Materialien, die in den Zeitungen veröffentlicht wurden.

(Im folgenden werden die Parteikomitees vom ZK verpflichtet, die aufgezeigten Mängel abzustellen. Dabei heißt es u. a.:)

Eine breit entwickelte prinzipielle Kritik und Selbstkritik ist ein Zeichen für eine politisch gesunde Parteiorganisation, für ihr richtiges Verständnis ihrer Pflicht vor Partei und Volk. Kritik und Selbstkritik müssen befähigen zur Mobilisierung der Kommunisten und aller Werktätigen des Oblast für die Verwirklichung der Entscheidungen von Parteikongressen und Plenarsitzungen des ZK der KPdSU, für die Erfüllung und Übererfüllung der Staatspläne, für Aufklärung und bessere Nutzung der Reserven zur Erhöhung der Produktionseffektivität, für die Beschleunigung des wissenschaftlich-technischen Fortschritts, für die Entwicklung der Aktivität der Massen im Wettbewerb zur Erhöhung der Produktion mit bester Qualität und geringstem Aufwand. [. . .]

Kritisieren muß man nicht nur diejenigen, die Fehler machen, sondern auch diejenigen, die nicht alle Möglichkeiten zur Entwicklung der Produktion nutzen und keine Initiative zeigen. [. . .]

Geleitet von den Leninschen Normen des Parteilebens, sind die (verschiedenen Parteikomitees) der KPdSU verpflichtet, die aktive Beteiligung aller Kommunisten an der Erörterung, Ausarbeitung und Verwirklichung der Parteientscheidungen sicherzustellen, die Information der Parteimitglieder über die Tätigkeit der Parteikomitees zu verbessern (. . . das wird weiter präzisiert . . .).

Dabei darf man nicht zulassen, daß die Kritik zur Demagogie und Verleumdung verfälscht wird [. . .]. Ihr Wert bestimmt sich nicht durch Schärfe des Ausdrucks, sondern durch Wahrheitstreue, Beweiskraft und gesellschaftliche Bedeutsamkeit der aufgeworfenen Fragen. [. . .]

(Reschenija partii i prawitelstwa po chosjajstwennym woprosam [Entscheidungen von Partei und Regierung in wirtschaftlichen Fragen]. Bd. 10: Okt. 1973 — Okt. 1975, Moskau 1976, S. 350—353. Übersetzung: Heiko Haumann)

2.5 Zur Funktion der öffentlichen Meinung in der Sowjetunion

Die öffentliche Meinung drückt selbstverständlich vor allem unmittelbar die konkret-historischen Bedürfnisse und die aktuellen Interessen der Menschen aus, indessen steht ihre Verbindung mit der Ideologie und folglich mit dem Klassenstandpunkt nichtsdestoweniger außer Zweifel. [. . .] wir stellen fest, daß in der öffentlichen Meinung jene Urteile vorherrschen, die im höchsten Grade auf Masseninteressen und -erwartungen antworten sowie die in der sozialen Gemeinschaft üblichen politischen und moralischen Werte ausdrücken. [. . .] Die in bürgerlichen Ländern ständig beobachteten Konfliktsituationen zwischen der fortschrittlichen öffentlichen Meinung und der Politik des Staates sind in einer sozialistischen Gesellschaft prinzipiell unmöglich. Verbunden durch ihre im Wesen zusammenfallenden aktuellen Interessen, durch ein einheitliches Ziel, durch die für alle gemeinsame marxistisch-leninistische Ideologie billigen die Mitglieder der sozialistischen Gesellschaft [. . .] die Politik der Kommunistischen Partei, insofern sie nämlich auch den wichtigsten Sinn ihrer Tätigkeit darin sieht, dem Volk zu dienen. Der Wert der öffentlichen Meinung unter den Bedingungen des entwickelten Sozialismus besteht darin, daß sie daran beteiligt ist, die in ihrem Wesen tief volksverbundene Politik der Partei auszuarbeiten und die rationellsten Wege und Methoden zu ihrer Verwirklichung zu finden. [. . .]

Allerdings können auch unter den Bedingungen des entwickelten Sozialismus Widersprüche zwischen der öffentlichen Meinung auf der einen und einzelnen juristischen Normen und Verwaltungsentscheidungen auf der anderen Seite entstehen.

(. . . Der Autor verweist dann auf das verfassungsmäßig garantierte Recht auf Kritik, auf die Möglichkeit des Referendums, schließlich auf solche Formen wie Briefe der Werktätigen, sozialistischer Wettbewerb u. ä. als Ausdruck von öffentlicher Meinung. Grundvoraussetzung, daß die öffentliche Meinung ihre Funktion erfüllen könne, sei die Information der Bevölkerung über alle Fragen, die sie interessieren. D. Verf.)

Selbstverständlich ist die Bedeutung der freien Äußerung ihrer Meinungen und Urteile durch alle Bürger und gesellschaftlichen Organisationen für das normale Funktionieren der öffentlichen Meinung im Dorf, im Bezirk, im Gebiet, in der Republik und im Staat als Ganzem. Dies geschieht auf den Versammlungen der Werktätigen in Gesprächen mit Amtspersonen, in an Partei- und Sowjetorgane adressierten Briefen und auch mit den Mitteln der Masseninformation. Außerdem erörtern und — wenn nötig — kritisieren die Bürger die normativen Maßnahmen der staatlichen Organe und die Arbeit der Amtspersonen unabhängig von deren Funktion. Darüber hinaus entsteht ein Kampf unterschiedlicher Meinungen zu der einen oder anderen Frage. Anders kann es auch nicht sein, weil die Menschen unterschiedliche Entscheidungsvarianten zu den verschiedenen Problemen vorschlagen [. . .]

Die aktive Aufdeckung der Bevölkerungsmeinung durch die Initiative gerade der Partei- und Sowjetorgane, aber auch der gesellschaftlichen Organisationen hat eine Reihe von Vorteilen: Sie eröffnet die Möglichkeit, Informationen zu einem breiten Kreis von Problemen zu sammeln; sie hört auf, nur durch Hinweise auf Mängel charakterisiert zu sein, wie es im Grunde den Briefen der Bürger eigen ist; die Qualität der Information steigt so, daß man bestimmte Gesetzmäßigkeiten in der Entwicklung der öffentlichen Meinung feststellen und auf dieser Grundlage Prognosen formulieren kann. [. . .] Und dennoch muß man den Schluß ziehen, daß der Nutzungsgrad der öffentlichen Meinung durch einzelne lokale Verwaltungsorgane noch ungenügend hoch ist. [. . .]

In den sozialistischen Ländern wird auch auf die öffentliche Meinung Einfluß ausgeübt (wie in den kapitalistischen, d. Verf.), aber so, daß sie als demokratische Einrichtung funktioniert. Die Mittel der Massenkommunikation, die erzieherische Arbeit der Partei sind aufgefordert, den Menschen über die Grenzen alltäglicher Konsumenteninteressen hinauszuführen, seine Bedürfnisse zu erhöhen und zu veredeln, bei den Menschen ein Bewußtsein persönlicher Verantwortlichkeit für den Zustand von Politik, Wirtschaft, Verwaltung, Sitten, Kultur, Gesetzlichkeit und Rechtsordnung zu bilden. [. . .]

(R. Safarow, Obschtschestwennoe mnenie w uslowijach raswitogo sozialisma [Die öffentliche Meinung unter den Bedingungen des entwickelten Sozialismus]. In: Kommunist 1977, Nr. 12, S. 29—40. Übersetzung: Heiko Haumann)

Fragen und Anregungen

- ▶ 1. Machen Sie sich anhand der Grafik (S. 99) die formale Struktur des politischen Systems in der Sowjetunion klar. Betrachten Sie zunächst die einzelnen »Blöcke« (Staat, Verwaltung, Partei, gesellschaftliche Organisationen), dann ihre wechselseitige Verflechtung. Welche Einflußmöglichkeiten sind gegeben? Gliedern Sie auch nach den verschiedenen staatlichen Ebenen von der Gesamt-UdSSR bis hinunter zu den Städten und Dörfern.
- ▶ 2. Welche Rechte stehen den Bürgern der UdSSR nach der neuen Verfassung (2.1) zu? Wie sollen sie garantiert werden?
- ▶ 3. Vergleichen Sie den Aufbau des politischen Systems und die verfassungsmäßigen Rechte der Bürger in der UdSSR mit denen in der Bundesrepublik Deutschland. Welche Ähnlichkeiten und welche grundlegenden Unterschiede fallen Ihnen auf?
- ▶ 4. Stellen Sie dem Aufbau des Systems und den Rechten der Bürger die tatsächlichen Zustände gegenüber, soweit sie sich aus den folgenden Quellen für Sie erschließen lassen. Behalten Sie diesen Gesichtspunkt auch in den weiteren Kapiteln im Auge.
- ▶ 5. Als Beispiel für Kritik und Alternativvorschläge der »Dissidenten« haben wir eines der berühmtesten Dokumente ausgewählt, den Brief bekannter Wissenschaftler an das Zentralkomitee der KPdSU vom März 1970 (2.2). In ihm kommen wohl am deutlichsten die zentralen Fragen zum Vorschein. Berücksichtigen Sie bei seiner Lektüre, daß die Einschätzung der Professoren selbst unter den verschiedenen oppositionellen Gruppen nicht unumstritten ist, daß es sehr viel radikalere Vorschläge gibt, aber auch Versuche, durch vorsichtigere Reformen Veränderungen zu erzielen.
- ▶ 6. Worin sehen die drei Wissenschaftler die Hauptmängel des Systems? Auf welche Ursachen führen sie sie zurück? Welche grundlegenden Prinzipien können nach ihrer Meinung für Abhilfe sorgen? Wie stellen Sie sich die Durchführung von Reformen konkret vor? Welche Probleme könnten dabei entstehen?
- ▶ 7. Die Parteiführung hat den Weg, den die drei Wissenschaftler vorschlugen, abgelehnt. Welche Möglichkeiten gibt es innerhalb des bestehenden Systems, Kritik zu üben und notwendige Reformen anzuregen? Betrachten Sie zunächst den Auszug aus dem Parteistatut von 1961 (2.3). Was bedeutet das Prinzip des demokratischen Zentralismus? Warum wird die Kollektivität der Leitung so betont? Bedenken Sie dabei, daß sich der »Personenkult« auf Stalin bezieht. Geben Sie genau an, wo und in welchen Fragen Kritik geübt werden soll, und kennzeichnen Sie die Grenzen der Kritik nach dem Statut.
- ▶ 8. Stellen Sie dem Statut den ZK-Beschluß von 1975 (2.4) gegenüber. Wofür wird Kritik und Selbstkritik gefordert? Welche Probleme werden Ihnen aus dieser Quelle deutlich? Welches Interesse hat Ihrer Meinung nach das ZK daran, einen solchen Beschluß zu fassen und zu veröffentlichen?
- ▶ 9. Welche Funktion hat die öffentliche Meinung in dem Artikel Safarows (2.5)? Wie weit soll sie sich danach entfalten, welcher Rahmen ist ihr gesteckt? Wie schätzt der Autor etwaige Unterschiede zwischen der öffentlichen Meinung und der Regierungspolitik ein? Wo sieht er Behinderungen der öffentlichen Meinung, wo übt er also selbst Kritik an den bestehenden Zuständen. Safarow, der, übrigens ähnlich wie die drei Professoren, ein Institut zur Erforschung der öffentlichen Meinung fordert (das ist hier nicht zitiert worden), stößt in der Parteiführung nicht durchweg auf Gegenliebe. Immerhin konnte er seine Vorschläge im offiziellen theoretischen Organ der Kommunistischen Partei veröffentlichen. Was schließen Sie daraus?

▶ 10. Vergleichen Sie nun noch einmal zusammenfassend die Vorschläge der Wissenschaftler und die Möglichkeiten im Rahmen des bestehenden Systems. Wo liegen Berührungspunkte beider Positionen? Wie weit kann die Kritik, können Veränderungsvorschläge gehen, wo sind die Grenzen, die offenbar zur Zeit nicht überschritten werden können?

3. Das sowjetische Planungssystem

3.1 Gesetz der UdSSR vom 26. 11. 1971 über den staatlichen Fünfjahrplan zur Entwicklung der Volkswirtschaft der UdSSR von 1971 — 1975 (1970 = 100)

	1975 Plan	1975 Ist
Industrieproduktion	147	143
Produktion der Produktionmittelindustrie	146,3	erfüllt
Produktion der Konsumgüterindustrie	148,6	137
Arbeitsproduktivität in der Industrie	138,8	134
Arbeitsproduktivität in Kolchosen und Sowchosen	137—140	122
Bruttoproduktion der Landwirtschaft (Jahresdurchschnitt für alle fünf Jahre)	120—122	113
Warenumsatz im staatlichen und genossenschaftlichen Handel	141,8	136
Realeinkommen pro Kopf der Bevölkerung	130,8	124
Durchschnittlicher Monatslohn der Arbeiter und Angestellten	122,4	120
Durchschnittliches monatl. Arbeitsentgelt der Kolchosbauern	130,6	125
Dienstleistungen für den täglichen Bedarf	200,3	160
Gesellschaftlicher Konsumtionsfonds*	140,6	140

(Haumann, Grundlagen, S. 13)

---

* Fonds, der über den Lohn hinaus und unabhängig von der Arbeitsleistung verteilt wird: z. B. Aufwendungen für Gesundheitsschutz und medizinische Betreuung, Erziehung, Volksbildung und andere kulturelle Angebote, Erholung, Dienstkleidung. Der Bevölkerung entstehen dadurch in diesen Bereichen keine oder nur geringe Kosten.

3.2 Gesetz der UdSSR über den staatlichen Fünfjahrplan zur Entwicklung der Volkswirtschaft der UdSSR von 1976—1980 (1975=100)

		1976	1977	1978	1979	1980
Industrieproduktion	Plan Ist	104,3	110,9	117,6	125,7	136
Produktion der Produktionsmittelindustrie	Plan Ist	104,9	111,8	119	127,4	138
Produktion der Konsumgüterindustrie	Plan Ist	102,7	108,6	114,1	121,1	138
Arbeitsproduktivität in der Industrie	Plan Ist	103,4	108,8	114,7	121,8	130,6
Arbeitsproduktivität in Kolchosen und Sowchosen	Plan Ist	—	—	—	—	128
Bruttoproduktion in der Landwirtschaft (Jahresdurchschnitt für alle fünf Jahre)	Plan Ist	—	—	—	—	116
Warenumsatz im staatlichen und genossenschaftlichen Handel	Plan Ist	103,6	109,1	115,8	122	128,7
Realeinkommen pro Kopf der Bevölkerung	Plan Ist	103,7	107,6	112	116,4	121
Durchschnittlicher Monatslohn der Arbeiter und Angestellten	Plan Ist	—	—	—	—	117
Durchschnittliches monatliches Arbeitsentgelt der Kolchosbauern	Plan Ist	—	—	—	—	126
Dienstleistungen für den täglichen Bedarf	Plan Ist	107,9	116,4	125,8	136,6	148,7
Gesellschaftlicher Konsumtionsfonds	Plan Ist	—	—	—	—	130

(Haumann, Grundlagen, S. 14—15)

3.3 Aus der Verfassung der UdSSR

Artikel 16: Die Wirtschaft der UdSSR bildet einen einheitlichen volkswirtschaftlichen Komplex, der alle Bereiche der gesellschaftlichen Produktion, der Verteilung und des Austausches auf dem Territorium des Landes erfaßt.

Die Leitung der Wirtschaft erfolgt auf der Grundlage der staatlichen Pläne zur ökonomischen und sozialen Entwicklung, sie berücksichtigt das Zweig- und Territorialprinzip, verbindet die zentrale Leitung mit der wirtschaftlichen Selbständigkeit und der Initiative der Betriebe, Vereinigungen und anderer Organisationen. Dabei werden die wirtschaftliche Rechnungsführung, Gewinn und Selbstkosten sowie andere ökonomische Hebel und Stimuli aktiv genutzt.

(Verfassung (Grundgesetz) der Union der sozialistischen Sowjetrepubliken, Berlin (Ost) 1978, S. 15)

3.4 Der Ablauf der Planerstellung

Die Aufstellung des staatlichen Plans beginnt auf allen Planungsstufen mit einer Analyse des erreichten Standes. [. . .] Die Arbeit am Entwurf des Plans zur Entwicklung der Volkswirtschaft beginnt mit der Bestimmung der Hauptaufgaben und ihrer Bestätigung durch die richtungsweisenden Instanzen. [. . .]

Im zweiten Stadium der Arbeit am Volkswirtschaftsplanentwurf werden allerorts aufgrund der (im ersten Stadium) bereits ermittelten Hauptaufgaben und -prinzipien die Hauptrichtungen für die Entwicklung der Wirtschaft des Landes und die Kontrollziffern des künftigen Plans festgelegt.

Gemäß dem im Parteiprogramm formulierten Hinweis, daß in der Planung »die von unten — angefangen von den Betrieben — kommenden Pläne und Vorschläge eine immer größere Rolle spielen müssen«, werden schon bei der Festlegung der Hauptrichtungen die Vorschläge der Betriebe, Baustellen, Kollektivwirtschaften, Staatsgüter, Forschungs- und Projektierungsinstitute ausgewertet.

Aufgrund dieser Vorschläge prüfen und beschließen das ZK der KPdSU und der Ministerrat der UdSSR die Kontrollziffern für die Entwicklung der Volkswirtschaft und den Entwurf der Direktiven für die Ausarbeitung des neuen Fünfjahresplans. [. . .] Die Kontrollziffern, die die allgemeinen Umrisse des neuen Plans festlegen, hemmen die weitere Arbeit an dem Plan in keiner Weise; sie lassen der Planinitiative aller Planungsglieder breiten Spielraum.

Die Kontrollziffern und der Entwurf der Direktiven werden veröffentlicht und zur Volksdiskussion in Presse und Versammlungen freigegeben. Diese Volksdiskussion währt zwei bis drei Monate. Auf dem nächsten Parteitag werden diese Dokumentationen erörtert und mit den für nötig befundenen Abänderungen angenommen [. . .]. Gemäß den akzeptierten Hauptrichtungen der Entwicklung der Volkswirtschaft und den Kontrollziffern für den Planzeitraum arbeiten alle Planungsorgane an dem konkretisierten Volkswirtschaftsplan der UdSSR (drittes Planungsstadium). [. . .] Jetzt werden Einzelpläne für die Gebiete der UdSSR, für die Betriebe, für die Wirtschaftszweige, Jahrespläne usw. ausgearbeitet, mit zunehmender Koordinierung und abgestimmter Bilanzierung; auftretende Differenzen zwischen Behörden und Betrieben werden im ZK der KPdSU oder im Ministerrat der UdSSR gelöst [. . .].

Nach Prüfung und Billigung durch das ZK der KPdSU und den Ministerrat der UdSSR wird der Volkswirtschaftsplan der Tagung des Obersten Sowjets der UdSSR unterbreitet. Der auf der Tagung bestätigte Plan erlangt Gesetzeskraft und ist für alle Ausführenden, auf die der Plan aufgeschlüsselt wird, verbindlich. [. . .]

Im letzten (vierten) Stadium der Planung werden die Aufgaben und der bestätigte Plan den Ausführenden zur Kenntnis gebracht und die von ihnen früher erarbeiteten Planprojekte entsprechend präzisiert. [. . .]

(Aleksander Anciskin/Nikolai Solovev, Die Wirtschaftsprojektion der Sowjetunion. Struktur und Methodik der globalen, sektoralen und regionalen Planung, Berlin 1971, S. 30—32)

Fragen und Anregungen

▶ 1. Betrachten Sie zunächst die Planziele für 1975 (Text 3.1). Wo liegen die Schwerpunkte und Besonderheiten des Plans? Vergleichen Sie die Planziele mit ihrer Erfüllung. Welche Ziele wurden erreicht, welche nicht? Wo liegen die Hauptprobleme und welches könnten die Ursachen dafür sein? Ziehen Sie zur Beantwortung dieser Frage Ihre Arbeitsergebnisse des vorangegangenen Teils »Stalinismus« heran.
Untersuchen Sie nun ebenso die Planziele für 1980 (Text 3.2) und vergleichen Sie sie mit dem vorangegangenen Plan. Wie erklären Sie sich die Veränderungen?

▶ 2. In Artikel 16 der Verfassung der UdSSR sind die Rahmenbedingungen für die Wirtschaftsplanung aufgestellt (Text 3.3). Lesen Sie nun Text 3.4. Wie werden diese Rahmenbedingungen konkretisiert? Vollziehen Sie den Prozeß von der Analyse des erreichten Standes bis zur Präzisierung des endgültigen Planes auf unterster Ebene noch mal nach.

▶ Wie sehen Sie das Verhältnis von Zentralbehörde einerseits und Betrieb/Kollektivwirtschaft andererseits? An welchen Stellen des Planungsprozesses wirken nicht nur Fachleute, sondern breite Bevölkerungskreise mit?

4. Die Industrie

4.1 Hauptkennziffern der Entwicklung der Volkswirtschaft im Zeitraum 1940 — 1974 (in Prozent von 1940)

	1940	1945	1950	1965	1976
Gesellschaftliches Gesamtprodukt	100	83	161	570	1156
Produziertes Nationaleinkommen	100	83	164	597	1201
Produktionsgrundfonds aller Bereiche	100	86	124	503	1206
Gesamtproduktion der Industrie	100	92	173	791	1775
Produktion von Produktionsmitteln (Gruppe A)	100	112	205	1056	2443
Produktion von Konsumgütern (Gruppe B)	100	59	123	442	924
Bruttoproduktion der Landwirtschaft	100	60	99	180	236
Gütertransportleistung aller Transportmittel	100	77	146	567	1099
Summe der Investitionen	100	93	197	878	1816
Staatlicher und genossensch. Einzelhandelsumsatz	100	45	110	435	893
Zahl der Arbeiter und Angestellten	100	84	119	227	307
Produktivität der gesellschaftlichen Arbeit	100	102	170	511	929
Arbeitsproduktivität in der Industrie	100	114	145	372	679
Arbeitsproduktivität in der Landwirtschaft	100	60	100	239	380
Arbeitsproduktivität im Eisenbahntransport	100	68	110	296	473
Arbeitsproduktivität im Bauwesen	100	90	125	367	595

(Das politische und gesellschaftliche System der UdSSR, hrsg. von Gert Meyer, Köln 1976, S. 380; UdSSR in Zahlen für 1976. Statistisches Handbuch, Moskau 1977, S. 34—37)

4.2 Wachstum der Industrieproduktion durch Steigerung der Arbeitsproduktivität

(Anteil der Steigerung der Arbeitsproduktivität an dem Wachstum der Industrieproduktion in Prozent)

1. Planjahrfünft 1929—1932	51
2. Planjahrfünft [1933—1937)	79
Kriegsjahre und 4. Planjahrfünft	69
5. Planjahrfünft [1951—1955]	68
6. Planjahrfünft [1956—1960]	72
7. Planjahrfünft [1961—1965]	62
8. Planjahrfünft [1966—1970]	73
9. Planjahrfünft [1971—1975]	84
10. Planjahrfünft 1976—1980 (Plan)	90

(Das politische und gesellschaftliche System der UdSSR, S. 384)

4.3 Die Grundordnung des sozialistischen staatlichen Produktionsbetriebs vom 4. 10. 1965

I. Allgemeine Bestimmungen

1. Der sozialistische staatliche Produktionsbetrieb ist die Grundeinheit der Volkswirtschaft der UdSSR. Seine Tätigkeit beruht auf der Verbindung der zentralen Leitung mit der wirtschaftlichen Selbständigkeit und Initiative des Betriebs.
2. Der sozialistische staatliche Produktionsbetrieb, der über das ihm zur operativen Leitung oder Nutzung zugewiesene staatliche Vermögen verfügt, übt mit den Kräften seines Kollektivs unter der Anleitung der übergeordneten Instanz seine Produktions- und Wirtschaftstätigkeit (Herstellung von Erzeugnissen, Durchführung von Arbeiten und von Dienstleistungen) in Übereinstimmung mit dem Volkswirtschaftsplan aus. [. . .]
4. Die Führung des Betriebs erfolgt auf Grund des Prinzips der Einzelleistung. Die gesellschaftlichen Organisationen und das gesamte Kollektiv der Belegschaft des Betriebs nehmen weiten Anteil an der Erörterung und Durchführung von Maßnahmen zur Sicherung der Erfüllung des staatlichen Plans, zur Entfaltung und Vervollkommnung der Produktions- und Wirtschaftstätigkeit des Betriebs sowie zur Verbesserung der Arbeits- und Lebensbedingungen der Belegschaft. [. . .]

II. Vermögen und Mittel des Betriebs

[. . .]

12. Der Gesamtumfang (der Richtsatz) der eigenen Umlaufmittel wird für den Betrieb auf dessen Vorschlag von der übergeordneten Instanz festgesetzt und kann im Laufe des Jahres nur im Zusammenhang mit einer Änderung des Produktionsplanes des Betriebs abgeändert werden. Die dem Betrieb im Rahmen des Richtsatzes zugewiesenen Umlaufmittel sind dem Zugriff der übergeordneten Instanz entzogen. [. . .]
14. Der Gewinn des Betriebs (und bei Betrieben, deren Plan keinen Gewinn vorsieht, die Einsparung aus der Selbstkostensenkung) wird in Übereinstimmung mit der Bilanz der Einnahmen und Ausgaben (des Finanzplanes) und gemäß dem vom Ministerrat der UdSSR festzulegenden Verfahren aufgeteilt.

Zwecks Erhöhung des materiellen Interesses des Betriebskollektivs an der Planerfüllung und an der Gewährleistung der Rentabilität der Produktion erhält der Betrieb die Verfügung über einen Teil des erzielten Gewinns (der Einsparungen aus der Selbstkostensenkung), welcher den Betriebsfonds zur Verbesserung der Kultur- und Lebensbedingungen der Belegschaft und zur Vervollkommnung der Produktion (Betriebsfonds) ergibt. [. . .]

Die Mittel des Betriebsfonds werden verwendet: für die Verwirklichung von Maßnahmen auf dem Gebiet der neuen Technik, für die Modernisierung von Ausrüstungen, für die Erweiterungen der Produktion, für Wohn-, Kultur- und Sozialbauten, für Reparaturen der betrieblichen Wohngebäude, für die individuelle Prämiierung, für die Verbesserung der sozialkulturellen und medizinischen Betreuung der Belegschaft, für den Erwerb von Medikamenten für die ärztlichen und Sanitätseinrichtungen des Betriebs, für Einweisungen in Erholungsheime und Sanatorien und für einmalige Unterstützungen an Belegschaftsmitglieder.

Die Entnahme und Umverteilung der Mittel des Betriebsfonds durch die übergeordnete Instanz ist unzulässig. [. . .]

15. Der Betrieb nimmt nach den geltenden Bestimmungen Zuweisungen von Mitteln vor zwecks Prämiierung von Betriebsangehörigen für Arbeiten zur Schaffung und Einführung neuer Technik und zwecks Bildung eines Fonds Neue Technik.

[. . .]

17. Der Betrieb stellt dem Fabrik-, Betriebs- oder Ortskomitee der Gewerkschaft und anderen gesellschaftlichen Organisationen des Betriebs Räume zur kostenlosen Nutzung zur Verfügung, die für deren Arbeit und zur Durchführung von Versammlungen der Arbeiter und Angestellten erforderlich sind, gewährleistet die Ausstattung, Heizung, Beleuchtung, Bewachung und Reinigung dieser Räume und stellt den genannten Organisationen gleichfalls Transportmittel und Fernmeldeanlagen zur kostenlosen Nutzung zur Verfügung.

Der Betrieb übergibt der Gewerkschaft und anderen gesellschaftlichen Organisationen des Betriebs unentgeltlich von Bilanz zu Bilanz Kultur- und Sportinventar, das vom Betrieb zu Lasten des Betriebsfonds und des Massenbedarfsgüterfonds sowie aus Prämien für den sozialistischen Wettbewerb angeschafft worden ist.

III. Die Produktions- und Wirtschaftstätigkeit des Betriebs

24. [. . .] Auf Grundlage der Errungenschaften der Wissenschaft, Technik und fortschrittlicher Erkenntnisse und unter Berücksichtigung volkswirtschaftlicher Erfordernisse, der Nachfrage der Bevölkerung und ästhetischer Forderungen der sowjetischen Gesellschaft vervollkommnet der Betrieb die von ihm hergestellten Erzeugnisse (ausgeführten Arbeiten, Dienstleistungen) ständig.

Zu diesem Zweck ist der Betrieb verpflichtet, den zuständigen Instanzen Vorschläge zu unterbreiten über die Beendigung der Produktion und den Ersatz von veralteten Maschinen, Mechanismen und anderen Erzeugnissen, die den Anforderungen der Verbraucher nicht entsprechen; Vorschläge zur Verbesserung staatlicher Standards, technischer Anforderungen und anderer Normen zu unterbreiten, die die Qualität der Produktion (Arbeit, Dienstleistungen) bestimmen; im Hinblick auf Konsumgüter ist der Betrieb verpflichtet, veraltete Produktion von der Fertigung abzusetzen und sie durch neue Produktion zu ersetzen, die von der Bevölkerung nachgefragt wird. [. . .]

35. Der Betrieb führt Maßnahmen zur Verbesserung der Organisation der Entlohnung der Arbeiter und Angestellten mit dem Ziele durch, die Betriebsangehörigen sowohl an den

Resultaten ihrer eigenen Arbeit wie an den allgemeinen Ergebnissen der Arbeit des Betriebs materiell zu interessieren; der Betrieb sorgt für ein richtiges Verhältnis zwischen dem Wachstum der Arbeitsproduktivität und der Zunahme des Lohnes, für eine sparsame und rationelle Verausgabung des Lohnfonds und für eine rechtzeitige Verrechnung mit den Arbeitern und Angestellten.

36. Der Betrieb sorgt gemäß den Gesetzen der UdSSR und der jeweiligen Unionsrepublik unmittelbar bei der Produktion für die Heranbildung neuer Arbeitskader, für die Ausbildung der Arbeiter in neuen Berufen und für die systematische Erhöhung der beruflichen Qualifikation der Betriebsangehörigen. [. . .]

37. Der Betrieb unterstützt nach Kräften die Schule der Arbeiter- (Land-)Jugend, die berufstechnischen Abend-(Schicht)-Schulen und die Kurse zur Erhöhung der Qualifikation, an denen die Mitarbeiter des Betriebs Unterricht nehmen; er sorgt für die notwendigen Bedingungen des Produktionsunterrichts der Schüler der mittleren allgemeinbildenden Schulen, der Studenten der Hochschulen und der Schüler der Fachschulen; entsprechend den geltenden Gesetzen stellt der Betrieb den Hochschulen, Fachschulen und den berufs-technischen Schulen Arbeitsplätze und Stellen zur Unterbringung ihrer Studenten (Schüler) zur Verfügung.

38. Der Betrieb sorgt für die systematische Verbesserung der Wohnverhältnisse und der kulturellen Lebensbedingungen der Arbeiter, er organisiert den Bau von Wohnhäusern, von Einrichtungen für Kinder im noch nicht schulpflichtigen Alter, von Krankenhäusern und Objekten kultureller und sozialer Bestimmung, und er unterstützt den genossenschaftlichen und individuellen Wohnungsbau.

39. Der Betrieb wird zur erfolgreichen Erfüllung der vor ihm liegenden Aufgaben gemäß den geltenden Gesetzen und durch Vereinbarungen des sozialistischen Wettbewerbs angeregt.
Zu besonderen Arbeitsleistungen und zur Entfaltung eigener Initiative werden die Arbeiter und Angestellten des Betriebs durch Ehrenurkunden und Prämien angeregt; es können ihnen Ehrentitel verliehen werden.

40. Die Tätigkeit des Betriebs darf nicht die normalen Arbeitsbedingungen anderer Betriebe und Organisationen verletzen und die Lebensverhältnisse der Bürger verschlechtern.
Der Betrieb führt alle notwendigen Maßnahmen zur Reinerhaltung der Luft, des Bodens und des Wassers von Verunreinigungen durch industrielle und wirtschaftliche Abgase, Abwässerung, Produktionsabfälle und auch für den Kampf gegen Lärm und Rundfunkstörungen durch.

IV. Die Rechte des Betriebs

41. Die dem Betrieb zustehenden Rechte, die mit seiner Produktions- und Wirtschaftstätigkeit verbunden sind, werden vom Direktor (Verwalter, Leiter) und gemäß der festgesetzten Aufgabenverteilung — von anderen Amtspersonen des Betriebs und in bestimmten, in den geltenden Gesetzen vorgesehenen Fällen — gemeinschaftlich, mit Zustimmung des Fabrik-, Betriebs- oder Ortskomitees der Gewerkschaft oder mit dessen Beteiligung wahrgenommen. [. . .]

Rechte auf dem Gebiet der Planung

43. Ausgehend von den Kontrollziffern, arbeitet der Betrieb unter breiter Teilnahme der Arbeiter und Angestellten Entwürfe des Perspektiv- und Jahresplanes für alle Arten seiner Tätigkeit entsprechend den festgelegten Kennziffern aus; er nimmt dabei Rücksicht

auf die notwendige Deckung der Bedürfnisse der Volkswirtschaft, auf die bestehenden wirtschaftlichen Beziehungen zu den Bedarfsträgern, den Absatz- und Handelsorganisationen und auf die weitere Entwicklung dieser Beziehungen.

44. Die übergeordnete Instanz prüft unter Hinzuziehung des Betriebs die Planentwürfe und bestätigt ihm die Perspektiv- und die jährlichen Planaufgaben nach den festgesetzten Kennziffern. [. . .]

45. Nach den für den Betrieb aufgestellten Plankennziffern und nach den abgeschlossenen Verträgen arbeitet der Betrieb einen detaillierten betrieblichen Jahresplan (Promfinplan, Strojfinplan usw.), Quartal- und Monatspläne seiner Produktions- und Wirtschaftstätigkeit aus. Diese Pläne werden vom Direktor des Betriebs bestätigt.

Der Betrieb stellt selbständig für die Werkabteilungen, Abteilungen, Dienste, Reviere, Produktionsbereiche und andere strukturelle Unterteilungen quantitative und qualitative Plankennziffern auf, welche die Erfüllung der im Betrieb auferlegten Planaufgaben mit der größtmöglichen wirtschaftlichen Effizienz sicherstellen.

[. . .]

(Das politische und gesellschaftliche System der UdSSR, S. 258—292)

4.4 Durchschnittlicher Monatslohn der Arbeiter und Angestellten nach Volkswirtschaftsbereichen (in Rubel)

	1965	1974	Steigerung in %
Durchschnittlicher Monatslohn mit den Leistungen aus den gesellschaftlichen Konsumtionsfonds	129,2	190,2	47,2
Durchschnittlicher Monatslohn ohne diese Leistungen (Monatsgeldlohn)	96,5	140,7	45,8
Monatsgeldlohn in Einzelbereichen:			
Industrie	104,2	155,0	48,8
Landwirtschaft	75,0	124,0	65,3
Verkehrswesen	106,0	166,0	56,6
Post- und Fernmeldewesen	74,2	117,5	58,4
Bauwirtschaft	111,9	170,0	51,9
Handel, Gaststätten, Absatz	75,2	104,5	39,3
Wohnungs- und Kommunalwirtschaft, Dienstleistungen	72,0	105,0	45,8
Volksbildung und Kultur	93,6	122,0	30,3
Wissenschaft	116,8	151,0	29,2
Staats- und Wirtschaftsverwaltung, Verwaltung der genossenschaftlichen und gesellschaftlichen Organisationen	105,9	127,5	20,3

(Das politische und gesellschaftliche System der UdSSR, S. 390, mit eigener Berechnung)

4.5 Entwicklung der Realeinkommen der Bevölkerung (Pro-Kopf-Einkommen in % von 1965)

	1965	1970	1974
Realeinkommen	100	133	158
Durchschnittlicher Geldlohn der Arbeiter und Angestellten	100	126	146
Arbeitseinkommen der Kolchosbauern	100	146	176
Zahlungen und Leistungen aus den gesellschaftl. Konsumtionsfonds	100	153	198

(Das politische und gesellschaftliche System der UdSSR, S. 391)

Fragen und Anregungen

▶ 1. Die Statistik 4.1 gibt Ihnen einen kurzen Überblick über die Entwicklung der Sowjetwirtschaft von 1940 — 1974. Versuchen Sie den Gang der Produktion nachzuzeichnen. Wann findet eine Steigerung, wann eine Verlangsamung oder ein Rückgang der Produktion statt?

▶ Setzen Sie die Zahlen der angegebenen Bereiche in Beziehung zueinander und versuchen Sie etwas über Wirtschaftsstrukturen und Strukturprobleme zu sagen. Was stellen Sie fest, wenn Sie die Produktionsmittelindustrie mit der Konsumgüterindustrie vergleichen? Wie verhalten sich industrielle und landwirtschaftliche Produktion zueinander?

▶ Vergleichen Sie die Zahlen der Arbeiter und Angestellten mit den anderen Hauptkennziffern der Wirtschaftsentwicklung, insbesondere den Daten über die Arbeitsproduktivität, und ziehen Sie dazu auch Text 4.2 heran. Charakterisieren Sie die Bedeutung der Arbeitsproduktivität in den einzelnen Perioden. Welcher Trend zeichnet sich ab? Welche Ursachen könnte es dafür geben?

▶ 2. Gehen Sie Text 4.3 (Die Grundordnung des sozialistischen staatlichen Produktionsbetriebs) abschnittweise durch und verwenden Sie dazu die folgenden Fragen:

Allgemeine Bestimmungen

▶ Wie wird der Betrieb beschrieben? Welche Verpflichtungen hat er? Unter welchen Voraussetzungen arbeitet er?

Vermögen und Mittel des Betriebs

▶ Wie kommen die Umlaufmittel des Betriebs zustande und in welcher Hinsicht kann der Betrieb frei über sie verfügen? Wie wird der Gewinn des Betriebs aufgeteilt und wer verfügt darüber? Prüfen Sie, ob die Begriffe »Gewinn« und »Rentabilität« in gleicher Weise wie in einer kapitalistischen Gesellschaft verwendet werden. Welche Dienstleistungen hat der Betrieb für das Gewerkschaftskomitee, die anderen gesellschaftlichen Organisationen, für die ärztliche Betreuung usw. zu erbringen?

Die Produktions- und Wirtschaftstätigkeit des Betriebs

▶ Wie wird in der sozialistischen Wirtschaft die Nachfrage geregelt? Dem Zeitungsartikel »Man geht nicht ohne Einkaufsnetz« und dem Beschluß vom 7. 1. 1972 in Kapitel 7. (Texte 7.4—7.5, S. 132 f.) können Sie entnehmen, vor welchen Schwierigkeiten die

Sowjetwirtschaft in diesem Punkt immer noch steht. Welche Ursachen können Sie dafür finden? Was für Voraussetzungen wären Ihrer Meinung nach für eine grundlegende Lösung des Problems notwendig? Fassen Sie in Stichpunkten zusammen, welche Aufgaben der sowjetische Betrieb übernimmt. In welche Bereiche der Gesellschaft greift er ein? Ziehen Sie einen Vergleich zwischen sozialistischem und kapitalistischem Betrieb. Welche Rolle spielen beide in der jeweiligen Gesellschaft?

Die Rechte des Betriebs

▶ Welche Organe nehmen die Rechte des Betriebs wahr? Beschreiben Sie den Gang der betrieblichen Planung und ihre Abstimmung mit der zentralen Planung. Ziehen Sie dazu ihre Arbeitsergebnisse aus dem vorigen Kapitel »Planung« heran.

▶ 3. Betrachten Sie die Lohnstatistik (Text 4.4) und vergleichen Sie die einzelnen Bereiche. Wo sind die Lohnsteigerungen niedrig, wo sind sie sehr hoch und was könnten die Ursachen dafür sein?

▶ Vergleichen Sie den durchschnittlichen Monatslohn plus Konsumtionsfonds mit dem Monatslohn ohne Konsumtionsfonds. Ziehen Sie zu diesem Vergleich Text 4.5 (Entwicklung der Realeinkommen der Bevölkerung) hinzu. Welcher Trend zeichnet sich für die Entwicklung von Geldlohn und gesellschaftlichem Konsumtionsfonds ab?

▶ Vergleichen Sie das sowjetische Lohnsystem mit dem Lohnsystem kapitalistischer Länder und diskutieren Sie die Vor- und Nachteile.

5. Mitwirkungsmöglichkeiten der Belegschaft im Betrieb

5.1 Aus der Verordnung über den sozialistischen staatlichen Produktionsbetrieb vom 4. 10. 1965

Die Leitung des Betriebs

89. Der Direktor (Leiter, Verwalter) leitet den Betrieb. Der Betriebsdirektor wird durch die übergeordnete Distanz ernannt und seines Amtes enthoben.

90. Der Direktor organisiert die gesamte Arbeit des Betriebs und trägt die volle Verantwortung für dessen Zustand und dessen Tätigkeit. [. . .]

In den Grenzen seiner Kompetenzen erläßt der Direktor Anweisungen für den Betrieb; in Übereinstimmung mit der Arbeitsgesetzgebung stellt er Mitarbeiter ein und entläßt sie, ergreift Maßnahmen zur Belohnung und verhängt Disziplinarstrafen gegen die Mitarbeiter des Betriebs.

Die Entlassung der Beschäftigten auf Veranlassung der Verwaltung erfolgt mit Zustimmung des Fabrik-, Betriebs- oder Ortskomitees der Gewerkschaft.

94. Der Meister [. . .] ist vollberechtigter Leiter und unmittelbarer Organisator der Produktion und der Arbeit und trägt die Verantwortung für die Erfüllung des Produktionsplans in seinem Bereich und für die Qualität der Erzeugnisse. Alle Anweisungen an die Arbeitsplätze erfolgen durch den Meister.

Der Meister ist unmittelbar dem Leiter der Werksabteilung oder einer anderen entsprechenden Untergliederung des Betriebs unterstellt. Die Ernennung, Versetzung und Entlassung des Meisters erfolgt auf Anordnung des Betriebsdirektors.

95. Die Verwaltung des Betriebs, vertreten durch den Direktor, schließt einen Kollektivvertrag mit dem Fabrik-, Betriebs-, Ortskomitee der Gewerkschaft als dem Vertreter der Arbeiter und Angestellten des Betriebs ab und gewährleistet die rechtzeitige Erfüllung der übernommenen Verpflichtungen.

96. Die Verwaltung des Betriebs stellt gemeinschaftlich mit dem Fabrik-, Betriebs-, Ortskomitee der Gewerkschaft Regeln für die innerbetriebliche Arbeitsordnung gemäß den Musterregeln auf, bestätigt den Voranschlag über die Verwendung der Mittel des Betriebsfonds und anderer Fonds zur Belohnung der Arbeiter und Angestellten, prämiiert und leistet einmalige Hilfen aus den genannten Fonds, verteilt die Wohnfläche in den Wohnhäusern des Betriebs und auch die Wohnfläche, die in anderen Häusern der Verfügung des Betriebs überlassen sind.

97. Die Verwaltung des Betriebs organisiert gemeinschaftlich mit dem Fabrik-, Betriebs-, Ortskomitee der Gewerkschaft den sozialistischen Wettbewerb. [. . .]

98. Die Verwaltung des Betriebs berichtet auf den Versammlungen des Fabrik-, Betriebs-, Ortskomitees der Gewerkschaft über die Planentwürfe, über die Ergebnisse der Produktions- und Wirtschaftstätigkeit, über die Erfüllung der Pläne und der Verpflichtungen aus dem Kollektivvertrag, über Maßnahmen zur Verbesserung der Organisation und der Arbeitsbedingungen, der materiellen und kulturellen Betreuung der Arbeiter und Angestellten, über die Beseitigung von Fehlern bei der Arbeit.

99. Zur breiten Heranziehung der Arbeiter und Angestellten zur Teilnahme an Entscheidungen über Produktionsfragen im Betrieb und in großen Werksabteilungen, Abteilungen, Farmen*, dienen die Produktionsberatungen. [. . .]

Die Verwaltung des Betriebs unterstützt mit allen Mitteln die erfolgreiche Arbeit der Produktionsberatungen und organisiert die Erfüllung ihrer Beschlüsse. [. . .]

101. Die Betriebsverwaltung beruft gemeinschaftlich mit dem Betriebs-, Fabrik-, Ortskomitee der Gewerkschaft regelmäßig produktionstechnische und ökonomische Konferenzen ein, Versammlungen fortschrittlicher Produktionsarbeiter, auf denen die Fragen des technischen Fortschritts und der wirtschaftlichen Entwicklung des Betriebs beraten sowie Maßnahmen zur Beseitigung von Mängeln in der Tätigkeit des Betriebs und seiner einzelnen Werksabteilungen ausgearbeitet werden.

102. Die Versammlung der Mitarbeiter des Betriebs berät auf Grund der Vorträge der Verwaltung die Entwürfe der Produktionspläne, die Ergebnisse der Planerfüllung, die Entwürfe der Kollektivverträge und den Ablauf der Erfüllung der in ihnen festgelegten Verpflichtungen, Fragen der Produktion, der materiellen und kulturellen Betreuung der Beschäftigten und die Verwendung des Betriebsfonds (Massenbedarfsgüterfonds). Die Verwaltung berichtet der Versammlung über die Maßnahmen, die zur Erfüllung von Beschlüssen früherer Versammlungen ergriffen wurden.

103. In den Betrieben werden Gruppen und Posten zur Unterstützung der Partei- und Staatskontrolle gegründet, denen die Betriebsverwaltung allseitige Hilfe bei der Erledigung ihrer Arbeit zu erweisen verpflichtet ist, deren Vorschläge sie berücksichtigen muß und denen gegenüber sie verpflichtet ist, die notwendigen Maßnahmen zur Beseitigung der aufgedeckten Mängel zu ergreifen.

104. Die Kontrolle der Tätigkeit des Betriebs obliegt der übergeordneten Instanz und den Organen der Partei- und Staatskontrolle. [. . .]«

(Das politische und gesellschaftliche System der UdSSR, S. 286—290)

* Es ist hier eine Untergliederung der Sowjetwirtschaft (Sowchos) gemeint.

5.2 Beschluß des Ministerrats vom 27. 3. 1974 über die »Ordnung der Produktionsvereinigungen (Kombinat)«

16. Die Verwaltung der Produktionsvereinigung (Kombinat) wird auf der Grundlage der richtigen Verbindung von Einzelleitung und Kollegialität bei der Erörterung und Entscheidung aller Fragen der Leitungstätigkeit der Vereinigung durchgeführt.

Beschluß des Ministerrats vom 20. 10. 1975 über die »Ordnung des Trusts von Sowchosen«

25. Die Entscheidungen des Rates der Direktoren des Trusts von Sowchosen werden in der Regel durch Anordnungen des Trust-Direktors verwirklicht. Bei Meinungsverschiedenheiten zwischen dem Trust-Direktor und dem Rat der Direktoren in Fragen, die auf der Sitzung des Rates erörtert werden, führt der Trust-Direktor seine Entscheidungen durch und berichtet dem übergeordneten Organ über die entstandenen Meinungsverschiedenheiten. Die Mitglieder des Rates der Direktoren können ihrerseits dem übergeordneten Organ ihre Meinung mitteilen.

(Beide Beschlüsse in: Reschenija partii i prawitelstwa po chosjajstwennym woprosam [Entscheidungen von Partei und Regierung in wirtschaftlichen Fragen] Bd. 10: Okt. 1973 — Okt. 1975. Moskau 1976, S. 136—179 bzw. 520—540. Übersetzung: Heiko Haumann)

5.3 Grundordnung der Ständigen Produktionsberatung vom 18. 6. 1973

[. . .]

I. Die Organisation der Ständigen Produktionsberatung

1. [. . .]

Der zahlenmäßige Umfang der Ständigen Produktionsberatung wird durch die Vollversammlung (die Konferenz) der Arbeiter und Angestellten festgelegt.

Mitglieder der Ständigen Produktionsberatung sind Arbeiter und Angestellte sowie Vertreter der Leitung, des Parteikomitees (Büros), des Fabrik-, Betriebs-, Orts- oder Werkabteilungskomitees der Gewerkschaften, des Komitees (Büros) des Kommunistischen Jugendverbandes, der Räte der wissenschaftlich-technischen Gesellschaft und der Gesellschaft der Erfinder und Rationalisatoren, die in offener Stimmabgabe auf den Vollversammlungen (Konferenzen) der Werktätigen des Betriebes, der Organisation oder ihrer Struktureinheiten gewählt werden.

Die Ständige Produktionsberatung wird für die Zeit gewählt, in der das Fabrik-, Betriebs-, Orts- oder Werkabteilungskomitee der Gewerkschaft seine Vollmachten ausübt.

2. Zur Ausführung der laufenden Arbeit wählt die Ständige Produktionsberatung ein Präsidium [. . .].

II. Der Inhalt der Arbeit und die Rechte der Ständigen Produktionsberatung

3. Die Ständige Produktionsberatung:

konzentriert ihre Arbeit auf die Erfüllung der Aufgaben des staatlichen Plans durch den Betrieb, die Organisation, die Werkabteilung und die anderen Struktureinheiten, auf die Aufdeckung von Reserven und Produktionsmöglichkeiten für die Übernahme von ange-

spannten Plänen, auf die Erhöhung der Effektivität der Produktion, ferner auf die Erfüllung des Plans für die soziale Entwicklung des Kollektivs, auf die Weiterentwicklung des sozialistischen Wettbewerbs, auf die allseitige Erhöhung der Produktivität der Arbeit auf der Grundlage einer breiteren Ausnutzung der neuesten Errungenschaften der Wissenschaft und Technik, der fortgeschrittenen Erfahrung, der wissenschaftlichen Organisation der Arbeit und der Leitung der Produktion;
beteiligt sich an der Ausarbeitung und Erörterung von Entwürfen aktueller und perspektivischer Pläne des Betriebs und der Organisation, von Plänen für die soziale Entwicklung des Kollektivs, von Vorschlägen zur Verbesserung der innerbetrieblichen Planung und zur Ausschöpfung der Fonds für die wirtschaftliche Stimulierung;
nimmt die Berichte der Leiter des Betriebes, der Organisation, der Werkabteilungen und anderer Struktureinheiten über die Organisation der Planerfüllung und die Ergebnisse der finanzökonomischen Tätigkeit in dem jeweiligen Zeitabschnitt entgegen; (... weitere Einzelheiten über Beteiligung an Plänen, Einsparungsprogrammen, Beschleunigung des wissenschaftlich-technischen Fortschritts, Einführung von Neuerungen usw., d. Verf.)
diskutiert Pläne für den Bau von Industrieanlagen, Wohnungen, kulturellen und sozialen Einrichtungen, für Maßnahmen zur effektiven Ausnutzung der Investitionen, für die vorfristige Inbetriebnahme und Nutzung von Produktionskapazitäten; [...]
erörtert Maßnahmen zur Verbesserung des Arbeitsschutzes und der Sicherheitstechnik, zur Erhöhung der Kultur und Ästhetik der Produktion und zur zweckmäßigen Verwendung der hierfür bereitgestellten Mittel;
diskutiert Fragen der Verbesserung der kommunalen und sozialen Versorgung der Werktätigen, der Verbesserung des Handels und der Gemeinschaftsverpflegung;
behandelt Probleme der Ausbildung sowie der Erhöhung der Qualifikation, des kulturell technischen Niveaus der Fachkräfte und der ökonomischen Bildung, prüft, ob die Arbeitsplätze dem Beruf, der Spezialisierung und Qualifikation der Arbeiter entsprechen, erörtert Maßnahmen zur Sicherung der Fachkräfte und Festigung der Arbeits- und Produktionsdisziplin. [...]

5. Die Mitglieder der Ständigen Produktionsberatung beteiligen sich aktiv daran, den Arbeitern und Angestellten die aktuellen und perspektivischen Produktionspläne zu erläutern, die auf den Sitzungen der Ständigen Produktionsberatungen anstehenden Fragen vorzubereiten und zu erörtern, die auf diesen Sitzungen gefaßten Beschlüsse bekanntzugeben und auszuführen sowie periodisch über ihre Arbeit vor dem Kollektiv zu berichten.
6. Die Ständige Produktionsberatung kann, falls dies notwendig ist, in Abstimmung mit dem Fabrik-, Betriebs- oder Ortskomitee der Gewerkschaft ihre Vorschläge zur Verbesserung der Arbeit des Betriebs oder der Organisation in übergeordneten wirtschaftlichen und gewerkschaftlichen Organen vortragen.
7. Die Leitung des Betriebs, der Organisation, der Werkabteilung oder einer anderen Struktureinheit ist verpflichtet: die erfolgreiche Arbeit der Ständigen Produktionsberatung in jeder Hinsicht zu unterstützen (... Mängel beseitigen, Vorschläge aufgreifen, Beschlüsse ausführen, jegliche benötigte Information geben, d. Verf.).

Falls die Leitung des Betriebs, der Organisation, der Werkabteilung oder einer anderen Struktureinheit mit einzelnen von der Ständigen Produktionsberatung angenommenen Beschlüssen nicht einverstanden ist, wird die Frage von einem entsprechenden Komitee der Gewerkschaft mit dem Leiter des Betriebs, der Organisation, der Werkabteilung oder einer anderen Struktureinheit unter Teilnahme eines Vertreters der Ständigen Produktionsberatung erörtert, worauf der Leiter eine Entschließung zu den umstrittenen Fragen annimmt. [...]

III. Der Arbeitsmodus der Ständigen Produktionsberatung

10. Beschlüsse der Ständigen Produktionsberatung werden mit der Mehrheit der Stimmen ihrer Mitglieder gefaßt. Hierbei müssen auf der Sitzung mindestens zwei Drittel der Mitglieder der Ständigen Produktionsberatung anwesend sein. [. . .]
12. Die Ministerien und Ämter, die Zentral- und Republikkomitees der Gewerkschaften sind verpflichtet, die Ständigen Produktionsberatungen bei ihrer Arbeit und bei der Verwirklichung der von ihnen gefaßten Beschlüsse in jeder Hinsicht zu unterstützen und die Arbeitserfahrungen der Ständigen Produktionsberatungen systematisch zu studieren, zu verallgemeinern und zu verbreiten.
13. Die Ständige Produktionsberatung erstattet mindestens einmal jährlich vor der Vollversammlung (Konferenz) der Arbeiter und Angestellten des Betriebes, der Organisation, der Werkabteilung oder einer anderen Struktureinheit Bericht über ihre Arbeit.
14. Diese Vollversammlung (Konferenz) der Arbeiter und Angestellten kann einzelne Mitglieder der Ständigen Produktionsberatung vorfristig abberufen und ersetzen. [. . .]

(Das politische und gesellschaftliche System der UdSSR, S. 193—200)

5.4 Die Tätigkeit der Ständigen Produktionsberatung (PDPS) im Röhrenwalzwerk von Tscheljabinsk

Von den PDPS behandelte Fragen	Zahl der behandelten Fragen	Zahl der vorgeschlagenen Maßnahmen	Zahl der realisierten Vorschläge
Ergebnisse der wirtschaftlichen Tätigkeit	2	27	27
Technische und technologische Verbesserungen	6	73	73
Mechanisierung der Produktion	3	39	39
Verbesserung der Arbeitsorganisation	1	18	18
Qualitätsverbesserung	5	63	63
Verbesserung der Arbeits- und Lebensbedingungen	3	47	47

Einschätzung der Effizienz der Tätigkeit der PDPS durch deren Mitglieder in Betrieben in Tscheljabinsk, Swerdlowsk und Korbansk

Gegenstand der Entscheidungen der PDPS	Zahl der Mitglieder der PDPS (Prozent der Befragten), die meinen, daß die PDPS einen wesentlichen Einfluß ausüben
Verbesserung der Organisation der Produktion	47
Verbesserung der Arbeitsorganisation	31
Verstärkung der Arbeitsdisziplin	30
Erhöhung der Arbeitsproduktivität	23
Verbesserung der Qualität der Produktion	20
Senkung der Gestehungskosten	15

(Beide Statistiken in: Melanie Tatur, Ansätze zur Partizipation von Arbeitern an Verwaltungsfunktionen im sowjetischen Industriebetrieb, in: Osteuropa, Jg. 28, 1978, Nr. 4, S. 318—337, hier S. 327)

5.5 Mängel in der Arbeit der Produktionsberatungen

Die charakteristischsten Mängel bei der Arbeit vieler Ständiger Produktionsberatungen (PDPS) lassen sich in folgenden Punkten zusammenfassen: selten und ohne vertiefte Analyse werden erstrangige Produktionsfragen betrachtet, auf den Sitzungen beschränkt man sich oft auf eine Information über die Lage der Dinge; Entscheidungen ohne praktische Bedeutung werden getroffen; zur Teilnahme an den Beratungen werden die Arbeiter und das Aktiv* der Fabrik spärlich herangezogen, die Vorbereitung auf die Sitzungen wird nicht sorgfältig genug durchgeführt, es gibt keine ständige Kontrolle über die Verwirklichung der angenommenen Vorschläge, die Gewerkschaftskomitees erweisen den PDPS keine bedeutende Unterstützung, die PDPS arbeiten losgelöst von anderen gesellschaftlichen Organen, in die Leitung der Beratungen werden oft Leute mit wenig Initiative gewählt.

Die ungenügende Aktivität von Produktionsberatungen rührt auch aus anderen Gründen her. Sie haben wenig Rechte, auf die Verwaltung bei der Einführung ihrer Vorschläge einzuwirken. [. . .] Der Fragenkreis, mit dem sich die PDPS gemäß ihrer Grundordnung beschäftigen kann, ist ziemlich breit, so daß die Produktionsberatungen sehr oft die Arbeit anderer schöpferischer Vereinigungen noch einmal machen. [. . .]

Zur Aktivierung der PDPS ist es notwendig, die organisatorische Arbeit zu vervollkommnen. Die Gewerkschaftskomitees der Unternehmen, unter deren Leitung die Produktionsberatungen arbeiten, müssen vor allem die Pflichten unter den Präsidiumsmitgliedern der PDPS verteilen und klar ordnen. In ihrer Tätigkeit müssen sie sich auf die Aktivisten und vorbildlichen Produktionsarbeiter stützen. Eine wichtige Bedingung für die Wirksamkeit der Produktionsberatungen ist die konkrete und sachkundige Vorbereitung der Fragen zu den Sitzungen, die öffentliche Tätigkeit der PDPS. Um die Kontrolle über die Einführung der Vorschläge zu organisieren und die Verantwortlichkeit der Ausführenden zu erhöhen, muß man einen Rechenschaftsbericht über die Abwicklung der eingegangenen Vorschläge und über die konkreten Ergebnisse ihrer Verwirklichung einführen. [. . .]

(Sch. Juldaschew, Problemy sowerschenstwowanija form utschastija trudjaschtschichsja w uprawlenii proiswodstwom [Probleme bei der Vervollkommnung der Teilnahmeformen von Werktätigen an der Produktionsverwaltung]. Taschkent 1978, S. 45—46. Übersetzung: Heiko Haumann)

5.6 Grundordnung über die Rechte des Fabrik-, Betriebs- und Ortskomitees der Gewerkschaft (27. 9. 1971)

[. . .]

2. Das Fabrik-, Betriebs- und Ortskomitee der Gewerkschaft gewährleistet die Teilnahme der Arbeiter und Angestellten an der Leitung der Produktion über die Mitgliederversammlungen, Produktionsberatungen und Konferenzen sowie die verschiedenen Formen der gesellschaftlichen Selbsttätigkeit der Arbeiter und Angestellten.

   Die Leitung der Betriebe, Institutionen oder Organisationen ist verpflichtet, Voraussetzungen zu schaffen, die die Beteiligung der Arbeiter und Angestellten an der Leitung der Produktion sichern. Die verantwortlichen Personen der Betriebe, Institutionen oder

* Zusammenschluß von Arbeitern und Angestellten, deren Leistungen als vorbildlich gelten und die zugleich gesellschaftlich tätig sind.

Organisationen sind verpflichtet, kritische Bemerkungen und Vorschläge der Arbeiter und Angestellten rechtzeitig zu prüfen und sie über die getroffenen Maßnahmen zu informieren. [. . .]

7. [. . .]

Das Fabrik-, Betriebs- und Ortskomitee der Gewerkschaft wirft, wenn dies notwendig ist, vor den entsprechenden Organisationen die Frage der Absetzung oder Bestrafung leitender Arbeiter auf, die nicht die Verpflichtungen des Kollektivvertrages erfüllen, Bürokratismus an den Tag legen, die Bearbeitung von Fragen hinausschieben oder die Arbeitsgesetze brechen.

Die Ernennung von Arbeitern auf leitende wirtschaftliche Positionen des Betriebes, der Institution oder Organisation vollzieht die Leitung unter Berücksichtigung des Urteils des Fabrik-, Betriebs- oder Ortskomitees der Gewerkschaft.

8. Das Fabrik-, Betriebs- oder Ortskomitee der Gewerkschaft leitet die Produktionsberatungen, hält die Mitgliederversammlungen ab und führt eine systematische Kontrolle über die Erfüllung der dort gefaßten Beschlüsse und Vorschläge der Arbeiter und Angestellten durch;
beruft gemeinsam mit der Leitung des Betriebs, der Organisation regelmäßig die produktionstechnischen und ökonomischen Konferenzen und die Beratungen der Bestarbeiter ein, auf denen Fragen des technischen Fortschritts und der wirtschaftlichen Entwicklung des Betriebs diskutiert und Maßnahmen zur Beseitigung von Mängeln in der Tätigkeit des Betriebs, der Organisation, einzelner Werkabteilungen, Bereiche und anderer Untereinheiten ausgearbeitet werden. [. . .]

(Das politische und gesellschaftliche System der UdSSR, S. 180—192, hier S. 180, 182)

5.7 Aus dem Statut der KPdSU von 1961

57. In großen Betrieben und Institutionen mit mehr als 300 Parteimitgliedern und -kandidaten und dort, wo die Besonderheiten der Produktion oder eine große territoriale Ausdehnung dies erfordern, und in Organisationen mit mehr als 100 Kommunisten können mit Genehmigung des Gebiets- oder Regionskomitees bzw. des ZK der Kommunistischen Partei der Unionsrepublik Parteikomitees gebildet werden, wobei den Abteilungsparteiorganisationen dieser Unternehmen oder Institutionen die Rechte von Parteigrundorganisationen eingeräumt werden.

In Parteiorganisationen von Kolchosen und Sowchosen mit mindestens 50 Parteimitgliedern können Parteikomitees gebildet werden.

Das Parteikomitee wird für ein Jahr gewählt, die Zahl seiner Mitglieder durch die Parteiversammlung oder -konferenz bestimmt. [. . .]

60. Die Parteigrundorganisationen von Industrie- und Handelsbetrieben, Sowchosen, Kolchosen, von Projektierungs- und Konstruktionsbüros sowie von Forschungsinstitutionen, die unmittelbar mit der Produktion verbunden sind, haben das Recht, die Tätigkeit der Betriebsleitung zu kontrollieren.

(Haumann, Grundlagen, S. 84)

Fragen und Anregungen

▶ 1. Charakterisieren Sie zunächst die Stellung des Betriebsleiters, seine Rechte und Pflichten. Berücksichtigen Sie dabei auch, daß sehr viel mehr Betriebsleiter und überhaupt »leitende Angestellte« aus der Arbeiterschaft stammen als z. B. in der Bundesrepublik.

▶ 2. Zum Vergleich können Sie in diesem Quellenband noch einmal die Vorstellungen nachlesen, die die Bolschewiki nach der Oktoberrevolution, besonders deutlich in den wirtschaftspolitischen Auseinandersetzungen von 1918, von der Betriebsleitung hatten. Versuchen Sie zu erklären, warum man bis heute beim Prinzip der Einzelleitung geblieben ist. Achten Sie aber auch im folgenden darauf, wo dieses Prinzip durchbrochen wird, welches Verhältnis zwischen Betriebsleitung und Belegschaft vorherrscht und inwiefern sich dabei eine deutliche Abkehr von den Verhältnissen der Stalin-Zeit erkennen läßt.

▶ 3. Betrachten Sie dazu als erstes die Auszüge aus der »Ordnung der Produktionsvereinigungen« (1974) und der »Ordnung des Trusts von Sowchosen« (1975). Welche Veränderungen oder Präzisierungen gegenüber der Verordnung von 1965 lassen sich feststellen? Wie ist hier der Entscheidungsprozeß geregelt?

▶ 4. Schildern Sie nun anhand des Beispiels »Grundordnung der Ständigen Produktionsberatung« (1973), welche Möglichkeiten die Arbeiter und Angestellten eines Betriebes haben, an der Planung und Verwaltung der Produktion teilzunehmen. Wer ist in den Produktionsberatungen vertreten? Welche Kompetenzen haben die Mitglieder der Produktionsberatung? In welchem Verhältnis steht die Produktionsberatung zur Belegschaft und zur Betriebsleitung? Welche Rolle spielt das Gewerkschaftskomitee?

▶ 5. Interpretieren Sie die beiden Statistiken über die Tätigkeit von Ständigen Produktionsberatungen (Text 5.4). Worüber wird dort beraten? Was wird entschieden? Welchen Erfolg haben ihre Vorschläge?

▶ 6. Wie beurteilen Sie die Meinungsäußerungen von Mitgliedern einiger Produktionsberatungen über deren Wirksamkeit? Vergleichen Sie damit die Kritik an den Mängeln vieler Produktionsberatungen (Text 5.5). Worauf führt der Autor sie zurück? Wie erklären Sie sich die aufgeführten Mängel und welche Änderungen müßten in die Grundordnung eingeführt werden, um sie möglichst abzustellen? Bei all diesen Mängeln sollten Sie jedoch nicht außer acht lassen, daß rund 80% der Vorschläge der Produktionsberatungen verwirklicht werden und dadurch eine erhebliche ökonomische Wirkung zu verzeichnen ist.

▶ 7. In welchem Verhältnis stehen Gewerkschaftskomitee (Texte 5.1 und 5.6) und Parteigrundorganisation (Text 5.7) zur Betriebsleitung?

▶ 8. Versuchen Sie, die Möglichkeiten zur Teilnahme an Planung und Verwaltung der Produktion zusammenfassend zu beurteilen, soweit es die vorgelegten Materialien erlauben (es gibt noch weitere Mitwirkungsorgane im Betrieb, die hier nicht alle dokumentiert werden konnten).

   Wie stehen Sie zu den folgenden drei Thesen?

   a) Der Betriebsleiter ist der absolute Herr im Haus. Die Mitwirkungsmöglichkeiten der Belegschaft dienen nur der Verschleierung dieses Zustandes.
   b) Die Regelung der Mitwirkung der Arbeiter und Angestellten zielt auf eine Art Mitbestimmung in unserem Sinn. D. h.: Betriebsleitung und Belegschaft stehen sich gegenüber, führen Auseinandersetzungen miteinander. Im Grunde ist das alles auch in einer kapitalistischen Gesellschaft möglich.
   c) Es herrscht ein grundsätzlich anderes Verhältnis im Betrieb als bei uns. Auch die Betriebsleitung hat einen anderen Charakter als bei uns (was nicht ausschließt, daß sich mancher Leiter nicht immer dementsprechend verhält). Auszugehen ist von einer prinzipiell gemeinsamen Aufgabe von Betriebsleitung und Belegschaft, sie stehen sich nicht gegenüber.

   Berücksichtigen Sie bei der Beantwortung auch mögliche Entwicklungstendenzen, soweit sie sich erschließen lassen.

6. Die Landwirtschaft

Zur Information

Die Landwirtschaft ist nach wie vor ein bedeutender Wirtschaftszweig in der Sowjetunion. Innerhalb der gesamten sowjetischen Wirtschaft bereitet sie die meisten Probleme. 40% der Bevölkerung leben immer noch auf dem Lande. Die historischen Belastungen wirken noch nach: die Begleitumstände der Kollektivierung sowie die allgemeine Benachteiligung über einen langen Zeitraum*. Erst seit den fünfziger Jahren hat sich die Situation der Bauern grundlegend verbessert. Tiefgreifende Reformen sind erfolgt. Die Ertragslage kann jedoch immer noch nicht voll befriedigen.

Die Agrarproduktion wird in *drei Wirtschaftsformen* organisiert: in der *Sowjetwirtschaft* (Sowchos), in der *Kollektivwirtschaft* (Kolchos) und in der persönlichen *Nebenwirtschaft.*

Die *Sowjetwirtschaft* ist ein staatliches Gut mit Landarbeitern; ihre Verfassung ist durch die »Verordnung über den staatlichen sozialistischen Produktionsbetrieb«** geregelt. Sie ähnelt der des Industriebetriebes. Die Beschäftigten in Sowjetwirtschaften haben das Recht, eine private Nebenwirtschaft zu betreiben.

Die *Kollektivwirtschaften* haben eine ganz andere innere Struktur. Diese ist gesetzlich durch das »Musterstatut des Kolchos« geregelt, das 1969 auf dem III. Unionskongreß der Kolchosbauern angenommen und vom ZK der KPdSU sowie dem Ministerrat der UdSSR bestätigt wurde. Dieses Statut löste jenes von 1935 ab, mit dem die Kollektivierung der Landwirtschaft abgeschlossen und das Artel zur Regelform des Kolchos gemacht wurde. Die Artelform wurde 1969 im wesentlichen beibehalten, sonst sind aber gegenüber dem Statut von 1935 entscheidende Veränderungen eingetreten. Der Boden bleibt Staatseigentum und wird dem Kolchos unentgeltlich und unbefristet zur Nutzung übergeben. Produktionsmittel, Erzeugnisse und sonstiges Vermögen sind gesellschaftliches Eigentum der jeweiligen Kollektivwirtschaft, gehören also nicht dem Staat. Oberstes Entscheidungsorgan im Kolchos ist die Mitgliedervollversammlung. Sie beschließt u. a. über den Plan, die Verwendung der Mittel, die Lohnordnung und die Beteiligung an größeren Wirtschaftseinheiten. Darüber hinaus wählt sie den Vorstand, der die Wirtschaft zwischen den Vollversammlungen leitet. Mitgliederversammlungen finden auch in den einzelnen Produktionsbereichen und Brigaden der Kollektivwirtschaft statt. Auf diese Weise sollen möglichst viele Mitglieder an der Leitung und Verwaltung der Produktion beteiligt werden. Dazu dient auch die Tätigkeit verschiedener gesellschaftlicher Organisationen. Das erzeugte Bruttoprodukt der Kollektivwirtschaft wird grundsätzlich folgendermaßen verteilt: Zunächst muß der Aufwand für die Produktion ersetzt werden (Abnutzung von Maschinen und Geräten, verbrauchte Düngemittel usw.). Dann werden Vorräte für Saatgut und Futtermittel angelegt sowie die benötigten Nahrungsmittel bereitgestellt. Den Rest verkauft die Kolchose an staatliche Stellen, an die Genossenschaft oder auf dem Kolchosmarkt. Auf den Kolchosmärkten wird die Preisbildung nicht von staatlichen Organisationen bestimmt. Weniger die gesamte Kollektivwirtschaft als die einzelnen Angehörigen, die einen privaten *Nebenbetrieb* haben, verkaufen dort ihre Produkte. Der Anteil des Kolchosmarktes am Verkauf von Nahrungsmitteln ist in den letzten Jahren erheblich zurückgegangen. 1974 betrug er 7%. Aus dem Bruttoeinkommen muß der Kolchos zunächst den Lohnfonds bilden. Weiterhin sind Abführungen an den Staat und an den finanziellen Fonds des Kolchos zu leisten, die vorgeschrieben sind. Darüber hinaus

* Vgl. hierzu Kapitel 1., 2.
** Vgl. vorigen Abschnitt, S. 117.

werden aus dem Einkommen Fonds für kulturelle und soziale Zwecke, für Prämierung u. ä. angelegt. Auf sozialem Gebiet sind die Kolchosmitglieder inzwischen den Arbeitern weitgehend gleichgestellt.

Die Löhne in der Landwirtschaft sind inzwischen denen in der Industrie angenähert. Es gibt einen garantierten Grundlohn, die verschiedenen Lohnformen, Normen und Prämien. Hier hat es — abgesehen von der größeren Selbständigkeit der Kollektivwirtschaft und den ausgeweiteten Rechten der Mitgliederversammlung — die durchgreifendsten Reformen gegenüber dem Statut von 1935 gegeben. 1969 lag das durchschnittliche Einkommen des Kolchosbauern bei 75% eines Industriearbeiters, 1960 noch bei 64,5%; der Arbeiter in einem Sowchos erreichte 94%. Inzwischen dürften sich die Relationen weiter angeglichen haben. 1940 deckten die Bauern fast die Hälfte ihrer Einnahmen aus dem Nebenbetrieb, 1973 nur noch 30%.

6.1 Hauptkennziffern der Entwicklung der Kolchose und Sowchose

	1960	1970	1974
Gesamtzahl (in 1000)			
der Kolchosen (ohne Fischfang)	44	33	29,6
der Sowchosen	7,4	15	17,7
Jahresdurchschnittszahl der Beschäftigten (Mill.)			
in Kolchosen	21,8	16,7	15,7
in Sowchosen	5,8	8,9	9,9
Anbaufläche (in Mill. ha)			
der Kolchosen	123	99,1	98,4
der Sowchosen	67,2	91,7	105,8
Bruttoeinkommen der Kolchosen in Preisen des jeweiligen Jahres (Mrd. Rubel);	12,2	22,8	24,0
Sowchosen ohne Angaben			
Rindviehbestand (Mill. Stück)			
der Kolchosen	36,3	41,7	46,3
der Sowchosen	14,4	29,1	34,6
Zahl der Traktoren (in 1000 Stück)			
in Kolchosen	621	942	1076
in Sowchosen	403	803	984
Durchschnittszahlen pro Einheit:			
Anbaufläche (in 1000 ha)			
pro Kolchos	2,7	3,0	3,3
pro Sowchos	9,0	6,2	6,0
Rindviehbestand (in Stück)			
pro Kolchos	826	1258	1547
pro Sowchos	1957	1944	1955
Zahl der Traktoren (in Stück)			
pro Kolchos	14	29	36
pro Sowchos	54	54	56

(Haumann, Grundlagen, S. 148—149)

6.2 Rudolph Chimelli: Breschnews Sorgenkind — die Landwirtschaft

Die Rache des vernachlässigten Dorfes

Wie alljährlich muß der Parteichef die Kolchosbauern zu verdoppelten Anstrengungen bei der Getreideernte aufrufen

Moskau, im Juli

Die Kolchosmaid, die ihren Traktor über den bewirtschafteten Acker fährt, ist seit Jahrzehnten eine Symbolfigur der kommunistischen Landwirtschaft. Gigantische Erntemaschinen vor dem weiten Horizont des Neulandes von Kasachstan sind ein Standardthema auf sommerlichen sowjetischen Bildschirmen. Tatsächlich ist die Modernisierung der Landwirtschaft noch immer das Sorgenkind der Sowjetführung. Wieder einmal mußte sich in dieser Woche das Zentralkomitee, das im März 1965 die Grundsätze Breschnewscher Agrarpolitik festgelegt hat, mit diesem leidigen Thema beschäftigen, und wieder einmal rief der Parteichef zu verdoppelten Anstrengungen auf, um etwas zu sichern, was in anderen Industrieländern selbstverständlich ist: die regelmäßige Versorgung mit Lebensmitteln.

Vieles hat sich in den fast 14 Jahren der Ära Breschnew gebessert, wie der Generalsekretär in seiner Rede nachwies. Die Getreideernte, vor seinem Amtsantritt durchschnittlich 128 Millionen Tonnen, stieg in den siebziger Jahren auf 189 Millionen Tonnen; der durchschnittliche Hektarertrag von 10,3 Doppelzentner auf 15,1 Doppelzentner. Aber schon der Vergleich mit den Erträgen anderer, intensiver bewirtschafteter Länder zeigt, wieviel noch zu tun bleibt. Der französische Bauer fährt vom Hektar 45 Doppelzentner Weizen in die Scheune, sein Kollege in der klimatisch weniger begünstigten Bundesrepublik zwischen 40 und 44 und sogar der LPG-Landwirt in der DDR schafft unter ähnlichen Produktionsverhältnissen wie in der UdSSR zwischen 35 und 41 Doppelzentner.

Zuwenig Traktoren

[. . .]

Den Traktor, das Sinnbild der Mechanisierung, gibt es nach den jüngsten offiziellen Zahlen am 1. Januar 1977 sogar 2 402 000mal. Allein, das ist, gemessen am Stand der Motorisierung westlicher Landwirtschaften, viel zuwenig, auch wenn man positiv in Betracht zieht, daß der Kolchosacker groß ist, wie Brecht schon in den dreißiger Jahren sang, und kein Fleckerlteppich wie der Boden des freien Bauern. Schlimmer noch, in dem damals gerade zu Ende gegangenen Jahr 1976 hatte die sowjetische Industrie 562 000 neue Traktoren produziert. Aber der Traktorpark der Kolchose und Sowchose, der am 1. Januar 1976 schon 2 336 000 Stück umfaßt hatte, war durch diesen massiven Schub von Ackerschleppern um ganze 66 000 Stück gewachsen. Der Rest der Produktion diente vorwiegend dazu, Ausfälle zu ersetzen, jene Wracks, die an Feldrainen und vor Geräteschuppen verrosten. Nicht normale Abnutzung ist häufig die Ursache dieser von sowjetischen Karikaturisten pausenlos besprochenen Erscheinung, sondern schlechtes Material, ungenügende Pflege, fehlende Ersatzteile. »Die Fragen der Qualität landwirtschaftlichen Materials müssen radikal gelöst werden«, sagte Breschnew.

Ein russisches Erzübel

[. . .]

Auf den Dörfern der Russischen Republik, der größten der Union, gibt es noch immer 1,7 Millionen Arbeitspferde, um 400 000 mehr als die Zahl der Lastwagen in den landwirtschaftlichen Betrieben. Dies bräuchte kein Zeichen von Untermotorisierung zu sein, denn auf russischem Gelände ist oft das Pferd die beste Maschine, wenn nicht alljährlich zur Erntezeit bis zu einer Million Lastwagen aus städtischen Betrieben aufs Land delegiert werden müßten.

[. . .]

Worauf die Lastwagen fahren sollen, ist schon die nächste Frage. Ein russisches Erzübel, an dem die weite, sumpfige Natur soviel Schuld trägt wie die jahrzehntelange Vernachlässigung des flachen Landes nach der Revolution, heißt: »Besdoroschje — Weglosigkeit«. Von 100 sowjetischen Dörfern sind ganze neun auf einer befestigten Straße zu erreichen. In jedem Herbst, bevor der Frost einsetzt, in jedem Frühling, bevor das Schmelzwasser geflossen ist, werden die Wege zu den anderen 91 (Dörfern, d. Verf.) Schlammpisten, die oft sogar für Lastwagen unpassierbar sind [. . .]

Sowjetische Fachleute haben geschätzt, daß bis zu 40 Prozent der gesamten ländlichen Arbeitskraft für den Transport von Gütern vergeudet werden müssen. Aber Wegebau ist teuer, Rußland ist groß und von der Westgrenze bis zum Ural hat die Natur keinen einzigen Steinbruch vorgesehen. [. . .]

Erst unter Chruschtschow wurde die feste Entlohnung der Kolchosniki mit Bargeld eingeführt. Erst 1965, unter dem jetzigen Parteichef, wurden die Bauern in die Rentenversorgung aufgenommen. Unter diesen Versäumnissen leidet die Landwirtschaft noch heute, obgleich man sich Mitte der sechziger Jahre bemühte, die alten Fehler auszugleichen. Das Sowjetdorf, das ein Drittel aller Arbeitskräfte beschäftigt, aber nur ein Fünftel des Sozialprodukts hervorbringt, erhält im gegenwärtigen Fünfjahresplan mehr als ein Viertel aller Investitionen. In seiner Rede versicherte der Parteichef, daß dies auch in den achtziger Jahren so bleiben müsse.

Rund 40 Milliarden Rubel — so Breschnew — sind seit 1965 auf dem Land »für Objekte im Bereich der nichtproduzierenden Sphäre« investiert worden, dreimal soviel wie während der fünf vorausgegangenen Jahrzehnte seit der Oktoberrevolution. Der Zweck, den ländlichen Lebensstandard dem der Stadt anzunähern, wurde dennoch nur ungenügend erreicht. In den letzten 12 Jahren hat sich der Lohn der Kolchosbauern zwar verdoppelt, blieb aber mit 104 Rubel (rund 320 Mark) im Monatsdurchschnitt um 50 Rubel unter dem durchschnittlichen städtischen Einkommen. Die Mindestrente für Bauern, gegenwärtig 20 Rubel (rund 60 Mark) im Monat, soll 1980 um 40 Prozent oder acht Rubel erhöht werden, bleibt aber weit hinter dem städtischen Minimalsatz von 45 Rubel (rund 140 Mark) zurück.

Dämme gegen die Landflucht

[. . .] Die Sorge um die Verbesserung der ländlichen Lebensverhältnisse brennt der Sowjetführung im doppelten Sinne auf den Nägeln, denn das Dorf hat sich für jahrzehntelange Vernachlässigung durch Unterproduktivität gerächt. Das Ergebnis, die chronisch schlechte Versorgungslage in der Stadt, beeinträchtigte die Arbeitsmoral des Industrieproletariers und ist eine der Hauptursachen für Schlendrian, fehlenden Ehrgeiz, sinkende Wachstumsraten und wirtschaftliche Stagnation. Der Hammer als Symbol der Industrie ist den Herzen der Planer immer am nächsten gewesen. Spät erst entdeckten sie die Gleichberechtigung der Sichel, die doch im Sowjetwappen von Anfang an nicht kleiner war.

(Süddeutsche Zeitung Nr. 154, v. 8./9. 7. 1978, S. 8)

6.3 Vegetationsdauer

Durchschnittliche Zahl der Frosttage im Jahr

Leningrad	200
Moskau	130
Irkutsk	270
Nordwestdeutschland	74
Südengland	23

Von den 22,275 Mio km² des Gesamtterritoriums der UdSSR werden 6,079 Mio km² landwirtschaftlich genutzt (davon 3,303 Mio km² als Weiden, 2,252 Mio km² als Ackerland und 0,455 Mio km² als Wiesen).

(Das politische und gesellschaftliche System der UdSSR, S. 414)

Fragen und Anregungen

▶ 1. Vergleichen Sie die Entwicklung von Kollektiv- und Sowjetwirtschaften (Text 1) in den einzelnen Bereichen und setzen Sie diese in Beziehung zueinander. Sie können die Dynamik noch besser herausarbeiten, indem Sie die Prozentzahlen der Entwicklung berechnen. Versuchen Sie, aus dieser Analyse Schlußfolgerungen zu ziehen. Kann man einfach sagen — wie es häufig geschieht —, daß die Bedeutung der Kollektivwirtschaften zurückgeht? Oder muß man diese Aussage differenzieren? Wenn ja, in welcher Hinsicht?

▶ 2. Fassen Sie in kurzen Stichpunkten den Zeitungsartikel (Text 2) zusammen. Was sind die Hauptprobleme der Landwirtschaft? Welche Gründe und Ursachen werden dafür angegeben? Ziehen Sie zur Beurteilung der Ernteergebnisse Text 3 heran. Wie würden Sie die Vergleichbarkeit zwischen den Ernteergebnissen in der UdSSR und Westeuropa beurteilen?

▶ In Text 2 wird von einer Untermotorisierung der Landwirtschaft gesprochen. Stellen Sie dieser Aussage die Zahlen der Traktorenproduktion in Text 1 gegenüber. Was könnten Gründe für eine Untermotorisierung sein?

▶ Zur Beurteilung der in Text 2 angesprochenen Problemkreise Lohn, soziale Lage der Bauern und Landflucht können Sie die Texte 2 und 3 des folgenden Kapitels »Sozialstruktur und Lebensweise« und die dazugehörigen Fragen 2 und 5 verwenden.

▶ Lesen Sie den Artikel nun noch einmal durch. An welchen Stellen würden Sie aufgrund ihrer Arbeitsergebnisse anders schreiben als der Autor?

7. Sozialstruktur und Lebensweise

7.1 Beschäftigte nach Wirtschaftszweigen in der Sowjetunion und in der Bundesrepublik Deutschland (in Prozent)

	UdSSR			Bundesrepublik Deutschland		
	1940	1970	1976	1950	1970	1974
Beschäftigte in der Volkswirtschaft insgesamt	100	100	100	100	100	100
Land- und Forstwirtschaft	54	25	23	23	8	7
Industrie und Bauwesen	23	38	38	44	49	47
Handel und Verkehr	10	15	17	16	18	18
Dienstleistungen, Kultur, Bildungswesen, Verwaltung und Sonstiges	13	22	22	17	25	27

(UdSSR in Zahlen für 1976. Statistisches Handbuch. Moskau 1977, S. 171; Daten zu Wirtschaft — Gesellschaft — Politik — Kultur der Bundesrepublik Deutschland 1950—1975 (mit Vergleichszahlen EG-Länder und DDR), hrsg. von Franz Neumann. Baden-Baden 1976, S. 29; die Addition der Prozentzahlen für 1974 ergibt wegen Abrundungen nur 99)

7.2 Veränderungen in Budgets von Arbeiterfamilien (in Prozent)

	1940	1976
Gesamteinnahmen	100	100
darunter:		
Arbeitslohn der Familienmitglieder	71,3	74,5
Zahlungen und Leistungen aus den gesellschaftlichen Konsumtionsfonds (Renten, Stipendien, medizinische Betreuung, kostenlose Benutzung von Bildungseinrichtungen u. a.)	14,5	22,3
andere Einnahmen	14,2	3,2
Gesamtausgaben	100	100
darunter für:		
Nahrungsmittel	53,8	32,5
Kleidung und Schuhwerk	11,1	15,7
Möbel, Haushaltsgegenstände	1,7	6,6
Brennstoff, Beleuchtung	1,2	0,2
Kultur und Dienstleistungen	17,5	22,4
darunter:		
Bildung, medizin. Versorgung und weitere Leistungen aus dem gesellschaftlichen Konsumtionsfonds	9,0	13,3
Wohnungsmiete; Unterhalt des eigenen Hauses; kommunale Dienstleistungen	2,7	2,5
Überschuß (freie Geldmittel, Sparkasseneinlagen)	4,8	7,1
Steuern	4,1	8,6
andere Ausgaben	5,8	6,9

Veränderungen in Budgets von Kolchosbauernfamilien (in Prozent)

	1940	1976
Gesamteinnahmen	100	100
darunter:		
Einkommen aus dem Kolchos	39,7	43,4
Arbeitslohn der Familienmitglieder	5,8	8,3
Zahlungen und Leistungen aus dem gesellschaftlichen Konsumtionsfonds	4,9	20,7
Einkommen aus der persönlichen Nebenwirtschaft	48,3	26,3
Einnahmen aus anderen Quellen	1,3	1,3

	1940	1976
Gesamtausgaben	100	100
darunter für:		
Nahrungsmittel	67,3	35,2
Kleidung und Schuhwerk	10,9	15,4
Möbel, Haushaltsgegenstände (einschl. Fahrräder u. ä.)	1,2	5,8
Brennstoff, Beleuchtung	3,8	1,7
Kultur und Dienstleistungen	4,4	15,2
darunter:		
Bildung, medizinische Versorgung und weitere kostenlose Versorgung aus dem gesellschaftlichen Konsumtionsfonds	3,4	12,1
Überschuß (freie Geldmittel, Sparkasseneinlagen)	6,9	13,1
Steuern	1,4	1,2
andere Ausgaben	4,1	12,4

(Beide Statistiken nach: Narodnoe chosjajstwo SSSR sa 60 let. Jubilejnyj statistitscheskij jeschegodnik [Die Volkswirtschaft der UdSSR seit 60 Jahren. Statistischer Jubiläumssammelband]. Moskau 1977, S. 490—491. Die Angaben beruhen auf einer systematischen Untersuchung von 62 000 Familien)

7.3 Zum Verhältnis zwischen Stadt und Land

[. . .] Der Unterschied zwischen Stadt und Land wurde von der Klassengesellschaft hervorgebracht und kann nur durch die Beseitigung der Klassengesellschaft wieder aufgehoben werden. [. . .] Ungeachtet des im Sozialismus zurückgelegten weiten Weges ist dieser Unterschied in *sozialer* Hinsicht auch heute noch ein qualitativer Unterschied. [. . .] Die auf dem Dorf lebenden Familien der Kolchosbauern, Arbeiter, Angestellten und Spezialisten haben in der Regel eine individuelle Hauswirtschaft. [. . .] Bei den Kolchosbauern der RSFSR z. B. beträgt dieser Zeitaufwand (für die individuelle Hauswirtschaft, d. Verf.) etwa ein Viertel, bei den Kolchosbäuerinnen etwa ein Drittel ihrer jährlichen Arbeitszeit. [. . .] Die Arbeit in der individuellen Hauswirtschaft unterscheidet sich faktisch nicht von der traditionellen, ohne Maschinen geleisteten bäuerlichen Routinearbeit.

Das durchschnittliche Lohnniveau ist auf dem Dorfe niedriger als in der Stadt, weil die durchschnittliche Qualifikation der Werktätigen geringer ist. Auch die Struktur der Einkommen der Land- und der Stadtbevölkerung ist unterschiedlich. [. . .] Dieser *sozialökonomische* Unterschied setzt sich in den häuslichen Lebensbedingungen, in der Kultur, in der Denkweise, in der gesamten Lebensweise der Landbevölkerung fort. [. . .]

Die Lösung der sozialen Aufgabe, den ökonomischen und kulturellen Rückstand des Dorfes gegenüber der Stadt zu überwinden, ist untrennbar mit der Lösung von Fragen des Alltagslebens und mit Veränderungen in der Siedlungsweise der Landbevölkerung verbunden. Natürlich sind Unterschiede im Siedlungstyp noch keine sozialen Unterschiede. Jedoch wird die Zersplitterung der kleinen Dörfer bei ungenügender Entwicklung des Verkehrswesens zu einem Hemmnis nicht nur für die Erhöhung des Kulturniveaus und die Verbesserung der Lebensbedingungen auf dem Dorfe, sondern auch für die Konzentration und Spezialisierung der Produktion. [. . .] Unseres Erachtens orientiert der häufig gebrauchte Terminus ›Urbanisierung‹ ungenügend auf einen *qualitativ* neuen Siedlungstyp, denn wörtlich bedeutet ›Urbanisierung‹ (lat. urbanus = städtisch) Umwandlung des Dorfes in die Stadt, der gesamten Bevölkerung in Stadtbevölkerung. Überwindung des wesentlichen Unterschieds zwischen Stadt und Land heißt aber nicht, daß das Dorf zur Stadt wird. Es entsteht ein prinzipiell neuer Siedlungstyp, der voraussetzt, daß sowohl die Eintönigkeit, die Umweltverschmutzung und andere negative Folgen der derzeitigen Konzentration von Industrie und Bevölkerung in den Städten als auch die Abgeschiedenheit der Landbevölkerung von den Kulturzentren, die primitiven Wohn- und Lebensbedingungen des traditionellen Dorfes überwunden werden. Auch hier handelt es sich um eine qualitative Veränderung des Systems und nicht darum, daß ein einziges Element dieses Systems alle übrigen Elemente absorbiert. [. . .]

(M. N. Rutkewitsch, Tendenzen der Veränderung in der Sozialstruktur der sowjetischen Gesellschaft, in: Sowjetwissenschaft — Gesellschaftswissenschaftliche Beiträge 1976, Nr. 12, S. 1264—1275, hier S. 1268—1269)

7.4 Rudolph Chimelli: In der Sowjetunion ist der Kunde kein König

Man geht nicht ohne Einkaufsnetz

Partei und Regierung rügen die bisher unausrottbaren Mängel der Warenverteilung

Moskau, Ende Juli

Ärger mit dem Ladenschluß gehört zu den wenigen Problemen, die der sowjetische Mensch nicht hat. Lebensmittelgeschäfte sind rund um den Kalender geöffnet, samstags, sonntags und feiertags in der Regel bis 18 oder 19 Uhr, werktags zwei Stunden länger. Wenn der Laden um die Ecke an den sechs Werktagen seine Türen um 20 oder 21 Uhr schließt, dann bleibt in jedem Großstadtviertel immer noch ein Lebensmittelgeschäft bis 22 Uhr offen, und ein *Gastronom* nahe dem Moskauer Roten Platz schließt sogar erst um 23 Uhr. Vor Feiertagen wird die Verkaufszeit in vielen Geschäften bis 23 Uhr verlängert.

Kaufhäuser haben zwar am Sonntag zu, verkaufen aber an Werktagen einschließlich Samstag bis 21 Uhr. Buchhandlungen und andere Spezialgeschäfte, in denen die Nachfrage am frühen Vormittag schwach wäre, öffnen im allgemeinen erst um 11 Uhr, bleiben aber vielfach bis 20 oder 21 Uhr offen. In Postämtern und Sparkassen ist bis 20 Uhr Schalterzeit.

Aber die Sowjetunion ist dennoch kein Einkaufsparadies: Mangel an Verbrauchsgütern und Lebensmitteln, schäbige oder am Geschmack des Verbrauchers vorbeiproduzierte Waren, ruppiges Personal und die Schwerfälligkeit der staatlichen Handelsorganisation machen die Besorgung alles Notwendigen oder Angenehmen im Leben zu einer Nervenprobe, welcher der durchschnittliche Sowjetmensch nahezu so viel Energie widmet wie seiner Arbeit. *Die Schlange* vor der Ladentür, an der Kasse, an der Verkaufstheke hat als Symbol der Schwächen sowjetischer Verteilungstechnik Notzeiten und Rationierung um Jahrzehnte überlebt. Mentalität und Kaufverhalten sind von ihr so nachhaltig geprägt, daß bei ihrem Anblick fast jeder seinen Weg unterbricht und die bezeichnende Frage stellt: *»Schto dajut?«* (»Was wird ausgegeben?«).

[. . .] Für den einzelnen Erwachsenen läuft es nach den Feststellungen der Fachleute darauf hinaus, daß er jährlich 25 bis 30 Tage in Schlangen und Geschäften verbringt — mehr als bei der Erholung oder beim Sport.

Wer ein Pfund Wurst erwerben will, muß dafür im typischen *Gastronom* folgendes tun: Zur Wursttheke gehen und nachschauen, ob es Wurst gibt; sich an der Kasse anstellen und für ein Pfund Wurst bezahlen; sich mit dem Kassenbon an der Wursttheke anstellen und sich sein Pfund auswiegen lassen. Will der gleiche Käufer auch noch Milch, Kaffee und Orangen, vervierfacht sich die Prozedur, die sich nur durch simultane Anmeldung bei mehreren Schlangen etwas rationalisieren läßt.

Als man zur Entlastung des Kunden und zur Einsparung des rarer werdenden Personals in den fünfziger Jahren die Selbstbedienung einführte, ergab sich — wie im Westen — das Problem des Diebstahls. Man behalf sich, bis diese Praxis 1973 als entwürdigend verboten wurde, mit der routinemäßigen Durchsuchung der Einkaufstaschen. Seitdem hat jeder Selbstbedienungsladen hinter dem Eingang eine Aufbewahrung, meist geführt von einem Rentner oder einer Verkäuferin, wo man gefüllte Netze und Taschen gegen Nummern zur Aufbewahrung abgeben kann. Eine zweite Verkäuferin wacht oft vor dem Durchgang zum eigentlichen Verkaufsbereich darüber, daß sich nicht zu viele Kunden zugleich zwischen den Regalen drängen. [...]

Nur der *Gastronom Nr. 1* in der Moskauer Gorkistraße [...] und wenige andere Spitzengeschäfte haben bisher Waagen, die aus dem Kilopreis automatisch errechnen, wieviel der Kunde zu zahlen hat. In allen anderen Läden zwischen Brest und Wladiwostok wird wie im altorientalischen Basar mit der Rechenharfe gearbeitet, einer Zählmaschine mit schwarzen und weißen Perlen.

[...] Dem uninteressierten und schlecht bezahlten Verkaufspersonal läßt sich durch administrative Erlasse keine Servicementalität einpflanzen [...]

(Süddeutsche Zeitung v. 30./31. 7. 1977)

7.5 Beschluß des ZK der KPdSU und des Ministerrates der UdSSR vom 7. 1. 1972 »Über einige Maßnahmen zur Verbesserung des Handels und seine technische Ausstattung«

[...]

Zugleich entspricht der Zustand des Handels im Land noch nicht den Erfordernissen. Die Handelsorganisationen räumen bei der Bestimmung des Bedarfs an bestimmten Waren Rechenfehler ein. Die Großhandelsorganisationen der Unionsrepubliken führen nicht das notwendige Manövrieren mit den Warenvorräten durch, in einer Reihe von Fällen erfüllen sie nicht die Pläne für die Lieferungen zwischen den einzelnen Republiken. Große Mängel gibt es in der Organisation des Einzelhandels, nur langsam werden fortschrittliche Methoden des Warenverkaufs entwickelt, in einer Reihe von Fällen ist das Niveau der Bedienung der Bevölkerung im Handel niedrig. Einige Industrieministerien ergreifen nicht die notwendigen Maßnahmen zur Vergrößerung des Kantinennetzes in ihren Unternehmen, der Verkauf von Halbfabrikaten und kulinarischen Erzeugnissen an Arbeiter und Angestellte ist nicht ausreichend entwickelt. [...]

Durch den Beschluß werden das Handelsministerium der UdSSR, der Zentrosojus (Allrussischer Zentralbund der Verbraucher-Genossenschaften, d. Verf.) die Ministerien und Behörden, die ein Handelsnetz unterhalten, und gleichfalls die Ministerräte der Unionsrepubliken verpflichtet:

Die Verantwortlichkeit der untergeordneten Organisationen für die ausreichende Versorgung des Handelsnetzes mit Waren zu erhöhen, die Möglichkeiten zur Erweiterung der Herstellung mangelnder Erzeugnisse vollständiger zu nutzen, eine große Flexibilität beim Manövrieren mit den Warenvorräten zu bekunden, die geschäftlichen Verbindungen des Handels mit der Industrie zu verstärken, die Kontrolle über die Erfüllung der Verpflichtungen der Industrieunternehmen zur rechtzeitigen Warenlieferung in vereinbarter Auswahl und gebührender Qualität zu verschärfen; die Arbeit zur Erforschung der Nachfrage der Bevölkerung zu verbessern, den Großhandel zu vervollkommnen, eine umfassende Einführung sparsamster und für die Bevölkerung günstigster Handelsmethoden, den Bau von zeitgemäßen Geschäften, Speisehallen, Restaurants und Cafés, Lager- und Kühlräumen sicherzustellen und dabei die führende Technologie und die Mittel der Mechanisierung zu nutzen; eine gründliche Verbesserung der Arbeit der Unternehmen zur gemeinschaftlichen Ernährung sowie die Organisation der warmen Verpflegung in jedem Betrieb, in jeder Fabrik, in jeder Grube, auf jeder Baustelle, in jedem Sowchos und in jeder Lehranstalt sicherzustellen und dabei besondere Aufmerksamkeit auf die Erhöhung der Qualität der Speisen und das Bedienungsniveau zu richten; [. . .]

Den Ministerräten der Unionsrepubliken, dem Handelsministerium der UdSSR, dem Zentrosojus und den anderen Ministerien und Behörden, die ein Handelsnetz unterhalten, wird aufgegeben, mit allen Mitteln die Selbstbedienung beim Verkauf von Lebensmitteln und sonstigen Waren einzuführen (dies wird als wichtiges Mittel zur Erhöhung des Handelsniveaus angesehen) sowie andere fortschrittliche, für die Bevölkerung günstige Handelsmethoden zu erweitern (Verkauf von Waren und Halbfabrikaten nach Aufträgen des Käufers, nach Mustern, Versandhandel usw.). [. . .]

Durch den Beschluß werden Maßnahmen zur Verbesserung der Arbeit bei der Erforschung der Nachfrage der Bevölkerung nach Waren bestimmt. Beim Handelsministerium der UdSSR wird ein zwischenbehördlicher Rat zur Erforschung der Nachfrage der Bevölkerung nach Waren des Volksverbrauchs aus Vertretern der Ministerien und Behörden der UdSSR, der Unternehmen, die die genannten Waren produzieren, sowie des VCSPS (Allrussischer Zentralrat der Gewerkschaften, d. Verf.) und des Zentrosojus gebildet. Den Ministerien und Behörden, die Waren des Volksverbrauchs zum Verkauf liefern, wurde aufgegeben, eine Erforschung der Nachfrage nach entsprechenden Erzeugnissen durchzuführen und diese Arbeit mit den Handelsorganisationen zu koordinieren. [. . .]

(Reschenija, Bd. 8: 1970—Febr. 1972. Moskau 1972, S. 629—634. Übersetzung: Heiko Haumann)

7.6 Zeitaufwand sowjetischer Arbeiterinnen und Arbeiter in untersuchten Industriebetrieben für verschiedene Tätigkeiten 1923/24 und 1965—1968

(in Stunden und Minuten pro Woche)

Tätigkeitsarten	Arbeiterinnen 1923/24	Arbeiterinnen 1965—68	Arbeiter 1923/24	Arbeiter 1965—68
Arbeit in der Produktion	50,30	39,40	49,80	40,10
Unmittelbar mit der Produktion zusammenhängende Tätigkeit (z. B. Weg zur Arbeit, Mittagspause)	4,80	9,50	4,90	13,00
Arbeit im Haushalt	28,70	27,20	9,00	11,40
Kinderbetreuung und -erziehung	3,80	5,50	1,20	6,00
Umgang außerhalb der Familie mit anderen Menschen	keine Angaben	3,50	keine Angaben	6,30
Teilnahme am geistig-kulturellen Leben	3,90	11,50	12,00	19,50
Schlaf, Mahlzeiten, Körperpflege, passive Erholung	68,40	60,30	78,60	66,30
Sonstiges	7,60	9,10	11,90	4,20

(Berechnet nach Angaben in: Gert Meyer, Alltagsleben sowjetischer Industriearbeiter Mitte der zwanziger Jahre, in: Beiträge zur Sozialismus-Analyse II., hrsg. von Peter Brokmeier und Rainer Rilling, Köln 1979; L. Gordon, E. Klopow, Der Mensch in seiner Freizeit. Soziale Probleme der Freizeitgestaltung. Nach Materialien der Zeitbudgetforschung innerhalb verschiedener Großstadtarbeitergruppen im europäischen Teil der UdSSR, Moskau 1976, S. 309)

Zur Beachtung

Die Angaben für 1923/24 und 1965—68 sind nur unter großem Vorbehalt vergleichbar. Abgesehen von unterschiedlichen Erhebungsmethoden entsprechen sich die Zuordnungen nicht immer. So enthält die Originaltabelle für 1923/24 eine Tätigkeitsart »Zerstreuung«, deren Inhalte eigentlich auf Umgang außerhalb der Familie, Teilnahme am geistig-kulturellen Leben und Sonstiges aufgeteilt werden müßten. Das war jedoch nicht möglich, so daß diese Art hier nur unter Sonstiges eingefügt wurde. Etwas irreführend ist auch die Spalte, die unmittelbar mit der Produktion zusammenhängende Tätigkeiten enthält: für 1923/24 ist lediglich der Weg zur Arbeit erfaßt, für 1965—68 auch Mittagspause, Schichtwechsel usw. Trotz dieser Vorbehalte gibt der Vergleich die Entwicklungstendenzen gut wieder. Die unterschiedlichen Gesamtstundenzahlen sind durch Auf- und Abrundungen entstanden. D. Verf.

Fragen und Anregungen

▶ 1. Welche Entwicklung lesen Sie aus der Statistik über die Verteilung der Beschäftigten nach Wirtschaftszweigen heraus (7.1)? Wie hat sich die Verteilung in der Sowjetunion seit 1940 verändert und welche Unterschiede ergeben sich zur Bundesrepublik? Versuchen Sie eine Aussage darüber, inwieweit sich die Tendenzen in beiden Ländern gleichen und annähern könnten.

▶ 2. In dieser Statistik ist bereits ein wichtiges Element im Verhältnis zwischen Stadt und Land, zwischen Industrie und Landwirtschaft deutlich geworden (gerade im Vergleich mit der Bundesrepublik). Betrachten Sie nun die Struktur von Einnahmen und Ausgaben bei Arbeiter- und Kolchosbauernfamilien für 1940 und 1976 (7.2). Interpretieren Sie sie zunächst getrennt in ihrer historischen Entwicklung und vergleichen Sie sie dann. Wo liegen die wesentlichen Unterschiede? In welchen Bereichen ist eine deutliche Annäherung im Laufe der Entwicklung erkennbar? Versuchen Sie, aufgrund Ihrer Kenntnis der sowjetischen Geschichte (vgl. die vorangegangenen Einheiten) Ursachen für die jeweilige Struktur und für die Entwicklung zu nennen.

▶ 3. Zusätzliche Anregung: Stellen Sie selbst ein solches Budget für Ihre Familie auf und vergleichen Sie es mit den sowjetischen. Wahrscheinlich erhalten Sie einen ähnlichen Anteil bei der Ernährung, einen höheren für Miete und Brennstoffe (einschl. Elektrizität), einen niedrigeren für Kultur und Dienstleistungen, aber auch für Kleidung und Schuhwerk. Woran könnte das liegen?

Zur Information

Preise für Mieten, Brennstoffe, Dinge des täglichen Bedarfs (vor allem Lebensmittel) und Dienstleistungen sind in der Sowjetunion stabil und sehr niedrig. Dagegen sind Verbrauchsgüter des gehobenen Bedarfs noch verhältnismäßig teuer, ihre Massenproduktion mit ausreichender Qualität läuft erst seit kurzer Zeit. 1976 hatten 81% der sowjetischen Familien einen Rundfunkempfänger bzw. eine Musiktruhe (1965: 59%), 76% einen Fernsehapparat (24%), 67% einen Kühlschrank (11%), 67% eine Waschmaschine (21%), 20% einen elektrischen Staubsauger (7%). Die Zuwachsraten sind beachtlich. Wie erklären Sie sich aus der geschichtlichen Entwicklung den Rückstand gegenüber unseren Verhältnissen?

Die Qualität der Versorgung läßt noch oft zu wünschen übrig. Über Probleme des Handels wird noch gesprochen. Ein wichtiger Bereich ist auch das Wohnungswesen: Zwar sind die Mieten sehr billig, aber dafür ist die Wohnfläche häufig gering. 1973 betrug die Wohnnutzfläche je Stadtbewohner (Wohnraum mit Küche, Flur usw.) 11,5 qm gegenüber 6,5 qm 1940. Auch hier sind zweifellos Verbesserungen eingetreten, ohne daß man den jetzigen Zustand schon befriedigend nennen könnte. Welche Gründe gibt es dafür?

▶ 4. Kehren Sie zum Verhältnis zwischen Stadt und Land zurück. Lesen Sie den Auszug aus einem Artikel Rutkewitschs (Text 7.3) zu diesem Thema auf dem Hintergrund Ihrer bisherigen Kenntnisse (Zustände in Industrie und Landwirtschaft, Lohnunterschiede, Einnahmen und Ausgaben usw.). Wie beurteilt der Autor diese Unterschiede? Welches Ziel hat er vor Augen und wie will er es erreichen? Wirken die von Ihnen kennengelernten Tendenzen nach Ihrer Meinung in die gleiche Richtung?

▶ 5. Welche Mängel des sowjetischen Handelssystems zählt der Zeitungsartikel (Text 7.4) auf? Worin sieht der Verfasser ihre Ursachen?

▶ 6. Vergleichen Sie damit den Beschluß des Zentralkomitees und des Ministerrates zum gleichen Thema (Text 7.5). Welche Mängel werden hier angesprochen? Prüfen Sie dabei einmal, wieviel man auch aus einer »offiziellen« Quelle herausholen kann (häufig stehen ja andere Quellen nicht zur Verfügung). Warum muß sich die Führung über Mängel Rechenschaft geben und auch öffentlich darauf hinweisen?

▶ 7. Welche Anordnungen werden zur Abhilfe der Mängel getroffen? Welche Punkte fallen Ihnen am meisten auf, weil sie unseren Handelsmethoden am meisten widersprechen? Vergleichen Sie damit noch einmal den Zeitungsartikel, der fünf Jahre später geschrieben wurde: In welchen Punkten haben die Anordnungen offenbar noch wenig genützt, wo liegen die entscheidenden Schwachstellen des Handels?

▶ 8. Wie stellen Sie sich die Erforschung der Nachfrage der Bevölkerung vor? Beurteilen Sie die Teilnahme der Gewerkschaften an dieser Arbeit.

▶ 9. Analysieren Sie abschließend den Zeitaufwand sowjetischer Arbeiterinnen und Arbeiter für verschiedene Tätigkeiten (7.6). Interpretieren Sie wieder erst die Spalten einzeln, dann im Vergleich und Zusammenhang. Was hat sich verändert? Wie sind die Arbeiterinnen im Verhältnis zu den Arbeitern belastet? Ergibt sich historisch etwas zum Wandel dieses Verhältnisses? Wie beurteilen Sie den Zeitaufwand für die Kinderbetreuung und -erziehung? Berücksichtigen Sie, daß die Sowjetunion über ein sehr dichtes Netz von Horten, Kindergärten, Vorschuleinrichtungen, Ganztagsschulen usw. verfügt.

▶ 10. Stellen Sie ein eigenes Zeitbudget für sich, Ihre Familienangehörigen, Freunde usw. auf, indem Sie Ihre Tätigkeiten eine Woche lang genau notieren. Welche Ähnlichkeiten und Unterschiede werden deutlich?

▶ 11. Versuchen Sie, ein zusammenfassendes Urteil über die Lebensverhältnisse in Stadt und Land, über ihre geschichtlichen Veränderungen und ihre Entwicklungstendenzen zu gewinnen. Bedenken Sie dabei, daß Sie hier nur einen kleinen Ausschnitt kennenlernen konnten. Informieren Sie sich weiter (s. Literaturverzeichnis am Schluß).

8. Urteile über die sowjetische Gesellschaftsstruktur

8.1 Der sowjetische Standpunkt: Die entwickelte sozialistische Gesellschaft

[. . .] *Ökonomisch* wird der entwickelte Sozialismus durch den umfassenden Übergang zu *intensiven* Formen der Entwicklung aller Zweige der Volkswirtschaft charakterisiert. [. . .] Dieser mit der zunehmenden Vergesellschaftung der Produktion verknüpfte Prozeß bringt die höchsten Formen der ökonomischen Vereinigung der Werktätigen und der ökonomischen Organisation der gesamten Volkswirtschaft hervor [. . .]. Die Wirtschaft des entwikkelten Sozialismus muß die Voraussetzungen für die weitere rasche und stetige Steigerung der Arbeitsproduktivität und für eine bedeutende Erhöhung aller qualitativen Kennziffern der Produktion vorbereiten. Sie schafft somit die Bedingungen für die allseitige Befriedigung der materiellen wie der geistigen Bedürfnisse aller Werktätigen. [. . .]

Der *soziale* Aspekt des entwickelten Sozialismus wird durch die zunehmende Dynamik der Integrationsprozesse in der Sozialstruktur der Gesellschaft charakterisiert. Auf der Basis der weiteren geistigen und schöpferischen Durchdringung der Arbeit vollzieht sich die allmähliche Annäherung der Arbeiterklasse, der Kolchosbauernschaft und der Volksintelligenz, werden die Bedingungen für die Überwindung der wesentlichen Unterschiede zwischen körperlicher und geistiger Arbeit, zwischen den Arbeitsprozessen in der Industrie, der Landwirtschaft, der kommunalen und der Dienstleistungssphäre usw. geschaffen. [. . .]

Politisch ist der entwickelte Sozialismus eine Gesellschaft, in der die Arbeiterklasse ihre führende Rolle behält; jedoch nehmen die von der sozialistischen Revolution hervorgebrachte proletarische Staatlichkeit und Demokratie den Charakter einer sozialistischen Staatlichkeit und einer Demokratie des ganzen Volkes an. [. . .]

Geistig ist der entwickelte Sozialismus durch ein neues qualitatives Niveau der ideologischen, intellektuellen und moralischen Reife der Gesellschaft charakterisiert, die in die Abschlußetappe der Kulturrevolution eintritt. [. . .] Die allgemeine Oberschulbildung, die allmähliche Erhöhung des Anteils der Freizeit am gesamten Zeit-Budget jedes Werktätigen, die Entwicklung neuer Formen, die dem Volk breiten Zutritt zu den Errungenschaften von Wissenschaft und Kunst ermöglichen — alle diese Faktoren lassen die Bedürfnisse und den Wunsch jedes Menschen wachsen, sich zunehmend mehr geistige und kulturelle Werte anzueignen. [. . .]

Für den Sozialismus ist es charakteristisch, daß seine Vorzüge im Prozeß seiner Entwicklung [. . .] immer stärker hervortreten. Dabei ist das Bestreben natürlich und notwendig, den Kapitalismus nach allen Hauptkennziffern des wirtschaftlichen und kulturellen Niveaus zu überholen. Dennoch steht es außer jedem Zweifel, daß die sozialistische Ordnung selbst bei einem bisher relativ geringeren Produktionspotential in der Lage ist, den Werktätigen *im Komplex* der materiellen und geistigen Güter, der sozialen Möglichkeiten und Perspektiven mehr zu geben als der Kapitalismus. Entscheidend dafür ist die *inhaltliche Charakteristik* der sozialistischen Lebensweise — das moralische Klima, die Arbeits- und Lebensbedingungen des Menschen, sein Denken und Handeln und seine Beziehungen zu anderen Menschen. Während die Lebensweise im Kapitalismus pessimistische Verfallstendenzen hervorruft, erzeugt sie im Sozialismus *sozialen Optimismus.* [. . .]

(Die sozialistische Gesellschaft. Wesen, Entwicklung, Perspektive. Von einem Autorenkollektiv, Frankfurt/M. 1977, S. 51—54)

8.2 Isaac Deutscher: Die unvollendete Revolution

Ich habe von der Unzulänglichkeit des Versuchs zur Errichtung gesellschaftlicher Kontrolle über einen Produktionsprozeß gesprochen, der nicht selbst gesellschaftlichen Charakter trägt, sowie über die Unmöglichkeit eines Sozialismus, der auf Not und Mangel beruht. Die ganze Geschichte der Sowjetunion in diesen fünfzig Jahren war ein teils erfolgreicher, teils erfolgloser Kampf gegen diese Unzulänglichkeit und gegen Not und Mangel. Das bedeutete vor allem Industrialisierung als Mittel zum Zweck, nicht als Selbstzweck. [. . .] Im Verlauf des Fortschritts, der für Rußland infolge von Kriegen, Rüstungswettrennen und bürokratischer Vergeudung weit schwieriger wurde, als er hätte sein müssen, entstanden immer neue Widersprüche; und Mittel und Zwecke wurden dauernd miteinander vermengt. Mit der Akkumulation des staatlichen Reichtums sah sich die Masse der Konsumenten, die auch Produzenten sind, einer fortgesetzten und sogar verschärften Not und Armut gegenüber; und die bürokratische Kontrolle über jeden Aspekt des nationalen Lebens trat an die Stelle der gesellschaftlichen Kontrolle und Verantwortung. Die Reihenfolge schien verkehrt zu sein. Die Formen des Sozialismus waren geschaffen worden, bevor sein Inhalt, die wirtschaftliche und kulturelle Substanz, vorhanden war; und als der Inhalt geschaffen wurde, hatten Verfall und Entstellung der Formen eingesetzt. [. . .]

Diese Umkehrung sozialer Prioritäten, diese Vermengung von Zwecken und Mitteln und die Disharmonie zwischen den Formen und dem Inhalt des öffentlichen Lebens sind die tiefsten Quellen der Krisen, der Gärungen und Störungen der Ära nach Stalin. Die bürokratische Kontrolle, jener Ersatz für die gesellschaftliche Kontrolle, ist für einen weiteren Fortschritt zum Hemmschuh geworden; und das Volk verlangt danach, seinen Reichtum selbst zu verwalten und Herr seines eigenen Schicksals zu sein. Es weiß nicht recht, wie es sein Verlangen zu Gehör bringen und verwirklichen soll. Jahrzehnte einer totalitären Herrschaft und monolithischen Disziplin haben das Volk seiner Fähigkeit zum Selbstausdruck, zur spontanen Handlung und zur Selbstorganisation beraubt. Die herrschenden Gruppen stümpern an wirtschaftlichen Reformen herum, lockern die geistigen Fesseln des Landes und tun doch, was sie können, um das Volk in einem Zustand der Unmündigkeit und Passivität zu halten. Das sind die Grenzen der offiziellen Entstalinisierung, hinter der es eine inoffizielle Entstalinisierung, eine weitverbreitete Hoffnung auf einen radikalen Wandel gibt. Sowohl die offizielle Politik als auch die inoffiziellen Stimmungen gewinnen ihre Nahrung aus den unvergessenen oder wiederbelebten Erinnerungen an die frühe heroische Periode der Revolution mit ihrer viel größeren Freiheit, Vernunft und Menschlichkeit [. . .]

(Isaac Deutscher, Die unvollendete Revolution, Frankfurt/M. ³1970, S. 37—38)

8.3 Georg Brunner: Die Sowjetunion als totalitäre Diktatur

Die sowjetische Herrschaftsstruktur war und ist durch die Existenz eines Herrschaftszentrums ausgezeichnet, in dem alle politischen Grundentscheidungen getroffen werden. Freilich hat sich dieses Herrschaftszentrum im Laufe der Zeit verändert. War es während des Stalinismus personalisiert und somit tyrannischer Natur, so hat es seither eine zunehmend institutionell-oligarchische Gestalt angenommen. In institutioneller Hinsicht besteht das Herrschaftszentrum heute aus den primären Machtträgern, also dem Politbüro, dem ZK-Sekretariat mit dem Generalsekretär an der Spitze und dem Präsidium des Ministerrats. [. . .] Die Monopolisierung der Entscheidungsgewalt beim Herrschaftszentrum wird durch das Wirken von Interessengruppen nicht in Frage gestellt. Zwar scheint die Bedeutung von Gruppeninteressen seit Chruščëvs (Chruschtschows) Sturz gewachsen zu sein, und die oligarchische Führungsgruppe muß sich verstärkt um deren Integration bemühen, wie sie sich auch gewissen Sachzwängen anderer Art nicht vollständig entziehen kann. Indes können sich Gruppeneinflüsse nur im Rahmen des vorhandenen Institutionengefüges entfalten, und den großen Bevölkerungsgruppen (Arbeiter, Angestellte, Bauern) sind auch diese Einflußmöglichkeiten verwehrt. Von einem echten Pluralismus, der die Entscheidungsgewalt des Herrschaftszentrums in nennenswertem Umfange beeinträchtigen würde, kann keine Rede sein. [. . .]

Die faktische Entscheidungskompetenz des Herrschaftszentrums ist inhaltlich prinzipiell unbeschränkt. [. . .] Der totale Herrschaftsumfang wird durch eine Reihe von Monopolen auch außerhalb des Politischen im herkömmlichen Sinne abgesichert. Dies gilt namentlich für die Wirtschaft, das Nachrichtenwesen und die Kultur. All diese Lebensbereiche werden vom Herrschaftszentrum aus über nachgeordnete Fachorgane zentral gesteuert und verwaltet, wobei der Handlungsspielraum der Betriebe, Massenmedien und kulturellen Einrichtungen zwar variiert, aber keine echte Dezentralisierung — im Gegensatz zur Dekonzentration — stattfindet. Eine Privatinitiative wird in all diesen Bereichen nur ausnahmsweise geduldet (Hoflandwirtschaft der Bauern). [. . .]

Die Mittel, deren Einsatz vom Herrschaftszentrum zur Durchführung seiner Grundentscheidungen veranlaßt werden kann, sind prinzipiell beliebig. Insbesondere sind der totalen Verfügungsgewalt über die Herrschaftsmittel keine rechtlichen Schranken gesetzt. [. . .] Die Sowjetunion war und ist eine totalitäre Diktatur.

(Georg Brunner, Politische Soziologie der UdSSR. Teil II, Wiesbaden 1977, S. 190—193)

8.4 Gerd Meyer: Bürokratischer Sozialismus

Das sowjetische Herrschaftssystem ist zumal im letzten Jahrzehnt bemerkenswert stabil gewesen. Konsens und Legitimation beruhen keineswegs nur auf Manipulation und Repression. Das Herrschaftssystem und seine Repräsentanten erscheinen der Mehrheit der Bürger wahrscheinlich weder als illegitim noch als ineffektiv im Sinne geltender Leistungsnormen. Die Herrschenden üben eine im ganzen wirksame politisch-soziale Kontrolle über die Gesellschaft aus — trotz der hohen Kosten des institutionalisierten ›orderly change‹*. Die Transformation von Konflikt- und Krisenpotentialen in eine manifeste Legitimationskrise konnte bisher vermieden werden. Ob die Strategien des überwiegend antizipatorischen Krisenmanagements der Bürokratie auf die Dauer Erfolg haben werden, bleibt abzuwarten. Prognosen über die gesamtgesellschaftliche Entwicklung der UdSSR erscheinen kaum möglich. Eine manifeste Herrschaftskrise ist heute (1976) für die UdSSR jedenfalls nicht in Sicht. Allerdings: Herrschaftskrisen in Systemen des bürokratischen Sozialismus (DDR 1953, Ungarn/Polen 1956, CSSR 1968, Polen 1970) entstanden bisher eher eruptiv und weitgehend unvorhergesehen durch externe Beobachter. Ein Abbau bürokratischer Herrschaft in der UdSSR scheint zwar momentan kaum wahrscheinlich. Aber man kann auch nicht ausschließen, daß sich der bürokratische Sozialismus früher oder später nicht doch noch zu einem demokratischen Sozialismus entwickelt.

(Gerd Meyer, Bürokratischer Sozialismus. Eine Analyse des sowjetischen Herrschaftssystems, Stuttgart-Bad Cannstatt 1977, S. 259)

* Wörtlich: »geordneter Wandel«. Mit diesem in den Sozialwissenschaften gebräuchlichen Begriff soll ausgesagt werden, daß die »Herrschenden« versuchen, alle Veränderungsprozesse möglichst vollständig zu kontrollieren und selbst zu lenken.

8.5 Włodzimierz Brus: Begrenztheit und Entwicklungsmöglichkeiten der Reformen

Unsere Analyse führt zu einer wohl eindeutigen Schlußfolgerung: in allen hier erörterten Punkten — auf der sozialökonomischen Ebene, in den Methoden der Machtausübung, im wirtschaftlichen Funktionssystem — gingen Veränderungen vor sich, die zu unterschätzen ein Fehler wäre; sie verwandelten jedoch nicht das öffentliche Eigentum in gesellschaftliches Eigentum [. . .]. Zwar wichen — allmählich und nicht ohne Rückfälle — die extremen Formen der totalen Diktatur zurück, das System wurde flexibler, erhöhte seine Fähigkeit, sich an die veränderten Bedingungen anzupassen; aber der Grundcharakter der Produktionsverhältnisse*, die das etatistische Modell** des Sozialismus ausmachen, blieb intakt vor allem im politischen System, in der realen Machtstruktur. Weder die Gesellschaft insgesamt noch die Arbeiterklasse wurden in der nachstalinschen Ära zum Macht-Subjekt — also zu Eigentümern der verstaatlichten Produktionsmittel. [. . .]

Trotz aller Widerstände [. . .] wird sich voraussichtlich die Dezentralisierung des wirtschaftlichen Funktionssystems letzten Endes in allen sozialistischen Ländern Osteuropas durchsetzen. Wirtschaftliche Zwänge — größere Elastizität der Produktion, Herabsetzung des Materialverbrauchs, Stimulierung der Arbeitsproduktivität — treten hier hervor; es sind Probleme des weiteren Wachstums und des technischen Fortschritts bei *gleichzeitiger* deutlicher Beachtung der Konsumtion zu lösen; man muß nach den Reserven greifen, die in der Verbesserung des wirtschaftlichen Funktionssystems gefunden werden können. Da nun manche Momente der Wirtschaftsreform Einfluß auch auf das politische System ausüben — dadurch, daß gewisse Entscheidungen an niedrigere Stufen delegiert, daß materielle Bedingungen für eine echte Arbeiterselbstverwaltung geschaffen werden, daß in den Unternehmen die Kaderpolitik auf eine rationelle Basis gestellt wird —, sollte die Reform selbst als eines der Elemente der ökonomischen Bedingtheit der politischen Demokratisierung verstanden werden.

(Włodzimierz Brus, Sozialisierung und politisches System, Frankfurt/M. 1975, S. 189, 215—216)

8.6 J. F. Hough: Zum Problem der politischen Partizipation in der Sowjetunion

Wir müssen auch anerkennen, daß die Partizipationsraten (z. B. aktive Beteiligung in gesellschaftlichen Organisationen, Kommissionen, lokalen Sowjets usw., auch in der Kommunistischen Partei, d. Verf.) im Vergleich mit denen im Westen ziemlich hoch sind. [. . .] Wir müssen anerkennen, daß in der Sowjetunion, wo die gesamte ›lokale und staatliche Politik‹ im wesentlichen auf von Regierungs- und Partei-›Verwaltern‹ getroffenen Entscheidungen beruht, viele Aktivitäten, die wir als ›Antreiberei von Verwaltern‹ negativ beurteilt haben, den Aktivitäten, die wir im Westen als ›politische‹ definieren, ziemlich ähnlich sind. [. . .] möglicherweise ist die Häufigkeit und Bedeutung der Einwirkung auf Entscheidungen in der Sowjetunion geringer als im Westen. Aber Tatsache ist: wir wissen es nicht wirklich. Wir

* Rahmenbedingungen des Produktionsprozesses einschließlich politischer Verhältnisse, gesetzlicher Bestimmungen usw.

** (Frz. l'état = der Staat)
Auf den Staat als Regler aller gesellschaftlichen Prozesse — und nicht etwa auf die Selbstverwaltung der Bevölkerung — konzentriert.

[. . .] haben in der Tat sehr wenig über die methodologische Frage nachgedacht, wie man bestimmen kann, ob die Bürger eines Landes mehr Einfluß haben als die eines anderen. Im Fall der Sowjetunion sind wir einfach von unseren ideologischen Annahmen über die Folgen von Wahlen mit konkurrierenden Vorschlägen (oder ihr Fehlen) beherrscht worden. In der Tat, wir wurden durch das Musterbeispiel unserer ›gelenkten Gesellschaft‹ dazu gebracht, Erscheinungen [. . .], die nicht dem Musterbeispiel entsprechen, nicht einmal zu ›sehen‹ oder diese Erscheinungen ganz anders als im Westen zu interpretieren.

(J. F. Hough, Political Participation in the Soviet Union, in: Soviet Studies 28, 1976, S. 3—20, hier S. 18—19. Übersetzung: Heiko Haumann)

Fragen und Anregungen

▶ 1. Geben Sie den Gedankengang der sowjetischen Autoren (Text 8.1) in eigenen Worten wieder. Fassen Sie zusammen, was unter entwickelter sozialistischer Gesellschaft verstanden wird.

▶ Konfrontieren Sie diese Aussagen mit den Materialien, die Sie kennengelernt haben. Welche Bereiche werden ohne weiteres abgedeckt, wo ergeben sich Gegensätze, auf welchen Gebieten finden Sie keine Entsprechung? Stellen Sie zusammen, welche Aussagen sich auf tatsächliche Vorgänge und Zustände beziehen und welche eher Zielbestimmungen sind.

▶ Wie beurteilen Sie die Äußerung der Autoren über die Vorzüge der sozialistischen Lebensweise gegenüber der kapitalistischen? Gehen Sie dabei, soweit es möglich ist, auf Materialien dieses Bandes zurück.

2. Isaac Deutscher (1907—1967) war ein polnischer Kommunist, der zeitweise der Richtung Trotzkis nahestand. Kurz vor dem 2. Weltkrieg emigrierte er nach Großbritannien. Wie beurteilt er die geschichtliche Entwicklung der Sowjetunion? Setzen Sie seine Meinung mit Ihren Kenntnissen und Urteilen, die Sie aus diesem Heft gewonnen haben, in Beziehung.

▶ Wodurch sieht Deutscher im wesentlichen die nachstalinsche Periode bestimmt? Worauf gründet er seine Hoffnung, daß ein radikaler Wandel eintreten könnte? Welche Prinzipien einer früheren Periode mit mehr Freiheit, Vernunft und Menschlichkeit meint Deutscher? Vergleichen Sie sie mit den Materialien dieses Heftes.

▶ 3. Wie begründet Georg Brunner, ein westdeutscher Rechts- und Politikwissenschaftler, sein Urteil, die Sowjetunion sei eine totalitäre Diktatur? Vergleichen Sie diese Einschätzung mit der Totalitarismus-Theorie, die Sie bei der vorangegangenen Einheit über den Stalinismus kennengelernt haben.

▶ Entspricht Brunners Beschreibung und Urteil den Verhältnissen, wie Sie sie aus den hier vorgelegten Materialien erschlossen haben?

▶ 4. Gehen Sie diesen schwierigen Text eines westdeutschen Politikwissenschaftlers schrittweise mit Hilfe eines Fremdwörterbuches durch. Wie beurteilt Meyer das gegenwärtige Herrschaftssystem?
Warum wagt er keine Vorschau?

▶ Worin entspricht Meyer dem Urteil Brunners und worin unterscheidet er sich?

▶ 5. Wie beurteilt Brus, ein polnischer Sozialwissenschaftler, der seit einiger Zeit in Großbritannien lebt, die Veränderungen in der nachstalinschen Periode?

▶ Welche Rolle schreibt er der Wirtschaftsreform für die politische Demokratisierung zu? Nehmen Sie aufgrund Ihrer Kenntnisse der wirtschaftlichen Verhältnisse und Reformen dazu Stellung.

▶ Vergleichen Sie diesen Textauszug wieder mit den anderen dieses Kapitels: Wo liegen Ähnlichkeiten und Unterschiede?

▶ 6. Geben Sie zunächst die Argumentation J. F. Houghs, eines amerikanischen Sozialwissenschaftlers, wieder. Welches grundsätzliche Problem sieht er bei einem Vergleich unserer Verhältnisse mit denen in der Sowjetunion? Überprüfen Sie anhand dieses Hinweises die übrigen Urteile über die Sowjetunion, die hier abgedruckt sind, aber auch Ihre eigene Meinung. Welche sind am ehesten durch Tatsachen abgedeckt? Wo beginnen Ungewißheit und Spekulation? Wo fließen vor allem »westliche« Vorstellungen ein, ohne daß wir die Verhältnisse in der UdSSR genau kennen würden?

▶ Nehmen Sie diese Überlegungen zum Anlaß, noch einmal die gesamte geschichtliche Entwicklung der Sowjetunion, wie Sie sie hier kennengelernt haben, zu überblicken und zu überdenken. Achten Sie dabei besonders auf Wertungen, Meinungen und Urteile und versuchen Sie festzustellen, inwieweit sie begründet sind oder in welcher Hinsicht Vorbehalte sowie offene Fragen formuliert werden müssen.

▶ Versuchen Sie, gerade den offenen Fragen und den Kenntnislücken, die auch dieses Heft nicht schließen konnte, weiter nachzugehen. Die Literaturliste im Anhang wird Ihnen dabei eine erste Hilfe sein.

Zusätzlich empfohlene wissenschaftliche Literatur

Geyer, Dietrich, Die Russische Revolution. Historische Probleme und Perspektiven, Göttingen ²1977 (Kleine Vandenhoeck-Reihe 1433)

Beste zusammenfassende Darstellung von Ursachen und Verlauf der Revolution 1917.

Haumann, Heiko, Geschichte und Gesellschaft der Sowjetunion. Eine Einführung, Köln 1977 (pocket wissenschaft)

Knappe Einführung in die geschichtliche Entwicklung der UdSSR, ihre gegenwärtige Struktur und Versuche, eine Theorie der Sowjetgesellschaft zu formulieren.

ders. Grundlagen der sowjetischen Wirtschaftsverfassung. Materialien, Meisenheim/Glan 1977

Wichtige Quellen — vor allem zum gegenwärtigen Zustand, aber auch zur Geschichte der Wirtschaftsverfassung — sind durch Erläuterungen, Fragen und Anregungen sowie Lektürehinweise zum Selbststudium aufbereitet.

Lorenz, Richard, Sozialgeschichte der Sowjetunion I. 1917—1945, Frankfurt/M. 1976 (edition suhrkamp 654)

Flüssig geschriebener Überblick über die sozialen und wirtschaftlichen Veränderungen und Umbrüche bis zum Ende des 2. Weltkrieges.

Das politische und gesellschaftliche System der UdSSR. Ein Quellenband, hrsg. von Gert Meyer, Köln 1976

Der Band enthält ungekürzt grundlegende Dokumente zum gegenwärtigen Sowjetsystem, darüber hinaus wichtige Daten zur politischen und sozialökonomischen Entwicklung.

Sowjetunion 1974/75. Innenpolitik, Wirtschaft, Außenpolitik. Analyse und Bilanz, hrsg. vom Bundesinstitut für ostwissenschaftliche und internationale Studien. München, Wien 1975

Knappe Informationen über alle gesellschaftlichen Bereiche der UdSSR. Folgebände sind erschienen bzw. geplant.

Hinweise auf Literatur sowjetischer Schriftsteller, die zum Verständnis von Geschichte und Gesellschaft der UdSSR beiträgt

Ehrenburg, Ilja, Menschen – Jahre – Leben. Autobiographie, München 1962

Farbige Lebenserinnerungen des berühmten Schriftstellers, die wichtige Einblicke in gesellschaftliche Zustände und historische Ereignisse vermitteln.

Scholochow, Michail, Der Stille Don (dtv 1313/1314)

Im Mittelpunkt dieses epischen Romans stehen die Umwälzungen, die die Oktoberrevolution und der Bürgerkrieg für die Kosaken mit sich brachten.

Leonow, Leonid, Die Dachse, Neuwied, Berlin 1963

In einem spannend geschriebenen Roman wird hier geschildert, wie sich die Beziehungen zwischen Stadt und Land vor und nach der Revolution entwickelten, welche Schwierigkeiten die Kommunisten auf dem Dorf zu bestehen hatten und wie ein Bauernaufstand ausbrach.

Soschtschenko, Michail, Was die Nachtigall sang und andere Satiren, Stuttgart (Reclam 8049)

Mit Spott und Ironie, aber auch mit viel Verständnis für die äußeren Bedingungen nimmt der Autor Schwierigkeiten, Probleme, Traditionen und Denkweisen im Alltagsleben der Sowjetbürger aufs Korn.

Tretjakow, Sergej, Feld-Herren. Der Kampf um eine Kollektiv-Wirtschaft, Berlin 1931 (Nachdruck Amsterdam 1972)

Aus eigener Anschauung berichtet Tretjakow über die entscheidende Phase der Kollektivierung, hier in einer Kommune im nördlichen Kaukasus.

Makarenko, Anton S., Flaggen auf den Türmen, in: ders. Werke III, Berlin (Ost) 1962

Roman des berühmten Pädagogen über das Leben in einer Kinder- und Jugend-Kommune während der dreißiger Jahre, der auf tatsächlichen Vorgängen beruht.

Solschenizyn, Alexander, Ein Tag im Leben des Iwan Denissowitsch (dtv 751)

Schlüsselerzählung über die Zustände in einem Straflager während des Stalinismus.

Dudinzew, Wladimir, Der Mench lebt nicht vom Brot allein, Hamburg 1958

Einer der wichtigsten Romane aus der »Tauwetter«-Periode, der Entstalinisierungsphase nach 1956, über die Zustände in der Bürokratie, in der Industrieverwaltung und über das alltägliche Leben.

Trifonow, Juri, Moskauer Novellen, Leipzig (Reclam 660)

Eindrucksvoll erzählt Trifonow, einer der bedeutendsten sowjetischen Dichter der Gegenwart, von den Lebensumständen heutiger Moskauer Bürger.